羊城学术文库

广州市社会科学界联合会资助出版项目

李静 著

节庆旅游吸引物的符号建构研究

*Research on semiotic construction of festival tourist attractions*

社会科学文献出版社

SOCIAL SCIENCES ACADEMIC PRESS (CHINA)

# 羊城学术文库
# 总　序

　　学术文化作为文化的一个门类，是其他文化的核心、灵魂和根基。纵观国际上的知名城市，大多离不开发达的学术文化的支撑——高等院校众多、科研机构林立、学术成果丰厚、学术人才济济，有的还产生了特有的学术派别，对所在城市乃至世界的发展都产生了重要的影响。学术文化的主要价值在于其社会价值、人文价值和精神价值，学术文化对于推动社会进步、提高人的素质、提升社会文明水平具有重要的意义和影响。但是，学术文化难以产生直接的经济效益，因此，发展学术文化主要靠政府的资助和社会的支持。

　　广州作为岭南文化的中心地，因其得天独厚的地理环境和人文环境，其文化博采众家之长，汲中原之精粹，纳四海之新风，内涵丰富，特色鲜明，独树一帜，在中华文化之林中占有重要的地位。改革开放以来，广州成为我国改革开放的试验区和前沿地，岭南文化也以一种崭新的姿态出现在世人面前，新思想、新观念、新理论层出不穷。我国改革开放的许多理论和经验就出自岭南，特别是广州。

　　在广州建设国家中心城市、培育世界文化名城的新的历史进程中，在"文化论输赢"的城市未来发展竞争中，需要学术文化发挥应有的重要作用。为推动广州的文化特别是学术文化的繁荣发展，广州市社会科学界联合会组织出版了"羊城学术文库"。

　　"羊城学术文库"是资助广州地区社会科学工作者的理论性学术著作出版的一个系列出版项目，每年都将通过作者申报和专家评审程序出版若干部优秀学术著作。"羊城学术文库"的著作涵盖整个人文社会科学，将按内容分为经济与管理类，文史哲类，政治、法律、社会、教育及其他等三个系列，要求进入文库的学术著作具有较高的学术品位，以期通过我们持之以恒的组织出版，将"羊城学术文库"打造成既在学界有一定影响力的学术品牌，推动广州地区学术文化的繁荣发展，也能为广州增强文化软实力、培育世界文化名城发挥社会科学界的积极作用。

广州市社会科学界联合会
2016 年 6 月 13 日

# 摘　要

节庆是地方文化和民族文化的重要表征，是蕴含丰富意义的符号。作为一种特殊的旅游吸引物，节庆能够在保护地方文化的同时带动旅游业发展，促进当地经济、社会和文化的发展。近些年来，节庆的数量、多样性均有所增加，并受到游客的欢迎，已成为旅游业中的重要吸引物，在全球范围内获得了广泛的认同和重视。据不完全统计，我国每年举办的节庆活动近万个，然而能成功吸引游客关注和参与的节庆活动并不多见，多数节庆活动缺乏足够的吸引力。因此，根据市场环境的变化，探索节庆吸引力的形成过程，从而更好地满足现代游客的需要尤为重要。

节庆是文化的庆典，在社会中具有特殊的地位，因仪式和庆祝活动的社会文化意义而备受社会学家和人类学家的关注。然而，在节庆旅游的研究中，节庆常被视为旅游发展、经济增长和地方营销的工具，多数研究主要关注节庆的经济影响，针对节庆旅游的社会文化研究始终缺乏理论深度，而符号学理论和方法能够为节庆旅游的社会文化研究提供新的视角。随着旅游业的蓬勃发展，学者们逐步深入旅游符号学和节庆旅游研究，取得了较为丰硕的研究成果，但将旅游符号学应用于节庆旅游的社会文化研究成果较少，仍存在一些不足和局限。从研究内容来看，当前旅游吸引物的符号建构研究未能深入，大多数研究停留在景观型旅游吸引物的符号建构上，对节庆旅游吸引物符号建构的关注较少；针对节庆旅游的文化研究理论深度不够，节庆的文化研究有待完善。从研究方法来看，旅游符号学的研究多以探索性研究为主，仍需进一步补充能够深入揭示现象内在规律的解释性研究。

旅游吸引物兼具客观和符号（社会）双重属性，相应地，国内外有关旅游吸引物的研究多集中于客观属性和符号属性的研究。而节庆旅游吸引物的独特之处在于其以节庆场景为中心，客观属性和符号属性的可塑性和变动性更强。组织者可通过对节庆场景的塑造，为游客设定特定体验，游客通过节庆体验解读组织者意图传递的意义，组织者和游客共同参与符号建构过程。但组织者如何塑造节庆场景？节庆旅游吸引物的符号生产机制如何？游客的节庆体验如何？游客如何解读符号的意义？学术界对旅游吸引物的现有研究成果还无法很好地回答上述问题。因此，本书基于符号学理论，将节庆旅游吸引物符号建构界定为节庆组织者和游客共同赋予节庆吸引力意义的过程，主要目标在于探讨节庆组织者如何通过打造富有吸引力的节庆场景进行符号生产，游客如何在组织者塑造的节庆场景中通过节庆体验进行符号互动，以及游客如何在符号消费过程中对符号所承载的意义进行解读。符号生产、符号互动和符号消费共同构成节庆旅游吸引物符号建构的整个过程。

本书研究主要基于广府庙会。2011年广州市越秀区政府以城隍庙重修为契机，举办了首届广府庙会，随后广府庙会规模不断扩大，内容不断调整、丰富和创新，已成为一年一度的广府民俗文化盛会。作为现代节庆，广府庙会丰富的内容和较强的影响力，为研究节庆旅游吸引物提供了典型的案例。本书使用观察法、访谈法、问卷法等收集资料，获得的资料包括第一至第九届广府庙会总体方案、宣传稿，主要负责人的访谈资料，组委会筹备期间的会议现场记录、实地踩点记录等；广府庙会举办期间在活动现场收集的游客访谈资料和田野观察记录（拍摄的照片、视频、调研日志）；网络资料，包括广府庙会官方微信公众号、微博和游客的游记资料等；在节庆现场和网络平台的问卷调查数据。本书共获得文字资料近65万字，照片1045张，问卷761份。在资料分析过程中，本书采用内容分析法、扎根理论、符号学方法、统计分析法等研究方法，并结合NVivo、SPSS、AMOS等软件进行资料分析，得出以下主要结论。

第一，符号生产阶段，节庆组织者转变节庆策划理念，经由组织、管理各种资源，塑造节庆场景。广府庙会经历了初创与探索的起步阶段、承接与调整的规范阶段、成熟与创新的稳固阶段。广府庙会组织者不断摸索既能弘扬地方文化又能适应旅游市场需求的组织管理模式，具体表现为三个方面的转变：节庆策划理念由适应需求向创造需求转变，节庆主体由政府包揽向政府主导转变，节庆内容由观赏性向参与性主导转变。这种转变让节庆旅游吸引物所呈现的符号不断发生变化。总结组织者的符号生产过程，发现节庆吸引力、节庆组织管理、节庆策划理念和节庆场景分别是符号建构的基础、路径、思路和内容。具体来说，节庆组织者基于对节庆吸引力的理解，调动多部门的工作积极性，建立清晰的组织结构，组织和管理符号生产所需的各种资源，秉承弘扬传统文化、注重文化创新、紧跟国家战略、顺应时代潮流等节庆策划理念，塑造了安全保障、节目表演、创意互动、美食小吃、商贸展销、人员服务、辅助设施和节庆氛围所构成的节庆场景。节庆场景浓缩了节庆文化内涵，其灵活多样、可塑性强，组织者可不断调整节庆场景以形成独特的节庆文化，从而增强游客的体验感。

第二，符号互动阶段，游客在充盈着符号的节庆场景中，开展各类体验活动。游客的参与是节庆成为旅游吸引物的必要条件，当游客进入一种暂时的超越日常时间、空间的阈限体验，进行人与人、人与物的互动，组织者塑造的节庆场景才能发挥作用，展现其承载的吸引力意义。为探究符号互动中游客的节庆体验，本书利用符号学研究方法对游客拍摄的照片进行分析，发现游客不仅被动地接受组织者塑造的节庆场景的要素，而且主动创造新的要素。游客不仅是简单参与节庆场景，还与其他参与者一起成为场景的构成部分，自觉与不自觉地点缀了节庆场景。游客也会通过节庆举办区域的特色建筑，了解地方文化。这种积极、主动创造的过程让游客产生各类节庆体验，包括文化、新奇、情感和社交体验。本书遵循量表开发的程序，对节庆旅游体验维度模型的合理性进行了验证。这些体验为游客解读节庆场景的意义做了铺垫。

第三，符号消费阶段，游客遵循"节庆吸引力感知—节庆依恋—节庆忠诚度"进行符号解读。当游客开始探索节庆场景蕴含的内涵和意义时，便预示着符号消费阶段的开始。本书基于"直接解释项—动力解释项—最终解释项"的解释项三分理论，对游客访谈资料进行编码分析，发现游客通过对节庆场景的解读，形成了节庆吸引力感知。节庆吸引力感知由浓厚的节庆氛围、和谐的人际互动、鲜明的文化符号和丰富的节庆活动所引发，这种感知会促使游客培育功能上、文化认同上和情感上的节庆依恋，"人—节"依恋的形成在一定程度上使游客产生节庆忠诚意向行为，表现为积极的社交媒体分享和较强的推荐意愿等。由此构建"节庆吸引力感知—节庆依恋—节庆忠诚度"的节庆旅游吸引物符号解读理论模型。为验证该模型，本书结合相关文献提出假设，通过结构方程模型对假设进行检验，证实了节庆吸引力感知总体上对节庆依恋有积极的贡献，节庆依恋同样对游客的节庆忠诚度发挥了至关重要的驱动作用。

符号生产、符号互动和符号消费三个阶段形成了完整的节庆旅游吸引物符号建构系统，该系统在节庆活动周期性举办的过程中不断发展。本书通过皮尔斯的符号学理论解释节庆旅游吸引物的形成过程，将符号学理论扩展至节庆活动中节庆吸引力的意义传递研究，提出节庆旅游吸引物符号建构的理论模型，拓展了符号学研究的边界，深化了节庆旅游的社会文化研究。该理论模型跳出旅游领域原有的符号学理论框架，为皮尔斯的符号学理论应用于旅游领域研究提供了新的视角，同时使以往旅游符号解读止步于符号感知的研究得以深化，指出游客的符号解读是一个层层深入的动态过程，游客符号解读遵循节庆吸引力感知影响节庆依恋形成进而影响节庆忠诚度的递进机制，证实了游客不再是被动的接受者，而是节庆活动的主动创造者。

**关键词**：节庆；旅游吸引物；节庆吸引力；节庆场景；广府庙会

# Abstract

Festival is an important representation of national and local culture, as well as the sign with rich meaning. As a special tourist attraction, festivals are conductive to protecting local cultural traditions, developing tourism and promoting the economic, social and cultural developments of the destination. The recent growth in the quantity, diversity and popularity of festival has made it an important attraction in tourism industry, which has attracted worldwide recognition and attention. According to incomplete statistics, there are nearly 10000 festivals held in China every year. However, few festivals successfully attract tourists' attention and participation, which indicates that most festivals lack enough attractive. Therefore, it is critical to explore the forming process of festival attraction in terms of the changes of market environment, to better meet the needs of modern tourists.

Festivals are cultural celebrations, which have occupied a special position in society. Due to its social and cultural significance of rituals and celebrations, festivals have attracted the attention of sociologists and anthropologists. However, festivals are often regarded as tools for tourism, economic development and local marketing, and correspondingly, the majority of festival tourism studies focus on the economic impact of festivals. The cultural studies of festival tourism always lack a theoretical depth, or the theory of semiotics just provides a new perspective on it. With the vigorous development of tourism industry, researchers have also gradually in-depth study of tourism semiotics and festival tourism, and achieve fruitful research results. Nevertheless, there are few studies on tourism semiotics involving festival tourism, as well as the social and cultural studies of festival tourism. Previous studies have some limitations. Specifically, from the perspective of content, the research on the semiotic construction of tourist attractions is still very limited. Most studies focus on the semiotic construction of landscaped tourism attractions, ignoring the attention on the semiotic construction of festival tourist attractions. The theoretical depth of cultural research on tourism phenomenon is not enough, and the social and cultural research of festivals needs to be improved. From the perspective of methods, research on tourism semiotics mainly focuses on exploratory research, and explanatory research to reveal the internal laws of phenomena still needs to be further supplemented and deepened.

Tourist attractions possess objective and symbolic properties, accordingly, the research on tourist attractions focuses on the study of objective properties and symbolic properties. The uniqueness of a festival tourist attraction is that it is centered on the festivalscape, so the objective and symbolic properties are more malleable. Organizers can provide a specific experience to tourists by manipulating the festivalscapes, while tourists can assign meaning based on their experiences. Both of them participate in the process of semiotic construction of a festival tourist attraction. However, how do organizers create festivalscapes? What is the sign production mechanism of festival tourist attractions? How do tourists experience the festivalscapes? How do tourists interpret the meaning of signs? The research on tourist attractions cannot answer the above questions well. Consequently, this paper employs the semiotic theory to define the semiotic construction of festival attractions as a process by which festival organizers and tourists jointly assign meanings to attractiveness. It primarily aims to explore how festival organizers create attractive festivalscapes for sign production, and how tourists participate in these festivalscapes by the organizers for sign interaction through festival experience, and finally how tourists interpret the meaning of signs in the process of sign consumption. The production, interaction and consumption of sign constitute the whole process of semiotic construction of festival tourist attractions.

This paper chose the Guangfu Temple Fair as the case to study. In 2011, the

Yuexiu District government of Guangzhou held the first Guangfu Temple Fair with the opportunity of rebuilding City God's Temple. Since then, the scale of the fair has been enlarged and the contents have been constantly adjusted, enriched and innovated, which makes it an annual grand festive occasion for Guangfu folk culture. As the modern festival, the Guangfu Temple Fair has rich activities and strong influence, which provides a typical case for us to explore the attractions of festival tourism. This paper combines observation, interview and questionnaire methods to collect data. The materials we use are the survey from the investigation of the whole process of preparation, holding and completion of Guangfu Temple Fair from 2019 to 2023. The obtained materials include the overall plan, publicity draft of the previous Guangfu Temple Fair and interview materials of the main responsible persons, the on-site records of the meeting during the preparatory period of the organizing committee, and the on-site observation records, etc. During the Guangfu Temple Fair, the interview materials of tourists and field observation records (photos, videos, research logs) were collected at the festival site which bring a more comprehensive understanding to the research. The network information includes official Wechat, Microblog and travel notes of the Guangfu Temple Fair. Besides, we also collected questionnaire survey data from the festival site and network platform. Ultimately, we obtained data of 650000 words, photos of 1045 and questionnaires of 761. Content Analysis, Grounded Theory, Semiotics and Statistical analysis are used, combined with NVivo, SPSS and AMOS for data analysis, the following main conclusions are drawn:

Firstly, in sign production stage, adhering to the attractiveness concept, the festival organizers create experiential scenes through organizational planning. Guangfu Temple Fair experienced the initial stage of start-up and exploration, the normative stage of undertaking and adjusting as well as the stable stage of maturity and innovation. Organizers are constantly exploring an organization and management mode that can not only promote local culture but also meet the needs of tourism market. There are three changes: festivals concept has changed from adapting to needs to creating needs; festivals body has changed from being contracted by the government to being led by the government; festival content change from ornamental to participatory. These changes make the signs of festival tourism attractions constantly changing. Summarizing the organizers' sign production process, it is found that the semiotic construction of festival tourism attraction includes four aspects: festival attraction is the foundation; festival organization and management are the paths; the concept of festival planning is the idea; the festivalscape is the content. Specifically, festival organizers, based on their understanding of festival attractiveness, mobilize the enthusiasm of multiple departments, establish a clear organizational structure and organize and manage various resources needed for sign production. Adhering to the planning concepts of promoting traditional culture, focusing on cultural innovation, keeping up with national strategies, and conforming to the trend of the times, they create festivalscapes composed of security, program performance, creative interaction, gourmet snacks, trade fairs, personnel services, auxiliary facilities and festival atmosphere. These festivalscapes are flexible, diverse, and highly creative, which condenses the cultural connotation of the festival. The organizers can continuously adjust it to reflect the uniqueness of the festival culture to enhance the experience of tourists.

Secondly, in the stage of sign interaction, tourists carry out cultural, novel, emotional and social experience activities in the festivalscapes full of signs. The participation of tourists is a necessary condition for festivals to become tourist attractions. When tourists enter a temporary liminal experience beyond the daily time and space, they interact with people and things. At this time, the festivalscapes created by the organizer plays the role of carrying the significance of attractiveness. To explore the festival experience in the sign interaction of tourists, this study uses the semiotics method to analyze the photos taken by tourists, and finds that tourists not only passively receive the festivalscapes elements created by the organizers, but also actively create new elements. They pay attention to the participants and building facilities, which shows that tourists are not only simply involved in the scene, but also become an integral part of the scene together with other participants, which intersperses the festivalscapes consciously and unconsciously. Tourists can also learn about the local culture through the characteristic buildings around the festival area. This kind of initiative creation process of tourists makes tourists have cultural, novel, emotional and social festival experiences. This study followed the procedure of scale development to further verify the rationality of the four dimensions of festival experience. These experiences pave the way for tourists' interpretation of meaning.

Thirdly, in the stage of sign consumption, tourists follow the sign interpretation process of "Festival attractiveness-Festival attachment-Festival loyalty". When tourists begin to explore the connotation and significance of festivalscapes, it indicates that they have entered the stage of sign interpretation. Based on the interpretant three-point theory of immediate interpretant, dynamicnterpretant, final interpretant, the study conducted a coded analysis of the tourist interview data, and found that tourists form the perceived festival attractiveness through interpreting festivalscapes. They believe that festival attractiveness is composed of strong festival atmosphere, harmonious interpersonal interaction, distinct cultural symbols and rich festival activities. This perception promotes tourists to cultivate festival attachment in terms of function, cultural identity and emotion. The formation of "people-festival" attachment promotes the behavior of attracting tourists to festivals to a certain extent, which is manifested in positive word of mouth and willingness to revisit. Therefore, this paper constructs a theoretical model of sign interpretation of festival tourism attractions, which is "Festival attractiveness-Festival attachment-Festival loyalty". To verify the model, we put forward hypotheses combined with relevant literature, and tested the hypothesis through the structural equation model, confirming that perceived festival attractiveness has a positive contribution to festival attachment, and that festival attachment also plays a crucial driving role in tourists' festival loyalty.

The three stagesas mentioned above form a complete semiotic construction system of the festival tourist attraction, which will develop along with the periodic holding of festival. In this paper, the Peircean Semiotics Theory is used to explain the formation process of festival tourism attractions. The semiotics theory is extended to the perspective of the meaning transmission of festival attractiveness, and a theoretical model of semiotic construction of festival tourism attraction is proposed. The theoretical model expands the boundary of semiotics and deepens the cultural research of festival tourism. It breaks away from the original semiotic framework of tourism field, and provides a new way to understand the Peircean Semiotics Theory in tourism field. Furthermore, it deepens the previous research that the interpretation of tourism signs stops at the perception of signs, and points out that the interpretation of tourist signs is a dynamic process. This paper constructs and verifies the tourist sign interpretation model, establishes the progressive mechanism that festival attraction affects the formation of festival attachment and then festival loyalty, confirming that tourists are no longer passive recipients, but active creators of festival activities.

**Key words**: Festival; Tourist Attraction; Festival Attractiveness; Festivalscape; Guangfu Temple Fair

## 目录

# 表目录

# 图目录

# 第一章
# 研究背景与理论基础

    节庆是一种极具吸引力的旅游资源，一种创造收入和就业的生产性活动，一种可以实现社会凝聚和福利的重要元素，也是目的地形象的塑造者（Herrero et al.，2012）。在世界范围内，可支配收入和教育水平的提高、休闲时间的增多、旅游业的发展、地方和区域发展战略中对文化的重视，使节庆数量显著增加，参与节庆的人数也随之增加，节庆显然已经成为旅游业重要且快速增长的部分。但节庆和旅游并不具有天然的耦合性，节庆旅游这一说法需建立在一些基本的假设上，即节庆发挥作为旅游吸引物的作用吸引游客参与，节庆和游客需求之间存在着紧密联系（Quinn，2006）。现实中不是所有节庆都能够成功吸引游客的关注和参与。面对现实中节庆旅游的快速发展，有必要从理论层面探讨节庆作为旅游吸引物的形成过程，为目的地节庆活动的举办提供可参考的理论指导，从而提升我国节庆旅游的发展质量。作为开篇，本章将从研究背景出发，明确研究问题，阐述研究意义，介绍研究内容和研究方法，并确定研究案例和资料来源。此外，本章依据研究主题的特点和所涉及的研究领域，进行相关理论的文献综述，为本书的研究提供理论支撑，并建立研究的出发点，内容主要包括符号学思想历史演进以及旅游符号学、节庆旅游和庙会旅游。

# 一　研究背景

## （一）现实背景

### 1. 需求角度：节庆旅游的悄然兴起

中国节庆盛事自古有之，历来受到人们的青睐。古人用"千门开锁万灯明，正月中旬动帝京"描绘欢度佳节的热闹场景。中华民族具有深厚的文化和历史积淀，形成了许多具有地方特色、拥有广泛群众基础的节庆活动。随着消费结构的转型和生活质量的提升，人们的消费理念和偏好发生了转变，更追求文化和精神层面的满足。节庆因其深厚的文化内涵以及强烈的历史感、时代感和民族特质，具有作为旅游吸引物的条件，能够满足人们的娱乐及旅游消费需求。20世纪80年代，洛阳牡丹花会、潍坊风筝节等现代节庆逐渐进入人们的视野，并在一定范围内获得成功，其他地方逐渐认识到节庆能带来突出的经济效益，也开始发展现代节庆（周勇，2009）。近些年，随着现代节庆的涌现加之传统节庆的复兴，人们对节庆活动的关注度逐渐提高。从规模上来看，不少节庆吸引了百万甚至千万人次的游客。例如，2017年广州国际灯光节参观游客超800万人次；2019年，即便组织者出于安全的考虑实行预约参观制度，广州国际灯光节累计参观游客仍达135万人次；截至2020年11月5日，广州国际灯光节举办以来累计参观游客已超过6300万人次（王华，2020）。由此可知，节庆已成为旅游文化活动和休闲娱乐的重要部分。

随着全球休闲时代的到来，以参与和互动为特征的体验式旅游成为旅游业未来发展的重要方向，游客对多感官体验式旅游的需求日益增长。节庆能为游客提供独特的休闲、社交、文化和娱乐体验，游客也因此愿意投入大量的时间和金钱参与节庆活动。世界上知名度较高的节庆，如巴西狂欢节、新奥尔良狂欢节等，通过鲜明的地域特征和丰富的文化活动吸引来自全球各地的游客。

### 2. 供给角度：节庆与旅游的融合发展

我国日益重视传统文化，一系列传统礼仪、节庆等民俗被列入非物质文化遗产。节庆是一种复杂的文化现象，它不仅是地方文化和民族文化的重要表征，也是一种文化商品，是文化创造、复制和消费的产物。在我国强调文化和旅游融合的时代大背景下，节庆作为文化旅游的重要形式之一而备受关注。节庆在保护当地文化传统的同时带动旅游业发展，促进目的地经济、社会和文化的发展（Tanford & Jung，2017）。它的成功举办能够吸引大量人群，增强社区、城市或旅游目的地的吸引力；能够促进目的地经济发展，创造地方就业机会；能够让更多来自不同地区的游客接触和了解独特的文化遗产、民族风情和地方习俗。节庆还可以通过吸引游客以扩大目的地客源，延长游客在目的地逗留的时间，平衡旅游目的地淡旺季客流（Mckercher et al.，2006），极大地促进地方经济的发展。例如，起源于1810年的慕尼黑啤酒节，是全球规模最大的啤酒节，2018年有经济学家估算，为期16天的慕尼黑啤酒节消耗了大约800万升啤酒，给当地带来大约12亿欧元的收入（国际财经报道，2018）。据西双版纳州文化和旅游局数据，2023年泼水节期间，当地共接待游客200.21万人次，实现旅游业总收入21.16亿元（覃肆灵，2023）。因此，许多地方政府都将节庆作为发展地方旅游业、促进经济发展的有力手段。

节庆作为一种特殊的旅游吸引物，能够提高当地居民的生活质量，增强其自豪感和归属感；能够促进地方文化的保护，让传统文化得以传承和发展。节庆旅游有助于城市、民族以及国家形象的塑造，以至于发展到现在，几乎所有主要城市都至少有一个浓缩了地方文化的节庆，出现了城市的节庆化现象（Herrero et al.，2012）。节庆承载着诸多象征意义，在全球化时代和旅游产品趋同的背景下，其独特性成为市场差异化的利器，扮演着越来越重要的角色。因此，全球范围内许多地区都将节庆视为重要的旅游吸引物，挖掘地方文化，大力发展节庆旅游。据不完全统计，我国每年有节庆活动近万个（戴光全等，2015），然而真正形成品牌效应、有良好口碑的节庆并不多见，多数节庆仍缺乏足够的吸引力，这严重阻碍了节庆的可持续发展，亟须从节庆的角度探讨组织者的节庆活动设计以及游客的消费行为，探索节庆吸引力的形成过程。

## （二）理论背景

### 1. 节庆的文化特性：社会文化领域对节庆的关注

节庆是文化的庆典，在社会中具有特殊的地位，因仪式和庆祝活动的社会文化意义而备受人类学家和社会学家的关注。在人类学和社会学中，节庆研究已经非常成熟，主题集中在节庆的社会和文化作用、意义和影响，而节庆管理和节庆旅游的研究则相对较新且不成熟。Getz（2010）在节庆和旅游的回顾研究中提到，节庆的社会或文化现象研究应根植于社会学和人类学，从而确定了与节庆相关的经典主题，如神话、仪式和象征，仪式和庆祝活动，壮观的景象（spectacle），共睦态（communitas），主—客互动，阈限，狂欢（carnivalesque），真实性和商品化，朝圣（pilgrimage），以及大量关于影响和意义的政治辩论。然而，在节庆旅游的研究中，主要以实证定量的研究范式为主，其中消费者行为理论和方法占主导，在Getz（2010）所收集的422篇节庆研究中，有57篇期刊文章涉及节庆动机，但很多研究并没有考虑社会和文化因素。在这些研究中，节庆旅游被商业化，过分强调消费者的动机和经济影响，因而引起相当多的反思和批判，如Kay（2004）所言，很多节庆研究来自北美或欧洲文化背景的学者，当他们的理论和方法应用到不同的文化时，就会出现一些问题。简言之，忽略节庆的诸多社会或文化因素严重阻碍了人们对节庆旅游的理解。

基于社会文化语境，节庆是复杂的计划事件，是蕴含丰富意义的符号。节庆的仪式、活动可延伸出文化价值、地区认同、地方文化政治等相关社会文化议题。如Shin（2004）对韩国地方政府举办的节庆进行了研究，发现文化、政治、地方以及相互竞争的利益集团不同需求之间的紧张关系可能导致与节庆计划相反的效果。近年来，节庆研究受到越来越多传统学科学者的关注，涉及的话题也愈加广泛，如节庆和节庆旅游的社会和文化影响、节庆创造社会和文化资本、节庆在确立地域和群体身份方面的作用等。但整体上，节庆研究尚没有很好地借鉴社会科学和人文科学的经典理论，有关节庆旅游的多数研究都建立在节庆能够成功吸引游客的假设之上，但对节庆作为旅游吸引物的过程研究鲜少涉及，特别是综合考虑节庆是如何建立的、哪些利益团体参与节庆的发起（Wilson et al.，2017）以及节庆丰富的文化内涵如何成功吸引游客等。

2. 节庆的符号价值：符号学拓展节庆旅游研究深度和广度

节庆是在有限的时间内围绕特定主题开展的一系列多样的活动，可以创造大量可能吸引游客的体验。节庆满足 Pearce（1991）对旅游吸引物的定义，即具有特定的人文和自然特征的命名地点，是游客和管理人员关注的焦点。事实上，节庆对游客的影响与其他旅游吸引物相比存在相似之处，节庆是旅游吸引物系统的一种符号（Ryan & Gu，2010）。因此，可以从符号学的视角分析节庆。在社会学界，符号学的引入打破了旅游研究边缘化的僵局，从符号学的视角来看，旅游就是一个主客双方运用旅游符号进行互动的过程。现代旅游的发展正是源于社会经济体验赋予了它神圣的意义，旅游不再是一种个体的行为，而是一种社会建构的产物（董培海和李伟，2016）。*Annals of Tourism Research* 是一份创刊于 1973 年的旅游学术刊物，曾在 1989 年出版了一期旅游符号学专辑，可见，将符号学应用于旅游研究早已引起国际学术界的重视。如前所述，国内外对于节庆旅游的社会文化研究还略显不足，虽然探索性研究成果丰富，但节庆旅游的社会文化研究始终缺乏理论深度和学科发展的直觉，而符号学的理论和方法正好为节庆旅游的社会文化研究提供了一个新的视角。

随着节庆旅游在我国的快速发展，节庆因其丰富的文化内涵、独特的展现形式，逐渐成为一些地区主要的旅游吸引物。旅游吸引物系统理论表明，旅游吸引物的吸引力越强，吸引游客到目的地或留在目的地的能力就越强（Goeldner & Ritchie，2011）。旅游吸引物可以是游客选择目的地的主要动因，也可以是游客前往目的地进行的可选择活动。就此，Prentice 和 Andersen（2003）指出，不要假设所有节庆参与者都是因为节庆活动而前往目的地的，节庆参与者既有专程参与节庆的游客，也有将节庆作为辅助或附加活动的游客。甚至有学者指出，节庆不是能够创造经济价值的旅游吸引物，而是令人愉悦的社区活动（Bres & Davis，2001）。这一观点在社区或地方节庆中体现得尤为明显，一些地方活动仅为当地居民而办，没有考虑吸引游客参与。由此可知，游客的参与体验是节庆构成旅游吸引物的基础。节庆组织者为特定的目的创造节庆，他们十分关心场景、节目和各种人际互动的设计和安排如何影响游客，以及设计能否达到预期的体验和结果，而游客通过节庆体验赋予其意义，节庆组织者和游客共同参与节庆旅游吸引物的符号建构过程。因此，从符号学视角探讨节庆组织者和游客赋予节庆吸引力的过程，成为深化节庆旅游的社会文化研究的重要切入点。

## 二 研究问题

没有旅游吸引物，旅游业将不复存在（Lew，1987）。旅游吸引物是旅游系统中最重要的组成部分，是旅游业发展的基本要素。虽然不同学者对旅游吸引物的概念界定有所差异，但都认为旅游吸引物的核心是吸引力，应突出和强调旅游吸引物所具有的吸引力（张进福，2020）。由于旅游资源和旅游吸引物在概念上的紧密联系，较多的研究更为关注旅游吸引物的客观属性，强调旅游吸引物的吸引力构成，却忽略了吸引力的形成过程。旅游吸引物兼具客观和符号的双重属性（MacCannell，2008），也有学者认为旅游吸引物是由自然属性、社会属性和符号属性等多种属性构成的，符号属性是由社会属性衍生而来的（张进福，2020）。一方面，客观属性指旅游吸引物是能够满足游客需求的客观存在；另一方面，符号（社会）属性指旅游吸引物符合游客的社会价值和想象。换言之，客观属性是旅游吸引物与生俱来的，而符号属性则强调旅游吸引物是社会建构的产物，是承载社会价值和理想的符号。

MacCannell（2008）是将符号学理论引入旅游学领域研究的第一人，受皮尔斯三元符号框架的影响，他认为旅游吸引物的吸引力是景观、标志（关于景物的信息）和旅游者之间形成的经验关系，强调观看的对象是景观。然而，随着旅游需求的多元化，旅游吸引物的类型渐趋多样化，Goeldner 和 Ritchie（2011）将旅游吸引物分为人文型、自然型、事件型、游憩型和娱乐型五种类型，指出并非所有的旅游吸引物都以游客的观看作为首要活动，特别是事件型旅游吸引物，更多强调的是参与和互动体验。节庆属于事件型旅游吸引物，具有其他类型旅游吸引物无法比拟的独特禀赋，提供了区别于日常生活的阈限体验，是旅游吸引物系统的重要组成部分；节庆的成功举办更多地取决于当地社区和活动组织者的投入热情，而非物理的自然资源或建筑吸引物（Getz，1993）。人文型和自然型旅游吸引物主要以旅游景观客体为中心，客观属性相对固定，而节庆旅游吸引物则以节庆场景为中心，节庆场景是兼具有形因素和活动氛围的物质环境（Mason & Paggiaro，2012），其客观属性和符号属性的可塑性和变动性更强。组织者可通过操纵节庆场景赋予节庆符号意义，为游客提供特定体验，而游客则会根据自己的体验解读意义并进行符号意义再赋予，组织者和游客通过互动体验共同参与节庆旅游吸引物符号建构的过程。

基于此，本文以广州的现代节庆——广府庙会为研究案例，基于符号学理论，以组织者的符号生产、游客的符号互动、游客的符号消费为研究主线，探讨节庆作为旅游吸引物的符号建构过程，即节庆吸引力的形成过程和动因机制，并着重探讨以下几个具体问题。

节庆作为一种代表性的旅游吸引物是如何产生和发展的？节庆组织者如何理解吸引力，塑造什么样的节庆场景以体现节庆吸引力？

身处节庆组织者所塑造的节庆场景中，游客对节庆的整体感知如何？游客会体验哪些在场节庆活动？

在社会规定性和个人主观意识的影响下，游客如何参与符号建构的过程？如何在节庆场景中通过体验理解节庆吸引力？节庆吸引力由哪些维度构成？组织者意欲建构的节庆吸引力和游客理解的吸引力有何差异？

## 三　研究意义

### （一）理论意义

第一，基于符号学理论剖析节庆吸引力的形成机制，深化和拓展节庆旅游的社会文化研究。节庆是事件研究的一个重要子领域，但将其作为独立研究对象的时间并不长，目前针对节庆的研究主要集中在五个主题：参与节庆的动机，节庆参与者的体验，节庆与地方环境的关系，节庆对经济和社会文化的影响以及节庆的设计、营销、运营和风险管理。事实上，节庆日渐与旅游融合，尽管已经有一些节庆旅游和将节庆作为旅游吸引物的研究，但主要关注节庆旅游对地方经济可持续发展的贡献、节庆旅游的文化价值和文化资源开发、节庆旅游的发展对策和活动开发等现象层面，鲜有针对节庆旅游过程的研究，特别是节庆是如何建立、如何随时间发展、如何吸引游客的。本书关注的是节庆吸引力的形成过程和动因机制，在一定程度上拓展了节庆旅游的社会文化研究。

第二，基于符号学理论探究节庆旅游吸引物的社会建构，在一定程度上丰富了旅游吸引物的符号建构研究。符号学研究的是符号意义，在研究旅游吸引力的源起、旅游吸引物的形成和变迁等方面发挥着重要作用。以往探讨旅游吸引物的社会建构或符号建构的研究鲜少涉及节庆，更多关注景观型旅游吸引物，以及标志在建构中的作用。节庆旅游吸引物不同于其他类型旅游吸引物，节庆空间和活动都是在限定的时间框架内创造和消费的，加之节庆的仪式和庆祝活动的社会文化意义，更有可能带给游客异于日常生活环境的阈限体验。本书从组织者符号生产和游客符号消费的视角，探讨节庆旅游吸引物的符号建构，突出强调节庆场景在符号互动中的重要作用，有助于丰富旅游符号学的理论，并在一定程度上为旅游吸引物建构研究提供新的分析框架和思路。

第三，关注节庆吸引力的形成过程和构成维度，进一步丰富节庆旅游理论研究。以往学者主要研究基于游客视角的旅游目的地吸引力（目的地吸引力），如温泉旅游目的地吸引力、会展旅游目的地吸引力、康养旅游目的地吸引力等的测度和构成维度。一方面，仅从游客视角分析吸引力，忽略了其他群体在吸引力建构中所起的作用；另一方面，只将节庆归为目的地吸引力测量指标之一不利于对节庆吸引力的研究。节庆吸引力不能用目的地吸引力完全替代，目的地吸引力更突出对有形要素的感知，而节庆吸引力更突出对无形要素的感知，这些无形要素包括节庆氛围、身份的集体认同、仪式和习俗的传承等。节庆的本质是为游客提供各种体验，游客在节庆场景中，通过参与和互动感受多彩的地方文化和民族文化。本书从组织者和游客的角度探讨节庆吸引力的形成过程和构成维度，可进一步丰富节庆旅游理论研究，并与以往节庆旅游研究进行理论对话。

### （二）实践意义

1. 为节庆旅游吸引物的开发和管理提供经验借鉴和理论指导

节庆文化在人类文明进程中，节庆是绚丽的事件文化符号。节庆能使平淡的日常生活变得活泼，使民族文化立体呈现。体验富有地方特色的节庆是旅游活动的重要内容，有助于旅游开发。但是，必须看到，目前节庆旅游开发中出现了一系列问题：民族文化解读不准造成展示不准确或违背原本含义，单纯为追求经济利益而急功近利的破坏性开发，盲目迎合现代旅游者的需求而放弃原本的节庆内涵。如何在旅游开发的同时实现节庆旅游目的地文化的有效利用和保护有待深入研讨。此外，作为目的地重要的旅游吸引物和旅游产品构成部分，节庆有自身的发展特点和演进规律。在文化与旅游融合的时代背景下，把握节庆吸引力特征及形成机制，对实现节庆所蕴含的民族文化和地方文化的保护和发展具有重要意义。

2. 为旅游目的地的管理及节庆的组织提供参考

节庆旅游有利于塑造目的地旅游形象，提高知名度，完善基础设施，优化旅游环境，带动消费，是促进旅游相关产业发展的重要手段。在旅游快速发展的背景下，节庆是可供旅游开发的重要旅游资源，同时，在当前竞争日益激烈的旅游市场中，节庆也有助于旅游目的地开展营销。本书以旅游目的地的节庆旅游吸引物符号生产和符号消费作为切入点，深入剖析节庆场景的特征以及游客体验消费行为的规律，探究二者之间的内在联系，对于地方节庆旅游开发、节庆组织以及旅游目的地管理具有现实指导意义。

## 四　研究内容

本书遵循逻辑实证主义思路，即根据已知的科学原理使用演绎逻辑来预测新环境下的结果，按照理论研究（第一章、第二章）到实证研究

（第三章、第四章、第五章）再到理论研究（第六章）的思路，全书分为六章。

第一章在分析现实和理论背景的基础上，引出本书的研究问题及研究意义，介绍本书的主要内容和技术路线，并简要描述研究案例广州广府庙会的基本情况及围绕案例的资料收集情况。此外，介绍符号学思想历史演进，并对旅游符号学、节庆旅游、庙会旅游研究进行国内外文献综述，重点对旅游符号学研究进行全面回顾和述评；综述前人已有的研究成果，进而明晰本书的具体研究问题，确定可能的创新点。

第二章为节庆旅游吸引物符号建构的理论框架。汲取皮尔斯符号学理论，结合节庆的特点，进一步认识节庆作为旅游吸引物的特殊性及符号学逻辑，进而基于三元符号框架，构建节庆旅游吸引物的分析框架。

第三章为生产视角，探讨节庆旅游吸引物的符号意义建构。根据实地调查的数据，分析广府庙会的形成和发展历程；重点探讨组织者视角下，节庆作为旅游吸引物的符号生产；在新的社会语境下，详细阐述组织者对节庆吸引力的理解和节庆场景的设计。

第四章为互动视角，探讨符号学视角下的节庆体验。节庆场景建立起组织者符号价值传递和游客符号意义感知的紧密联系，本章利用互文性理论，探讨在组织者所设计的节庆场景中游客的体验构成，进而总结节庆体验的构成维度。

第五章为消费视角，探讨节庆旅游吸引物的符号意义解读。本章将游客的符号消费作为切入点，分析游客如何通过节庆体验对节庆吸引力的解读，探讨节庆吸引力感知的构成维度，并在直接解释项、动力解释项和最终解释项的理论基础上进一步分析游客的符号解读过程。

第六章为研究结论与管理启示。总结"节庆旅游吸引物—节庆场景—节庆吸引力"符号建构模型，归纳研究的主要结论，并与一些研究展开理论对话，指出本书的主要贡献，进而提出未来节庆旅游吸引物开发和管理启示。本书的研究技术路线如图1-1所示。

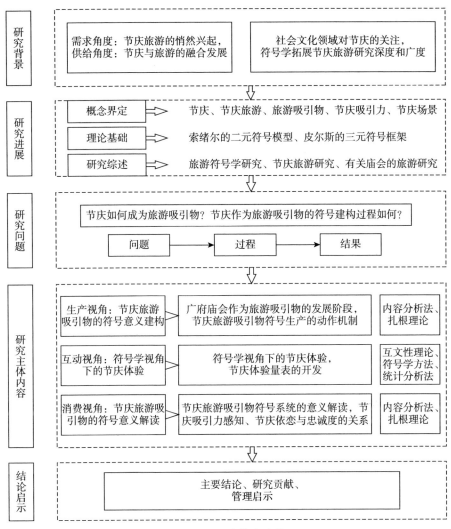

图1-1 研究技术路线

# 五 研究方法

本书采用实用主义范式下的混合方法研究。实用主义范式关注研究的结果，认为研究问题比研究方法更重要，强调使用多种数据收集方法，通常作为混合方法研究的范式（克雷斯维尔和查克，2017）。Crotty（1998）

认为研究设计主要包括四个部分，分别为范式世界观（如认识论、本体论）、理论视角（如社会科学理论）、方法论（如混合方法）以及数据收集方法（如观察、访谈、问卷）。本书从这四个部分来确定混合方法研究设计，在范式世界观上，以研究问题为中心，用实践和应用研究理念引导研究方法的选择，以多元现实为基础，基于实用理念收集数据回答研究问题。在理论视角上，运用社会科学的解释框架，预测和描绘研究方向，研究之初就确定用符号学理论解释研究目标，结合符号学理论和节庆特点构建概念框架，作为引导研究问题的分析框架，确定节庆旅游吸引物、节庆场景和节庆吸引力的关系。在方法论上，以广府庙会为例，通过考察广府庙会的发展历程，从宏观视野来分析节庆形成和发展的社会文化影响。在数据收集方法上，笔者以实习生的身份在广府庙会组委会展开调研，运用参与式观察、深度访谈等方法收集资料，以对组织者视角的节庆吸引力建构进行整体性研究；在广府庙会举办期间，通过访谈、问卷和观察等方法收集资料，以对游客视角的节庆吸引力解读进行全面研究。

## （一）资料收集方法

### 1. 观察法

在社会科学研究中，观察法是一种有计划地察看社会现象的方法，分为参与式观察和非参与式观察。参与式观察起源于田野调查，要求调查者明确观察目的，以真实参与者的身份进入研究对象的社会生活环境，参与社会活动，仔细观察研究对象的行为活动，详细记录所观察的事物，从而理解与领悟事物发生、发展的规律，找出社会现象的内在逻辑。非参与式观察则以旁观者的身份观看现象。本书主要使用参与式观察收集数据，在导师的帮助下组建调研团队，制订调研计划，确定调研目标，以实习生的身份进入广府庙会组委会，参与广府庙会的筹备、举办和总结的整个过程。调研期间，团队成员在组委会工作人员的指引下完成基础工作，如整理会议记录、撰写新闻稿、打印文稿等，并参与会议筹备会、新闻发布会等重要会议，在工作间隙，找到组委会关键人物，深入了解相关信息。在庙会举办期间，观察游客行为，拍摄现场照片，并每天完成调研日记的撰写。

2. 访谈法

访谈法属于一种定性研究技术，研究者与受访者展开面对面深入而细致的交谈，获取充分、广泛的一手资料和信息，以探究受访者对特定想法、项目或情况看法的研究方法。在访谈过程中，研究者应该保持开放的心态，不带预设地营造一个轻松的环境，让受访者充分而真实地围绕主题回答问题。访谈法一般分为结构式访谈、非结构式访谈和半结构式访谈（郑全全等，2010）。结构式访谈由一系列预先确定的问题组成，所有受访者按照相同的顺序回答这些问题，便于研究者对相同问题的不同答案进行比较；非结构式访谈是指在访谈之前研究者没有准备任何问题，数据收集以非正式的方式进行，受访者回答的问题各不相同，很难比较回答内容，对研究者素质要求较高；在半结构式访谈中，研究者会准备一套相同的问题供所有受访者回答，同时，在访谈过程中可能会提出其他问题，以澄清和/或进一步扩展某些问题。在正式调研初期，主要采取非结构式访谈向组织者了解广府庙会的发展历程、组织管理、活动内容等方面，以形成对广府庙会的总体认识。在了解广府庙会基本情况后，逐步明确研究问题，围绕研究主题设计访谈提纲，开展半结构式访谈。在与组织者一同工作一段时间后，研究团队逐渐取得组织者的信任，便利用工作间隙与各部门相关负责人在安静环境中进行深度访谈。在广府庙会举办期间，研究团队主要采取半结构式访谈了解游客对节庆吸引力的理解，通常先与受访游客一同参与活动，获取其同意后，在活动现场逐步展开交谈。

3. 问卷法

问卷是调查研究中收集数据的主要工具，由一系列问题组成，目的是收集受访者的信息。与其他方法相比，问卷法是一种更经济、更快捷地收集大量受访者行为、态度、偏好、意见和意图相关数据的有效方法。为保证收集数据的质量，从调查问卷设计到问卷测试都需要遵循严格的程序。在本书中，问卷设计主要基于文献和文本资料的分析，采用封闭式问题，参考成熟量表设计具体题项，并邀请旅游专家进行评估，通过现场发放和网络发布的形式收集数据，以分析游客的节庆体验和对节庆吸引力的理解等内容。

### 4. 文献研究法

观察法、访谈法和问卷法主要用于一手资料的收集，文献研究法则用于二手资料的收集。文献研究法是指通过收集和分析现有的以文字、图片、数据等形式呈现的文献资料，探究社会现象的本质和规律的研究方法（风笑天，2001）。通过对已有文献资料的研究和分析，从中汲取思想和方法，奠定研究的基础，发现新的研究视角，明确新的研究方向。在本书中，收集的文献资料包括在期刊数据库、全国报刊索引等数据库查阅的大量关于旅游符号学和庙会的文献，在调研过程中收集的广府庙会历年策划方案、新闻稿等，通过官方微信公众号、微博和旅游网站（马蜂窝、同程旅游等）收集的文字和图片等。

## （二）分析方法

### 1. 扎根理论

扎根理论是通过收集、分析和概念化定性数据，构建理论的一种系统方法论，是一种结构化、灵活的方法论。扎根理论最初由美国社会学家格拉泽（Barney G. Glaser）和施特劳斯（Ansel Strauss）在20世纪60年代末提出，试图为社会学领域占主导地位的实证主义研究方法提供一种替代。扎根理论强调基于研究问题和资料收集找到能够反映社会现象的核心概念，并在概念之间建立联系，形成理论。与其他定性研究方法一样，扎根理论的目的不是建立普遍规律，而是对一种现象提出新的见解，并提出一些不太常见的理论命题（Matteucci & Gnoth，2017）。自格拉泽和施特劳斯提出扎根理论以来，扎根理论发展出三个方向，分别为客观主义、后实证主义和建构主义（Charmaz，2011）。客观主义扎根理论与格拉泽的经典扎根理论相联系，要求研究者保持中立的态度和严格的编码过程；后实证主义扎根理论将预先设想的分析框架应用于数据以发现中层理论；Charmaz（2011）提出的建构主义扎根理论强调研究参与过程中的情景化理解。本书在分析实证材料时遵循后实证主义扎根理论，选取该方法的好处在于研究者可对资料进行开放式编码、主轴式编码和选择式编码，并在此基础上通过实践对编码提出疑问，然后做出修改，循环往复，建构理论。本书尝试对多来源、多途径收集的文字、图片、视频资料采用扎根理论分析，试图建立节庆旅游吸引物的符号建构理论。

**2. 内容分析法**

内容分析法是基于对文本、图像和象征意义的分析做出有效推论的一种系统方法，它起源于 20 世纪 50 年代的大众传播研究，最初强调基于"发送方—接收方"的基本通信模型，对重复出现的、容易识别的文本内容进行量化分析，做出推论（White & Marsh，2006）。该方法得到许多领域（人类学、管理学、心理学和社会学）研究者的广泛使用。内容分析法可以是定量的（侧重计数和测量），也可以是定性的（侧重解释和理解），或二者兼而有之。定量内容分析源于实证主义的研究传统，使用演绎法；定性内容分析则源于人文主义，使用归纳法。定性内容分析和定量内容分析虽存在明显差异，但也存在许多相似之处，这是二者结合的基础（White & Marsh，2006）。本书将定性内容分析和定量内容分析结合起来，分析历年广府庙会的策划方案，既对文本的显性内容进行频次分析，又对文本的隐含内容进行深入剖析，以期全面了解广府庙会的发展过程。与此同时，内容分析法是一种灵活的研究方法，可以单独使用，也可以与其他方法结合使用。本书使用内容分析法对历届广府庙会的资料进行分析，梳理节庆的整个发展过程，并将内容分析法和符号学方法相结合，对游客在网络上发布的图片进行分析，总结游客的节庆体验。

**3. 符号学方法**

符号学重视揭示意义的基本结构，强调模式和结构的重要性，符号学还认识到在符号系统中通常存在若干层次的含义，因此，符号学方法试图揭示更深层次的意义和象征，鼓励超越明显的、直接的和有意的表层解释，以揭示隐含的、间接的和无意的深层意义。符号学既是对符号、规范和文化的研究，也可用于阅读和观察各种类型文本和事物。从广告到令人印象深刻的文化作品，符号学方法能够用于仔细剖析和研究文化规范以及分析文化系统中的细微差别和隐含意蕴。Echtner（1999）在综合了几个权威来源程序的基础上，将符号学方法分为 6 个阶段：一是选择一个有代表性的、封闭的数据语料库；二是将整体分解成部分；三是记录要素出现的频率以及与其他要素的可能组合；四是通过分析组合结构和范式结构来分析要素之间的关系；五是对要素组合进行综合分类并理解组合的规则系统；六是超越表面意义，提取潜在意义。需要强调的是，在具体分析过程中，符号学方法并不需要严格按照上述 6 个阶段进行，研究者可根据具体研究目标进行调整，但强调结构和意义是所有符号学研究的共同特征。

4. 互文性理论

俄罗斯哲学家、文学和艺术评论家巴赫金是现代互文性理论之父，他认为每一种语言都是特定社会背景下社会活动的独特表达，会受过去语言的制约。巴赫金认为，所有的语言表达都是对话，代表社会阶级、意识形态、时代和流派的声音。克里斯蒂娃在巴赫金关于语言学和文化的理论上，于 1966 年提出"互文"一词，认为互文是一种综合的符号文化现象，不局限于文学作品的相互影响，口头、文字、绘画、表演，任何表达形式的文化作品都会受表达者以往经验的影响，表达者以往接触的文化作品会在其意识中留下相关"文本"，文本之间的相互影响是不可避免的（Alfaro，1996）。换言之，任何文本都是对另一文本的吸收和转换。互文性理论有助于理解文化现象之间的联系，并有助于理解质性研究的解释过程。本书试图利用互文性理论建立组织者塑造的节庆场景和游客的节庆体验之间的联系。

5. 统计分析法

扎根理论、内容分析法、符号学方法和互文性理论主要对文本资料进行分析，统计分析法则主要对问卷数据进行分析。统计分析法是一种收集数据、揭示模式和趋势的研究方法，应用广泛。统计分析即在收集数据后进行汇总数据（如频次）、关键位置度量（如平均值）、分布度量（如标准差），根据过去行为做出未来预测（如回归分析）以及假设检验（如结构方程）。本书利用描述性统计对游客的基本情况数据进行分析，包括平均值、百分比等；利用信度、效度检验分析测量游客问卷的内部一致性和效度；利用探索性因子分析和验证性因子分析提取和验证节庆体验、节庆吸引力等的构成维度；利用结构方程模型来检验节庆吸引力等变量之间的关系。

# 六 研究案例和资料收集

## （一）研究案例

案例研究是对具有典型意义的单个或几个案例进行研究，综合运用多种研究方法，形成对某一社会现象较为全面、深入的认识，在社会科学研究中被广泛使用。通过案例研究，研究者能够从行动者的角度理解行为条件，并综合运用定量和定性方法，对案例展开全面观察、重构和分析，解释现象的过程和结果。案例研究强调选取案例的典型性，通过对具有典型意义的单个或几个案例进行研究，总结某类现象的共性，典型性是个案集中体现的某类现象的重要特征，而非个案总体性质的"再现"（王宁，2002）。因此，选取典型性案例是案例研究的关键。

本书研究对象为节庆旅游吸引物，并以广州广府庙会为案例研究。广府庙会由广州市越秀区政府自2011年起主办，时间为每年的元宵节至正月二十一，为期7天，以广州城隍庙为起始点、北京路文化核心区为中心并向周边区域辐射。本书主要以第九届广府庙会为例，第九届广府庙会在2019年2月19日至2月25日期间举办，活动区域为北京路文化核心区一带，分为五大主题区域，分别是活动区、展示区、美食区、灯会区、商贸区。活动区主要有广府文艺展演、广府达人秀、青少年庙会、地铁庙会、动漫庙会、慈善庙会、广府文化专题交流会及其他庙会主题活动等；展示区主要有非遗展示、东湖艺术长廊；美食区主要有惠福东路广府美食展销、北京路商圈饮食优惠活动等；灯会区主要有越秀公园花灯展、历届灯会摄影作品展及欢乐猜灯谜等；商贸区主要有老字号一条街展销活动等。

本书旨在考察组织者和游客视角下节庆旅游吸引物的符号建构，即节庆吸引力的形成过程。之所以选择广州广府庙会为研究案例，主要有以下原因。

### 1. 广府庙会具有新创节庆的重要属性

广州是首批国家历史文化名城之一、广府文化的发祥地，越秀区是广州建城两千多年来未曾变迁的城区中心，有着深厚的文化积淀和浓郁的文化氛围。广州市越秀区政府以迎亚运环境整治和城隍庙重修为契机，于2011年元宵节举办了首届广府庙会。作为一个从无到有的新创节庆，首届广府庙会从活动名称到内容都备受争议（刘博和朱竑，2015），但广府庙会的举办填补了当地正月十五没有特色节庆活动的空白。越秀区政府通过专家、媒体座谈会和"金点子"征集等不同形式的活动，积极听取社会各界意见，挖掘广府文化内涵并吸纳不同文化元素，调整活动内容，经过几年的发展，广府庙会逐渐得到人们的认可和喜爱。广府庙会具备新创节庆的重要属性，其形成和发展具有可追溯性，可以作为本书的研究案例，探究节庆吸引力的形成和发展过程。

2. 广府庙会作为新创节庆影响力大、知名度高

广府庙会是广州"一城一特"春节活动之一，现已与北京地坛庙会并称为中国两大庙会。2018年广府庙会吸引民众600万人次，相关信息线上阅读量过亿次（李丹等，2018）。2019年广府庙会突出粤港澳大湾区元素，举办了45项主题文化活动、279场文艺节目和展示活动，线上庙会页面总点击量约50万次，吸引海内外游客逾500万人次，新浪微博相关话题阅读量逾1.3亿次。2023年广府庙会恢复线下活动，7天吸引游客400万人次。广府庙会已成为中国南方最具影响力的民俗文化品牌活动之一，成为活跃度高、集聚性强、影响力大的节庆活动，是研究游客节庆吸引力感知的典型案例。

3. 广府庙会具有较好的可进入性

广府庙会由广州市越秀区政府牵头，广府庙会组委会主办，越秀区文化发展促进会执行。笔者通过与广府庙会组委会联系，带领研究团队，以广府庙会组委会工作人员的身份开展调研，参与第九届广府庙会的筹办、举办和总结的全过程以及第十届广府庙会的筹办过程，实地调研时间近4个月，并持续观察2022年广府庙会元宇宙和2023年广府庙会恢复线下活动的内容，收集了较为丰富的资料，为研究奠定了基础。

（二）资料收集情况

本书的调查和资料收集工作共分为四个阶段，团队前后两次前往广府

庙会组织者工作区域和举办区域进行调查工作，实地调研时间近 4 个月，持续观察了 5 届广府庙会，具体调研工作内容如下。

第一阶段收集和整理历届广府庙会相关基础资料及第九届广府庙会筹备工作资料。2019 年 1 月初，团队成员主动联系广府庙会组织者——广府庙会组委会，表示希望参与广府庙会筹备工作，在获得对方同意后，正式开始调研工作。2019 年 1 月 9 日至 2 月 18 日（春节期间休息七天），团队成员共 7 人作为广府庙会组委会的工作人员参与第九届广府庙会的筹办、举办过程。在广府庙会筹备阶段，团队成员在工作日完成了有关广府庙会的工作，包括现场会议记录、撰写广府庙会前期宣传稿等，并收集调研资料。这一阶段收集的资料主要为以下三种：第一，历届广府庙会活动资料，如总体方案、新闻稿等，以了解广府庙会的发展演变过程；第二，参与式观察广府庙会组织者的工作过程和工作状态，掌握筹备工作的细节；第三，在工作间隙与广府庙会组织者进行访谈并记录整理成访谈资料，以了解组织者对节庆吸引力的理解及节庆场景的设计。

第二阶段为 2019 年 2 月 19 日到 2 月 25 日广府庙会举办期间，团队成员收集的资料主要包括以下两种：第一，团队成员分为三个小组，在广府庙会举办区域收集游客访谈资料；第二，现场拍摄广府庙会的照片和小视频，并坚持每天撰写游览日志，以游客的视角记录节庆体验。

第三阶段为第九届广府庙会结束后总结阶段收集的资料，包括第九届广府庙会的相关统计数据，以了解该节庆的吸引力和社会影响力；补充了组织者访谈资料，力求掌握节庆筹备、举办到总结的全过程；收集官方微信和微博对广府庙会的宣传和介绍资料，更全面地了解广府庙会的形成和发展过程；收集旅游攻略网站、微信和微博平台上游客的广府庙会游记数据，以更为详尽地了解游客的旅游体验。同时，在广州波罗诞、广州国际灯光节的举办现场以及在网上发放和收集问卷。

第四阶段以收集广府庙会线上资料和第十届广府庙会前期宣传资料为主。2020 年受疫情影响，第十届广府庙会暂停举办，2022 年广府庙会元宇宙首次亮相。2023 年广府庙会恢复线下活动，打造"线上＋线下"的活动模式。因此，这一阶段仅收集了组织者筹备期间的部分资料，包括对组织者的深度访谈，以及 2022 年广府庙会元宇宙和 2023 年广府庙会的策划方案及官方平台的前期宣传资料，以持续关注广府庙会发展。游客的数据主要以问卷调查的方式通过网络平台发布和收集，以了解游客对节庆旅游吸引物的符号解读过程。具体资料收集情况如表 1-1 所示。

表 1-1　资料收集情况

| 时间 | 资料名称 | 收集方式 | 数量（份） | 字数（字） | 主要用途 |
|---|---|---|---|---|---|
| 2019 年 1 月 9 日~ 2 月 18 日、2020 年、2023 年 广府庙会筹备 期间 | 2011~2019 年广府庙会总体方案 | 实地调研 | 9 | 115135 | 广府庙会的发展 |
| | 2011~2019 年广府庙会新闻通稿 | 实地调研 | 12 | 33889 | 广府庙会的发展 |
| | 2019 年筹备期间会议资料 | 现场记录 | 14 | 98761 | 组织者的符号生产 |
| | 2019~2023 年工作人员访谈数据 | 深度访谈 | 17 | 99217 | 组织者的符号生产 |
| 2019 年 2 月 19~ 26 日第九届广府庙会举办期间 | 节庆游客的访谈数据 | 实地调研 | 44 | 135289 | 游客的符号消费 |
| | 活动现场照片 | 实地调研 | 304 | — | 游客的符号互动 |
| | 活动现场视频 | 实地调研 | 15 | — | 游客的符号互动 |
| | 2019 年举办期间游览日记 | 实地调研 | 7 | 10356 | 游客的符号互动 |
| 2019 年 2 月 27 日~ 3 月 20 日 第九届广府庙会工作总结期间 | 第九届广府庙会统计表 | 实地调研 | 1 | — | 综合 |
| | 微信、微博文字 | 网络收集 | — | 179250 | 广府庙会的发展 |
| | 微信、微博、同程旅游等网络照片 | 网络收集 | 741 | — | 游客的符号互动 |
| 2019 年 3 月 17~19 日和 2019 年 11 月 18~27 日波罗诞、广州国际灯光节举办期间 | 节庆体验的问卷调查 | 实地调研 | 386 | — | 游客的符号互动 |
| 2020 年 7 月 31 日~ 8 月 6 日 | 节庆吸引力的问卷调查 | 网络收集 | 375 | — | 游客的符号消费 |

资料的处理主要借助 NVivo、SPSS、AMOS、Excel 等软件，其中 NVivo 是用于定性和混合方法研究的软件程序，它可用于分析非结构化文本、音频、视频和图像数据，包括（但不限于）访谈、焦点小组、调查、社交媒体

资料和期刊文章。本书主要使用 NVivo11.0 分析组织者和游客的文本、视频和图像数据，进行频次分析、矩阵分析和编码。SPSS24.0 用于调查问卷的描述性统计分析、项目与总体之间的相关分析、探索性因子分析等。AMOS24.0 用于游客调查问卷的验证性因子分析、信效度检验分析、结构方程模型检验等。

# 七 符号学思想历史演进

创造和使用符号系统是人类有别于其他物种的显著特征，符号存在于我们生活的各个角落，语言、手势、文字、艺术、宗教和服饰等，任何能传达某种意义的事物都可称为符号。节庆是彰显地域特色的文化符号，在文化和旅游融合发展的背景下，节庆不仅是当地居民的文化庆祝活动，更成为重要的旅游吸引物。然而，目前的研究鲜少涉及节庆旅游吸引物，因此需要追根溯源节庆作为旅游吸引物的符号建构过程，并在了解符号学的核心思想基础之上，构建分析框架。

符号学是对符号系统的研究，由于符号是用来创造和传达意义的，符号学也是对意义结构的研究，研究意义的直接、间接、有意和无意的交流形式。它既是一种解释社会文化现象的理论，也是一种方法论。通过揭示符号系统的结构，符号学有助于更全面地理解人类的交流和行为。

符号学的根源可追溯到古希腊和古罗马时期，术语"semiotics"即来自希腊语"semeiotikos"，在中世纪和文艺复兴时期，许多学者探索符号和意义的关系（Echtner，1999）。然而，现代符号学诞生于 19 世纪末，瑞士语言学家索绪尔和美国哲学家皮尔斯是符号学的共同创始人，是当代符号模型的两个主要代表，确立了两个不同的理论传统。

## （一）索绪尔的二元符号模型

索绪尔创造了"符号学"这一术语，将其定义为"研究社会生活中符号的作用的科学"。索绪尔提出二元符号模型，作为一名语言学家，索绪尔主要专注于语言符号，认为语言符号是由能指和所指两个要素构成的整体，能指与所指之间的关系是产生"意义"的基础，语言符号必须同时具有能指和所指。索绪尔将能指和所指形容为一张纸的两面，二者相互依存，但它们之间不存在天然的、必然的本质联系，不可能存在完全无意义的能指或完全无形的所指。对于索绪尔来说，能指和所指都纯粹是"心理的"，两者都是非物质形式。如今，基本的"索绪尔"模型被普遍采用，但它比索绪尔原本的模型更具物质主义特征，能指通常解释为符号的物质形式，它可以被看到、听到、触摸到、闻到或尝到；所指不是指称物，而是思想中的概念，即它不是事物，而是事物的概念。

对于能指和所指的关系，索绪尔认为具有任意性，能指和所指之间没有必然的、内在的或直接的关系，具体到自然语言，能指和所指之间没有内在的、本质的、透明的、不证自明的或自然的联系。这种任意性赋予了语言自主性，语言不是反映现实而是建构现实，语言可以表达世界上存在的东西，也可以表达不存在的东西。符号的任意性有助于说明符号的解释范围，能指和所指之间没有一对一的联系，在一种语言中，一个能指可以对应多个所指，一个所指也可以被多个能指所对应。但这种激进的任意性观点很快受到其他学者的批评，索绪尔在一定程度上修正了他的观点，称符号具有相对任意性。施特劳斯用"相对自主"（relative autonomy）描述了能指和所指之间的关系，认为符号是先验任意性的，但在进入历史存在之后，便不再任意，不能随意改变了（Levi-Strauss，1974）。符号的所指和能指在历史存在中的相对惯例关系是描述两者关系的关键。

索绪尔进一步认为，符号只有作为一个正式的、广义的和抽象的系统中的一部分才有价值，这种价值是纯粹结构性的和关系性的。在语言系统中，一切都取决于关系（Saussure，1983），任何符号本身都没有价值，符号只有在与其他符号产生关系时才具有价值。符号意义取决于能指和所指的关系，而符号的价值取决于整个系统内符号与其他符号之间的关系，这是结构主义语言学理论的核心要义。

## （二）皮尔斯的三元符号框架

相较于索绪尔，皮尔斯提出的符号学理论具有更强的普遍性。作为一名哲学家，皮尔斯关心的是阐释人类经验中的各种意义结构，他认为符号学不仅可解释语言符号系统，亦可解释非语言符号系统。皮尔斯还提出三元符号框架，即符号是由再现体（representamen）、解释项（interpretant）和对象（object）三个要素构成的统一体。对象指符号所代表的事物，再现体是符号的表现形式，解释项指解释者对符号意义的解读，三者之间的相互作用、相互关系构成了符号学（semeiosis）的基本框架（Chandler，2007）。皮尔斯的学生 Roderick Munday 对三者如何相互作用给出了很好的解释："假设有一个装有物体的不透明盒子，盒子上有标签，引人注意的是盒子和标签（再现体），这使人们意识到盒子里面有东西（对象），并对盒子里的东西产生认识和理解（解释项）。阅读标签实际上是知识解码符号的过程，需要注意的是，符号的对象总是隐藏的，我们无法打开盒子直接检查它，只能通过注意标签和盒子，阅读标签并在脑海中形成对象的心理意象来了解对象，因此，符号的意义只能通过再现体、对象和解释项的交互来实现。"（Chandler，2007）

皮尔斯的再现体与索绪尔的能指在意义上类似，解释项与所指大致类似，有些学者甚至直接将再现体和能指、解释项和所指等同起来（贾英，2009），但解释项有一个区别于所指的特性，即解释项本身也是解释者头脑中的符号。对此，皮尔斯认为解释项是由再现体在人们心中创造的一个等同的符号，或一个发展得更为充分的符号，这个创造出来的符号即第一符号的解释项（Peirce，1934）。既然解释项是符号，必然牵连另一符号过程，Eco（1976）用无限符号化（unlimited semiosis）来指代这种连续的无限解释。具体而言，第一符号过程的解释项 1，也是第二符号过程的再现体 2，对于再现体 2 也会有相应的对象 2 和解释项 2，根据无限解释原则，解释项 2 还会是下一个符号过程的再现体，如此以至无穷。

皮尔斯根据再现体和对象的关系将符号分为了三种类型：具有相似性质的图像符号、具有因果关系的标志符号和具有社会约定的象征符号。符号产生的过程为再现体到对象再到解释项，图像符号代表人们通过事物之间的相似性认识事物，标志符号代表人们通过事物之间的因果关系认识事物，而象征符号代表人们通过社会约定来认识事物（郭鸿，2004）。这三种符号不是相互排斥的，因为符号通常起着不止一种作用。

皮尔斯将索绪尔的语言符号学研究拓展至整个社会生活，认为只要人们把事物解释为"象征"某物，而不仅代表事物本身，那么任何事物都可以是一种符号。换言之，符号可以是文字、图像、声音、气味、行为或物体，但这些事物没有内在意义，只有被赋予意义时才会成为符号。索绪尔的研究局限于语言符号学，而皮尔斯的符号学研究着眼于整个社会生活，这解释了为什么皮尔斯的符号学理论被广泛接受。然而，许多学者虽认同三元符号框架的三个元素构成，但对于三个元素的具体解释却存在较大分歧，这也为皮尔斯的符号学理论深入多学科领域提供了可能。

### （三）罗兰·巴尔特的文化符号学

巴尔特被称为法国符号学的创始人，是法国结构主义文学批评运动的代表人物之一。结构主义最突出的贡献在于让人们认识到"学问"不是简单的记诵，而是要用现代的认识论和方法论对传承下来的经典资料进行分析和理解。巴尔特没有试图在各个传统领域建立起新的理论体系，而是用新的视角、新的方法对传统领域的理论进行重新解读。当学科专家基于历史视角对其所在领域专业的知识进行分析时，巴尔特跳出单一学科的知识体系，强调学科之间的跨界融合及互动。

受索绪尔符号学思想的影响，巴尔特认为能指、所指和符号是密不可分的，并在此基础上提出了包含明示符号和隐含符号的二级符号系统。第一级系统为明示符号，由能指和所指构成，明示符号和与之相对应的所指共同构成了第二级系统隐含符号，明示符号和隐含符号最终构成了多层次系统。这里的明示符号是符号真实或者直接的意义，而隐含符号则是明示符号所承载的社会或者价值意义（Barthes，1972），即明示符号在所依托的社会文化背景中的引申意义。巴尔特用该系统来解释文化符号，并将其与社会、文化和意识形态紧密联系起来。

巴尔特还把符号学研究视野从语言文本拓展到视觉图像的符号学研究，并将符号学理论应用于照片、广告、绘画等具体领域，在对照片进行分析时，巴尔特认为照片实体信息是由线条、表面和色调组成的，照片是其对象完美的"相似物"，它真实地反映了现实。但是，拍摄者会对图像进行某种处理，这种处理过程掺杂了审美、意识形态等信息，受社会文化的影响，照片实体信息是外延讯息，而拍摄者掺杂的审美、意识形态等信息是内涵讯息（盛佳，2013）。巴尔特的这一图像符号学思想已在旅游目的地形象研究中被用来进行图像分析。

综上所述，索绪尔和皮尔斯虽然都是现代符号学的奠基人，但他们的符号学思想是两个不同的理论系统。索绪尔以先验哲学和结构主义为思想基础，主要研究语言符号，强调语言的社会性和结构性；皮尔斯则以实用主义哲学、逻辑学和范畴学为思想基础，将研究范围拓展至社会生活，同时，无限符号化强调了人从感性认识到理性认识的认知过程。当然，他们的思想不是矛盾对立的，无论是索绪尔的二元符号模型，还是皮尔斯的三元符号框架，都认为符号最终使主体产生一种相对于表现形式更为丰富的意义。Chen（2015）尝试通过旅游符号学实践的概念将皮尔斯和索绪尔的符号学理论结合起来（见图1-2）。巴尔特发展了索绪尔的符号学思想，其二级符号系统生动地展现了语言生成和运用的实际过程，强调了语言结构置于社会背景中的新意义，其图像符号学为旅游目的地广告、宣传册等的图像分析提供了一种方法（王宁等，2008）。

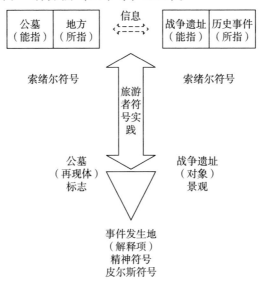

**图1-2　旅游者符号实践在旅游语境中连接索绪尔符号学和皮尔斯符号学**

资料来源：作者根据 Chen（2015）整理。

# 八　文献综述之一：旅游符号学研究

## （一）国外研究进展

现代符号学受哲学、古典语言学、心理学、社会学、物理学、化学、生物学等的直接或间接影响，如今，符号学思想已经被运用到语言学、人类学、社会学、心理学、传播学、旅游学等多学科领域中，广泛地运用于社会科学研究。旅游是一种典型的社会文化现象，从符号学角度看，旅游是寻找独特且不寻常的标志和景观。游客追求的是暂时逃离日常生活，体验文化差异，渴望新体验、新标志和新景观，追寻不同的风景、不同的美食、不同的服装风格、不同的生活方式。游客"阅读"景观和标志，也是在解读地方文化意义，符号学正好提供了理解和阐释事物意义的思路。旅游符号学较早就引起了学者的关注，但研究进展缓慢，近些年来的相关研究数量有增长的趋势，但相对而言仍是一个被忽略的研究领域。究其原因，一方面，符号学理论流派众多，多数情况下不同流派各自展开讨论，理论对话不多；另一方面，旅游现象纷繁复杂，主客双方的旅游符号互动行为多样，增加了符号学切入旅游现象研究的难度。即便如此，仍不乏学者积极探索旅游符号学的发展，探究旅游现象的本质和规律。

本书提到的旅游符号学研究，既包括运用符号学方法对旅游现象的研究，也包括对旅游中的符号的研究。为尽可能全面地收集文献，笔者在Science Direct、EBSCO 和 ProQuest 三大数据库中以 "tourism semiotics" 为主题词进行了检索。在收集文献的过程中，一方面通过阅读搜索到的文献，采用"滚雪球"的方式找到其他旅游符号学研究相关文献，对已掌握文献中的相关参考文献进行溯源和整理，避免遗漏重要文献；另一方面搜索符号学相关的专业期刊中有关旅游的文献。通过对所有文献的梳理、分析和归纳，可以看出国外旅游符号学研究主要集中在旅游吸引物的符号建构研究、旅游标志的符号学研究和游客的符号解读研究。

1. 旅游吸引物的符号建构研究

现代旅游业的快速发展，引发了人们对多样旅游吸引物的需求。旅游吸引物是能够吸引游客前往旅游目的地的地方、人、事件和事物，是旅游业的核心组成部分。在充分认识到旅游业带来的经济效益后，各地纷纷投入旅游吸引物的建造和宣传中，历史遗迹、博物馆、主题乐园等旅游吸引物逐渐进入人们的视野。因此，旅游吸引物的符号建构研究逐渐兴起，学者开始探讨基于游客体验的旅游吸引物形成过程。

MacCannell 启动了旅游符号学的开创性研究，其在《旅游者：休闲阶层新论》（*The Tourists: A New Theory of the Leisure Class*）一书中，集中讨论了旅游吸引物的符号学分析、本真性问题。在皮尔斯三元符号框架的影响之下，MacCannell 认为旅游吸引物就是符号，旅游吸引物的吸引力是景观、标志（关于景观的信息）和旅游者之间的关系。在提及景观和标志的关系时，MacCannell 指出游览过程中景观不是最重要的因素，很多时候，景观的标志比景观更为重要，当旅游者发现缺乏景观标志时，总会通过一些方式找到适合景观的信息并增加到现有景观中，与此同时，旅游者本身也有可能成为景观。在现代社会，即使是身处偏远地方的人也知道什么是重要的旅游吸引物，这种超越国界的共识是建立在一套复杂的制度机制之上的，即景观神圣化过程和旅游者相应的仪式态度过程的双重过程。景观神圣化过程是指旅游吸引物的符号生产过程，而旅游者相应的仪式态度过程则是旅游者基于旅游吸引物系统对旅游吸引物符号意义的解读过程。旅游吸引物建构即景观神圣化，经历了五个阶段：第一阶段为命名阶段，是确认景观价值的阶段；第二阶段为构建框架和精品展览阶段，通过保护和加强景观，与旅游者拉开距离，形成美化空间，增强景观吸引力；第三阶段为珍藏阶段，为了放置圣物和藏品而建造的教堂、博物馆等建筑物，与圣物和藏品一同被神圣化，成为景观；第四阶段为圣物的机械复制阶段，通过展示景观相关的印刷品、照片、物体肖像，吸引游客踏上真实的旅程；第五阶段是社会复制阶段，即团体、城市或地区为景观命名的阶段（MacCannell，2002）。MacCannell 的思想为旅游符号学的发展奠定了坚实的基础，但 Lau（2014）指出 MacCannell 是在索绪尔的框架内运用皮尔斯的符号学理论，能指和所指的概念以及二者之间的任意性是由索绪尔提出的，而非皮尔斯，并指出在旅游符号中，能指是景点，所指是社会解释。

Culler（1981）肯定了 MacCannell 的旅游吸引物符号是由景观、标志和旅游者组成的观点，认为旅游者购买的各种纪念品，如旅游海报、迷你埃菲尔铁塔、自由女神像储蓄罐等，是旅游吸引物符号中的标志，这些标志不仅创造了景观，还指引旅游者重点观赏，在观赏结束后，旅游者还会进一步通过书写或摄影的方式制作标志。每一次旅游体验都涉及标志与景观之间关系的生成，旅游者借助标志完成游览，景观和标志密不可分。因此，标志对旅游吸引物建构具有重要作用，赋予旅游吸引物符号意义，使旅游吸引物在广泛、系统化、充满价值的现代共识上得到旅游者的认可。Urry（2001）提出的旅游凝视理论从另一个角度解析了旅游吸引物的建构过程。Urry 认为旅游者看到的所有事物都是经人建构的符号，旅游者选择凝视某个景物，其实是受到了个人经验和记忆、文化环境以及流传广泛的影像和文本的驱使。对于凝视者和被凝视者而言，双方皆处在一组系统、连续的社会和实体关系中，这些关系由许多不同建构者联袂打造，具体包括旅游媒介者如摄影师、旅游宣传册和指南、旅游电视节目和广告，旅游服务部门如地方协会、旅行社、负责旅游发展的政府相关部门，还有规划师、建筑师和旅游学者等（厄里和拉森，2016）。同时，Urry 延续了 Mac-Cannell 关于旅游吸引物的部分观点，指出有些时候旅游者凝视的对象仅仅是景观的标记，并强调了旅游吸引物是凝视者和被凝视者"相互凝视"建构的符号。Urry 从旅游凝视的视角出发提出旅游吸引物再造的两种途径，一种是塑造景观的特性，即通过文化和自然的多样性和地方性，使景观奇特化或异域化，以体现"独一无二"的特征并获得某种特定的精神、宗教或神秘意义；另一种是制造"熟悉的陌生"，具体表现在"观看以前认为是熟悉东西的陌生方面"和"在不寻常的环境中进行熟悉的活动"（厄里，2009）。

虽然旅游者和旅游目的地最常见的互动是通过视觉完成的，但旅游是一个多感官共同参与的过程，除了视觉互动体验，还有听觉、味觉等其他感官的互动体验。Saldanha（2002）认为旅游研究不局限于视觉条件下旅游者与环境的互动，并使用民族志的方法对印度果阿的狂欢事件进行研究，发现音乐与身体、时空与物体的物质联系使果阿的多种族旅游环境呈现社会差异化；Parasecoli（2011）基于符号学的视角对美食进行分析，发现美食既是一种相关的意义来源，也是一种有效的交流方式，当旅游者接触不同的美食时，以往的经历会赋予美食文化特征，从中可以看出，旅游者多感官参与旅游吸引物的建构。旅游吸引物符号建构还会涉及多个参与者，如旅游推广者、旅游者等。旅游推广者构建地方标志，以建立特定目的地的特定体验；旅游者寻找标志，根据旅游体验赋予标志重要意义。Soica（2016）强调了旅游与景观之间的关系，将旅游业定义为一种意义建构，利用皮尔斯的符号学理论和巴尔特的二级符号系统，通过对两个生态旅游公司的网站和旅游者制作的书籍审视旅游景观的建构，提出了旅游作为意义建构实践的符号学框架，证实了旅游推广者的标志宣传和旅游者的意义赋予共同建构了旅游景观。

国外学者有关旅游吸引物符号建构的研究受皮尔斯符号学的影响较大，并基本围绕"景观—标志—旅游者"的三元关系框架展开讨论，从旅游吸引物的类型来看，主要关注景观型旅游吸引物，类型较为单一；从旅游者参与建构的过程来看，旅游者经历了从被动接受到主动参与的转变过程，强调旅游者的多感官参与。与此同时，国外学者的研究突出强调旅游推广者和旅游者在建构过程中发挥的作用，认为旅游推广者设计和宣传极具吸引力的标志，旅游者则在探寻标志的过程中赋予其意义。

2. 旅游标志的符号学研究

MacCannell指出旅游吸引物符号的能指是有关景观的信息（标志），如宣传图片、纪念品等；所指是景观，并认为标志体验超过景观体验本身，旅游吸引物建构的关键在于通过对标志的深入研究，建立起与景观的联系，以便旅游者能按图索骥探访代表性景点。自此，帮助旅游者获取景观信息的标志就成为学者们关注的焦点。Graburn（1983）在旅游人类学的研究和方法论中特别指出，符号人类学致力于研究文化表征，如符号、标志、象征、民间传说、迷思、规则、描述、视觉描绘等，了解意义的结构以及意义结构的变化机制。旅游标志有三种，一是产业提供的公共文本，如旅游广告、旅游宣传手册等；二是旅游者提供的私人文本，如游客照片和明信片等；三是其他文本，如标语、社区报纸等（见图 1-3）。这些文化文本是旅游者能够获取旅游吸引物信息的主要方式，通过对这些文化文本的分析可以了解标志是如何与景物发生联系以及景物是如何向旅游者传递标志所包含的信息的。

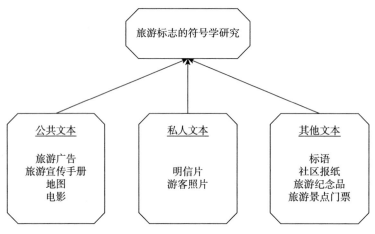

**图 1-3 旅游标志的符号学研究**

资料来源：作者根据文献整理。

在公共文本的分析方面，许多学者对旅游广告和旅游宣传手册进行了研究。Uzzell（1984）从结构主义的角度分析了旅游度假企业发布的旅游宣传册所传达的意义和形象，选取了 6 家度假公司在 1983 年发布的旅游宣传册作为分析材料，利用巴尔特分析流行社会的概念框架，按照特技效果、姿势、对象、光学性、审美性和句法六个方面对宣传册中的照片和文字进行了分析，研究发现，旅游宣传册试图宣传阳光、大海、沙滩和性这些主题，还试图打造旅游目的地形象，潜在旅游者不是被动地接收广告，而是积极参与旅游宣传册意识形态的创建和维护。Cohen（1989）以泰国北部山地部落地区的徒步旅行为例，基于书面广告、地图、照片和旅游手册对山地部落地区的形象和旅游体验进行了分析，发现山地部落地区的"本真"形象具有真实性、原始性、多样性、多彩性、异域性、偏远性和永恒性，而丛林探险的旅行体验则包含冒险、发现、魅力、令人兴奋、乐趣、逃避等元素。Ateljevic 和 Doorne（2002）对比了政府机构在 20 世纪初和 20 世纪末制作的一系列宣传新西兰的文本，从符号表征、历史地理和文化背景三个层面对图像进行了描述，分析表明新兴的中产阶级既是旅游形象的生产者也是消费者，在塑造全球消费文化方面发挥着重要作用。Tresidder（2010）对旅游手册进行了社会符号学解读，提出了旅游营销文本分析的概念框架，该概念框架提供了洞察旅游文化意义如何从旅游营销世界转移到个人消费者世界的思路，并通过了解个人如何解读营销文本，制定针对细分市场或群体的营销策略，确定了在当代旅游营销实践中话语的重要性、伦理性和有效性。Noy（2011）以位于东耶路撒冷的一个以色列战争纪念地的游客纪念簿为研究对象，通过对游客入口的符号学分析和多模态分析，揭示了空间、（非）流动性和轨迹如何在游客纪念簿中实现有意义的融合。Thurlow 和 Jaworski（2012）根据田野调查材料，引用广告商的视觉修辞，阐述了"奢华旅游"在宣传中公开致力于精英地位、荣誉和特权的象征性生产，并说明了奢侈品和特权是如何被消费者想象和重新想象的。Sun 和 Luo（2016）对澳门赌场手册和传单广告进行了社会符号学分析，重点分析了广告中男性与女性的代表形象，考察了性别权力对博彩业的影响。这些对于旅游宣传广告的研究，多采用符号学的方法对图片进行分析，深入挖掘图片所传达的符号意义。

　　电影作为人们的休闲方式之一也在影响着人们对于旅游目的地的形象感知，相较于旅游宣传手册和旅游广告，人们更易于接受电影的传播方式。对于电影的影响研究，主要集中在旅游目的地形象和旅游想象两个方面。在旅游目的地形象研究方面，Ommundsen（1999）通过分析电影发现澳大利亚已经放弃单一的文化形象，转而向全世界宣传该国的文化多样性，塑造多元文化的国家形象，但不同文化形象之间存在冲突，文章从旅游业实践中文化多样性等角度，提出了在旅游市场中打造多元化形象的思路；Kim 和 Richardson（2003）采用实验设计的方法来评估观看特定流行电影对旅游目的地认知和情感形象的影响，指出未来可以通过符号学等方法研究不同类型的电影对旅游目的地形象的影响。在旅游想象研究方面，Deluca 和 Demo（2000）运用巴尔特符号学的方法探讨了风景摄影在环境保护主义诞生中的重要意义；新西兰拍摄的《指环王》和《霍比特人》推动了该国旅游业的快速发展，建构了新西兰景观新的想象性。Goh（2014）将电影对旅游目的地的符号建构称为现实主义的幻想符号学。Leotta（2019）以澳大利亚旅游局的旅游宣传片为例，利用符号学方法探讨了旅游电影、商业广告和促销视频等视听旅游宣传文本的美学、主题和制度特征，总结出了视听旅游宣传受文本和语境因素影响的话语框架。

在私人文本的分析方面，明信片是传播最为广泛的旅游标志，它既可以作为记录旅游体验的个人纪念品，也可以作为传播给其他潜在旅游者的宣传品。Markwick（2001）以 MacCannell 和 Graburn 等学者的旅游理论为基础，研究了明信片作为符号的作用，全面分析了马耳他明信片图像，发现虽然马耳他"太阳和海洋"的目的地形象深入人心，但随着旅游者试图穿过"后台现实"，马耳他的形象已经越来越多样化，表明明信片图像与旅游体验和期望有着紧密的联系。Andriotis 和 Mavrič（2013）认为不仅要关注明信片的视觉表征，也要从明信片流动的视角进行全面探讨，其通过分析 134 张明信片的印章、邮戳、地址、图像、标题、文本和出版商等信息，讨论了新移动范式下物体、物质、想象、交流和虚拟五个方面的移动性特点。随着互联网的快速发展，人们乐于将拍摄的照片放在网络上分享，作为私人文本的照片也逐渐成为学者分析的对象。Hunter（2016）收集了首尔的网络照片，从明示符号和隐含符号的角度来研究网络旅游目的地形象的建构，并与先前旅游宣传册和旅游指南建构的传统旅游目的地形象进行比较，发现旅游者通过网络展现个人旅游体验是对旅游目的地形象的补充。

随着文本分析的规范化，文本的类型逐渐丰富起来。Kim（2011）使用符号学方法分析了 2007 年夏天北京的标语和空间的象征意义，探讨了北京奥运会带来的变化，并通过观察三个具有代表性的空间的标语，揭示了中国现代性的三个方面。社区在旅游开发的过程中扮演着重要的角色，社区报纸和图片反映了人—地活力在时间中的变化。Stokowski（2011）对 22 年来在科罗拉多州吉尔平县的 *Weekly Register-call* 上发布的图片进行了历时性研究，采用内容分析法和符号学方法对图片的明示符号和隐含符号进行描绘，发现随着时间的推移，图片总数、人物图片、微笑图片和社区社交活动图片的数量都在减少，而当地政府活动的图片在增加，说明随着旅游业的发展，当地居民越来越严肃和职业化。Hunter（2012）用视觉研究和符号学方法，从文化表征、商品化、居民和游客互动三个方面对作为旅游纪念品的冲绳狮图腾和金门风狮图腾进行了探索性研究，对现场拍摄和网络收集的图片进行整理和分类，并将图片分为七种类型，分别为原始图腾、图腾图标、商品包装、目的地宣传标志、纪念品生产地、其他图腾标志和网络数字表征。研究表明原始图腾是不可改变的，它的价值和意义会随着时间的推移而增加，其他类型的图腾在旅游经济中具有各自独特的地位，它们与原始图腾形成一个连贯的整体。旅游景点门票也可以作为符号化的人工制品。Bowcher 和 Liang（2013）基于符际互补理论，分析了中国居庸关长城景点门票的概念意义，揭示了其承载的多维度价值。

综上，标志分析一直是旅游符号学研究的重要领域，常见的如旅游宣传手册、旅游广告的传播符号学分析，也有对门票、当地报纸的符号学解读，未来可能还会有更多的文本类型，这些文本的传播既达到了广告宣传的目的，在旅游吸引物建构方面也扮演着重要的角色。但是，这些对旅游标志的符号学研究都是学者出于自身研究目的对文本进行的分析，忽视了旅游主体对于文本的解释，也就是潜在旅游者如何解释广告。Echtner（1999）在皮尔斯符号学基础上将符号学和旅游营销进行整合，提出了旅游营销符号三角模型，即"目的地—旅游广告—潜在旅游者"，这三者之间的关系构成了三类不同的旅游营销研究内容：一是目的地与广告之间的关系形成了目的地与旅游广告符号学研究，即旅游广告商如何代表目的地；二是广告和潜在旅游者之间的关系形成了旅游广告与潜在旅游者符号学研究，即潜在旅游者如何解读广告的意义；三是目的地和潜在旅游者的关系形成了目的地与潜在旅游者符号学研究，即旅游者在目的地的符号消费。旅游营销符号三角模型为后续的旅游符号学研究打开了思路，有助于进一步丰富旅游符号学理论。

3. 游客的符号解读研究

在关注标志的同时，有学者逐渐认识到游客在符号建构和解读方面的主体性。Pearce（1982）提出只有被解释的符号才是符号。对于主体而言，一个事物代表另一个事物时才成为符号。符号意义的解读一方面受社会规范的影响，另一方面也受到个体潜在阐释的影响。换言之，在符号解读的过程中，社会规范和个人意识发挥着同样重要的作用。

Metro-Roland（2009）详细介绍了皮尔斯的再现体、对象和解释项的三元符号框架，其中解释项又分为直接解释项、动力解释项和最终解释项三个层次。以旅游为例，"游览罗马的游客会看到一个已发布的通知，游客对这个通知的认可是直接解释项，如果游客读到标语上写着'小心扒手'，他的阅读和理解构成了动力解释项，最终解释项是游客将手放到他的口袋感受他的钱包"。这种意义解读方法有助于探索游客在旅游环境中的认知方式。基于游客解读符号的视角，学者选取了不同的研究对象进行分析。Moore（1985）以前往洛杉矶旅游的日本游客为研究对象，利用巴尔特符号学方法，揭示了日本游客必看的景点及游客对符号意义的解读，通过比较首次和多次前往旅游目的地的游客的体验可以看出，日本游客从"大众"状态进入"精英"状态，从必看景点到探索隐藏观光点的转变。Petr（2002）使用符号学方法对三个法国考古遗址的 42 名游客的游览经历进行了探索性研究，通过分析游客对遗址功能的看法和遗址探索实践的态度，对遗址现场游客的行为做出解释，最终提出了遗址营销策略框架。Knudsen（2011）以黑色旅游为研究对象，利用符号学方法和沟通模型来分析景点如何与旅游者沟通和互动。White（2012）结合观察法和符号学方法，对华盛顿和堪培拉的重要地标进行了分析，考察这两个城市的建筑标志，解构国家意象表征。Järlehed（2015）关注加利西亚和巴斯克公共空间中字体选择的意识形态框架，认为当代符号景观中的方言字体类型选择与三个主要意识形态有关，分别为文化抵抗、文化标准化和文化商品化，这些意识形态中的每一种都代表了与当地文化相关的特定信仰和价值观。Ferenčík（2018）将景区的公共标识作为研究对象，用民族志的研究方法探索了斯洛伐克山区一个度假胜地的（不）礼貌行为实践，探讨了如何解决当前地方文化在全球化过程中出现的同质化和异质化矛盾。Ye 和 Jeon（2023）聚焦中国城市品牌的符号学建构与旅游体验的关联，提出"符号意象尺度"（semiotic image scales）分析框架，揭示了城市品牌如何在多层级符号系统中实现文化政治、经济利益与游客感知的动态平衡。对目的地旅游景观的解读，大多数学者有着积极的理解，而 Ness（2005）研究了旅游目的地犯罪率及旅游者与当地居民的冲突，发现旅游空间化是激发地方暴力的潜在因素。对旅游地的批判性研究有助于更全面理解旅游地景观。

对于旅游者为什么旅游这个问题，从经济学的角度很难得到合理的解释，因为旅游不会让旅游者的储蓄增长，不会让旅游者的工作完成得更好，也不会为旅游者提供更好的工作机会，反而会增加旅游者的开销。MacCannell（2002）试图从精神分析的角度解释旅游消费，从精神分析的角度来看，旅游者的自我投射赋予旅游意义，重构身份认同，完成身份主张，并希望他人尊重这种主张，这与 Echtner（1999）提出的旅游消费象征体验的观点具有相似之处，即旅游者通过旅游行为来实现实际或渴望的社会角色和地位。部分学者关注旅游者在怀旧空间中的体验，以及这些体验如何满足旅游者真实感需求。Frow（1997）指出旅游业通过媒介（如诗歌、照片）激发人们对旅游目的地的怀旧想象，促使人们将自己的生活环境与旅游目的地进行隐性比较，认为自己生活的商品化社会缺乏本真性，转而寻求旅游中的非商品化体验。然而，任何事物都可以成为商品，旅游业发展促成的这种怀旧消费会导致中心与外围、第一世界和第三世界、发达地区和欠发达地区、大都市和乡村之间的权力不平等。沿袭 Frow 的观点，Leone（2014）认为较发达地区的富裕游客可以通过购买欠发达地区的"真实性"来获得乐趣，欠发达地区却不得不维持其经济劣势和为商品化其意义（文化异化）而做出努力。公共标识、纪念碑、景点、书面记录、口头陈述只是旅游目的地的部分表征，而不是旅游目的地的完整呈现。Davis（2005）以比基尼环礁为例，通过对访谈资料和历史资料的分析，发现地方符号意义与符号再生产在本质上是交织在一起的。

综上所述，由索绪尔和皮尔斯奠定的现代符号学思想已经渗透许多研究领域，不同的研究领域根据学科特点推动着符号学继续发展，符号学思想的融合是一个明显的趋势。学者根据不同的研究目的将不同的符号学思想进行融合或者将符号学思想与其他理论结合，既有助于解决所提出的研究问题，又能够推动符号学发展。利用符号学方法对不同的标志进行分析是学者热衷的研究话题，标志的表现形式多样，既有公共文本，又有私人文本，通过解读这些不同标志的意义，可以深入探讨其蕴含的文化内涵和意识形态。然而，相较于其他学科的符号学研究，学者关注旅游符号学的时间并不算太长，研究内容集中在旅游吸引物的符号建构、旅游标志的符号学研究以及游客的符号解读研究三个方面，未来研究还有巨大的拓展空间。

## （二）国内研究进展

国内有关旅游符号学的研究起步较晚，考虑到期刊的学术质量，2023年7月15日，本书在中国知网（CNKI）以主题词"旅游"和"符号"进行了主题检索，来源类别选择核心期刊或 CSSCI 来源期刊，共得到 587 篇文献。国内以旅游符号学为主题的第一篇核心期刊文献为王宁的《试论旅游吸引物的三重属性》。2006 年开始文献数量才呈现较为明显的增长态势（见图 1-4）。从研究方法来看，大多使用以观察法、访谈法等为主的定性研究方法；定量方法则多采用问卷调查的方式，部分采用实验方法；定性与定量结合方法主要采用问卷调查与访谈的方式。

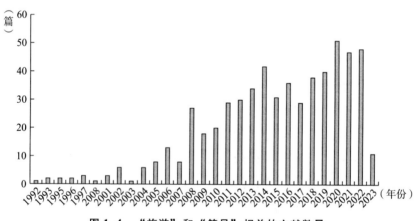

图 1-4  "旅游"和"符号"相关的文献数量

资料来源：作者整理。

鉴于旅游符号学具有巨大的研究价值，部分学者通过梳理国内外旅游符号学研究，给未来相关研究提供了启示，以期拓展旅游研究的深度和广度。谢彦君和彭丹（2005）认为旅游体验的本质是旅游者对符号的解读，引入符号解读和建构给旅游体验研究带来新视野。彭丹（2014）将国内外旅游符号学研究的主要内容划分为旅游主体及其消费行为的符号学研究、旅游媒介的符号意义研究、旅游客体的符号属性研究、旅游客体符号的建构、旅游主客体互动以及旅游主体与他人的符号互动研究，并强调旅游符号学的重大研究价值。董培海和李伟（2016）系统梳理了西方旅游符号研究的成果，剖析了西方旅游符号研究的三条脉络：旅游吸引物的符号化机制以及媒介在旅游目的地代表性符号建构过程中的作用；旅游消费的符号价值以及旅游符号生产和消费过程中权力的博弈；旅游体验及旅游本身的符号意义。纵观国内旅游符号学的研究，学者主要从旅游目的地形象和品牌的符号学研究、旅游吸引物的符号学研究、旅游标志的符号学研究和旅游符号消费研究四个方面切入。本书不过多涉及旅游目的地形象和品牌的符号学研究，因此本书仅从后三个方面展开讨论。

1. 旅游吸引物的符号学研究

王宁（1997）明确指出旅游吸引物是一种符号，它包含了客观属性、社会属性和象征属性三重特性，提出旅游吸引物的符号化过程是双向的，一方面是景点转变成符号和象征，另一方面景点本身又被其他符号所表征。王宁等人（2008）在梳理了相关理论后，分别论述了现代旅游背景下和后现代旅游背景下的旅游吸引物建构，指出不同时代人们追逐的旅游吸引物往往代表不同社会发展背景下的意义和价值认同。马凌（2009）将旅游吸引物的意义构建和价值转移分为两个过程：一是旅游吸引物的文化生产过程，这个过程主要由旅游产品开发者或生产者完成，旅游产品开发者或生产者将社会或文化世界的意义转移到旅游吸引物上，赋予其某种消费价值和符号价值；二是旅游吸引物的消费过程，这个过程由旅游者完成，旅游者通过旅游吸引物的朝拜仪式、凝视仪式、摄影仪式、购物仪式等，与旅游吸引物进行无言的对话与交流，将吸引物主观化、情感化，并在内心产生移情作用。这一观点在学术界得到广泛认同，极大地启发了后续的研究和本书的研究。

陈岗（2012）在巴尔特的二级符号系统的基础上，提出了旅游吸引物符号的双层表意结构（见图1-5），基于此表意结构，旅游吸引物的符号化过程可分为意义扩展型和主题整合型。同时，陈岗（2013）指出旅游吸引物除了标志符号，还存在文化符号和群体符号两种形态，标志符号体现客观属性，文化符号和群体符号体现情感属性。舒伯阳和黄猛（2013）主张从主题演绎、意义建构、价值转移、价值实现四个方面系统构建旅游吸引物，侧重体现游客在旅游吸引物构建中的作用。林清清和保继刚（2015）以西双版纳的茶王树为例，用历时性分析、田野调查等方法，提出茶王树作为旅游吸引物被建构的过程，体现了时代价值观念和意义转移的观点。董培海等人（2016）提出旅游吸引物的根基是旅游者对符号系统意义的解码，并且旅游者的解读受制于社会文化和个人主观意识。

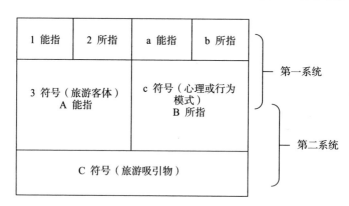

**图1-5　旅游吸引物符号的双层表意结构**

资料来源：作者根据陈岗（2012）整理。

旅游景观是旅游吸引物的一种重要类型，旅游景观的形成也是社会建构的结果。陈岗和黄震方（2010）将旅游景观的符号化过程等同于意义的形成过程，在意义的形成过程中还包含意义博弈的过程，各旅游文化主体以各自的价值观念作为标准解读并改造自在景观符号，意义博弈的结果形成共享规则以及相应的改造景观符号的行为，从而把自在景观符号改造成旅游景观符号的"能指"，并赋予它新的文化内涵，形成旅游景观符号的"所指"。马秋穗（2010）试图通过景观的符号化和景观话语的建构来分析古镇旅游中景观的打造，古镇景观符号化由政府权力机构和文化传播公司合力实现，带来的是空间与时间的双重变化；景观话语的建构是大众传播编码和旅游者解码的过程，身临其境的旅游者最终完成了对景观符号的自我想象。陈岗（2015）认为语言符号叙事在文化景观旅游想象的社会建构过程中至关重要，并分别选取西湖官方网站"西湖游览网"、纪录片《西湖》和旅游者网络博客作为景区营销、文化传播与旅游体验叙事文本进行分析，发现这三种不同叙事文本体现了三个重要的维度：传统与当下、世界与未来、幻想与诗意。单菲菲和刘承宇（2016）结合社会符号学和文化资本理论，对西江千户苗寨语言景观进行调查，了解西江千户苗寨语言景观特征，并从地方政府、旅游业经营者、游客、当地居民的描述中，了解各方对西江千户苗寨语言景观的态度，指出语言景观是一种社会符号，其在建构社会结构的同时被社会结构建构。马海燕等人（2017）以江苏菱塘回族乡的清真寺为例，说明清真寺景观符号建构是政府、民族精英、宗教人士、外来参观客和当地人等不同利益主体资源博弈的结果。高飞等人（2019）基于皮尔斯的符号学，构建了"边境旅游景观—边境旅游标志—边境旅游者"的边境旅游吸引物符号化模型。部分学者（桂榕和吕宛青，2013；李会云等，2011）还关注旅游景观的符号设计以及空间生产理论下的景观空间重构。

旅游吸引物意义和价值建构的过程即为旅游吸引物符号化的过程。杨振之和邹积艺（2006）运用符号学理论审视了旅游活动和旅游开发的过程，提出了旅游符号化和符号化旅游两个概念，前者是旅游者被动接受文化符号的过程，后者则是旅游者主动对旅游文化的再创造，并指出应该更多鼓励符号化旅游。该观点得到多数学者的认可，但概念提法还需要重新审视，彭丹（2014）指出旅游符号化用旅游舞台化表述更为合适。旅游符号化的提出引发了学者对原真性的热烈讨论。张朝枝等人（2008）基于旅游符号学的视角对周庄、乌镇的案例进行了研究，发现"伪真实"事实上是被建构的符号化真实，遗产地开发者和媒体是这种符号的创造者和推动者，而大众游客是符号的拥护者，并通过口碑效应对其进行推广，从而强化了遗产地的商业化过程。李文勇和张汉鹏（2012）将旅游文化符号的二重性与真实性相结合，提出旅游文化符号化的二维四方图，建构了旅游文化符号化的四种类型。

通过梳理旅游吸引物和旅游景观建构研究可以看到，旅游吸引物的建构是不同文化交往以及不同利益主体资源博弈的结果（马翀炜，2006），旅游客体、有关旅游客体的标志以及游客都参与其中。在旅游吸引物的建构过程中，政府、当地居民、旅游经营者、媒体、游客等不同利益相关者发挥了不同的作用。

2. 旅游标志的符号学研究

旅游标志在旅游吸引物建构方面起到非常重要的作用，它们以不同的形式融入旅游者的生活，逐渐成为旅游目的地的象征。旅游前，旅游广告宣传片能让潜在旅游者形成对目的地的旅游期望。夏心愉（2008）对新加坡旅游宣传文本的符号机制进行概括分析，立足国家意识形态层面，观察和解读旅游文本中的"多种族文化融合"和"现代与传统融合"，探究符号背后的意义。王屏（2009）结合符号学和广告主题创意原理分析了旅行社旅游平面广告主题的符号表征指向，总结了旅行社平面广告的设计范式。同样是对旅游广告的分析，夏锦萍（2014）基于符际互补理论指出广告中的文本符号和图片符号应相互配合，才能更好地表征推广地的文化内涵。

旅游中，游客通过旅游标识系统进行线路规划，感受当地文化。旅游标识系统主要包括旅游地图和旅游地标识。旅游地图是旅游过程中重要的标志，旅游地图符号设计主要形式为纸质地图和电子地图，还可将二维码与旅游地图符号相结合，解决纸质地图符号信息有限的问题（何海威等，2014）。王君怡等人（2016）基于眼动实验数据分析，发现性别、使用频率等方面的差异会影响大学生游客群体对地图符号的空间认知。随着互联网技术的快速发展，网络旅游地图逐渐推广开来，对电子旅游地图的关注也逐渐增多，如吴增红和陈毓芬（2008）对河南省旅游地图网站提出具体设计和应用方法，邓毅博等人（2013）综合考虑网络旅游地图的特点，运用认知心理学，通过认知实验，对网络旅游地图点状符号进行改进。以往学者对旅游标识的研究主要集中在景区标识，如黄艳（2013）通过实地调研，收集桂林七星景区的英文标识语，发现标识语符号识别不明致使符号解释功能缺失和不同文化的符号解读出现偏差，并强调应重视景区英文标识语符号设计、认知、解码的意义传递过程；黄蓉等人（2014）以三峡车溪民俗旅游区为例，提出景区标识系统应个性化，从而实现地方文化符号的差异化。

旅游后，旅游商品不仅是旅游者的记忆符号，还起到了传播旅游目的地文化的功能。购买旅游商品是一种典型的符号消费行为，游客主要追求的是旅游商品的符号价值而非使用价值。为了体现旅游商品的符号价值，学者从设计的角度，对不同的旅游商品进行了研究。在旅游纪念品方面，罗媞（2013）论述了在创意经济时代，旅游吉祥物的设计与开发应注重用创意赋予其价值，形成消费符号。琚胜利和陶卓民（2015）认为作为"象征性符号"的旅游纪念品承载了当地文化，饱含丰富的象征意义，能够满足游客的情感需求，并成为其文化符号记忆，促进地区形象传播和文化传承。齐琦和禹然（2015）以成都道观造像的旅游纪念品为例，从商业设计的角度提出采用卡通人像的创意思路，在设计中应将传统文化、道教符号和当代审美相结合。其他学者基本围绕突出地域文化并融入现代元素的原则，分别对内蒙古旅游纪念品、天津旅游纪念品、山西旅游纪念品、西安旅游纪念品等提出了相应的设计思路（周永振，2010；钟蕾和李杨，2011；张琳和尹欢，2015；蒋媛，2017）。在旅游工艺品方面，唐丽（2014）提议应在旅游工艺品的创新设计中融合传统地域文化符号，以彰显地域文化特色、保护传统文化工艺。梁雅明（2014）也有类似的观点，提出要结合现代审美，将饱含地区传统文化的符号元素融入旅游创意产品中，以传承和弘扬地域传统文化。

3. 旅游符号消费研究

在现代社会，人们更看重商品和服务所承载的社会符号价值，旅游消费具有典型的符号属性，旅游符号消费是对符号的解读和认可的过程。何兰萍（2002）利用波德里亚的观点，证明了旅游已成为一种能被大众消费的文化符号，旅游消费成为一种符号消费。随后，学者围绕不同的研究对象对旅游消费展开讨论。王素洁和齐善鸿（2005）通过剖析中国公民出境旅游的炫耀性消费行为，揭示了该行为的符号价值并提出应正面引导旅游消费行为。刘丹萍和保继刚（2006b）以云南元阳梯田为例，通过问卷调查和访谈等方法，证实了旅游者"符号性消费"行为的存在；反过来，这种"符号性消费"行为对旅游地的符号建构产生了一定影响。兰林友（2008）从旅游人类学的角度，通过分析畲族风情村的制造、族群符号的盗用、舞台化的婚俗展演，指出畲族风情村存在文化商品化的问题。孙九霞和陈冬婕（2009）以"西关小姐"评选事件为例，阐述在经济发展的推动下，"西关小姐"这一文化符号被重新解读，还发现由于缺乏本地居民参与，赋予文化符号新的意义时会出现对立的声音，建议事件策划者应积极邀请本地居民参与。邓小艳（2010）将非物质文化遗产视为民族文化符号体系的核心，认为非物质文化遗产的旅游开发过程应掌握符号消费的特点，深入挖掘文化内涵，建构符号意义，设计合适的物质载体传递意义，并合理引导游客的符号消费。万雪芹和安塔娜（2011）以西安大雁塔为例，基于旅游者的符号消费特点，将符号体验分为功能体验、情感体验和文化体验三个层次，建议旅游目的地应该提供承载丰富文化符号意义的空间、场景和活动以提升多元化的旅游体验。吴兴帜（2017）以舞蹈类非物质文化遗产基诺族大鼓舞为例，分析大鼓舞在迎合旅游市场的过程中出现舞蹈的舞台化问题，面对市场消费观念的转变，大鼓舞应以自身文化为出发点，确定旅游符号消费的边界。还有部分学者关注具体旅游商品的符号消费，马晓京（2005）从文化人类学的视角分析了旅游商品或纪念品的符号价值；但红燕（2011）基于符号学理论，将羌族文化旅游商品视为符号系统，从旅游者动机、民族文化旅游商品的符号系统、象征交换三个方面，总结了民族文化旅游商品的符号消费本质。

全面认识旅游消费过程应综合考虑符号生产方和符号消费方。杨阿莉和高亚芳（2015）认为主要有两个群体参与旅游符号消费，一个是由旅游目的地政府、企业和居民构成的符号生产方，其对蕴含丰富意义的符号进行编码并以物质载体的形式呈现给符号消费方；另一个是由旅游者构成的符号消费方，通过旅游体验识别和解读符号意义。刘彬等人（2016）也有类似的观点，从经营者的空间建构和游客感知两个角度，运用定性研究方法对拉萨玛吉阿米餐厅进行研究，发现经营者运用实体空间的景观符号建构及名人轶事对空间的重构，营造出极具民族风情的消费空间；游客则通过对实体空间、名人轶事和功能价值的感知，获得深刻的文化消费体验。

除此之外，节庆的符号学研究也受到部分学者的关注。孙九霞（2003）将节日视为地方特色的文化符号，围绕民族节日符号的旅游价值展开论述，分析其在旅游开发中的运用方式，并根据节日符号旅游开发中存在的问题提出应该在保护现有民族文化的基础上恰当地运用节日符号。张骁鸣和陈晓莹（2017）从皮尔斯符号学理论出发，展开传统节日的符号学研究，构建了符号学分析新框架，并用此框架分析了西江千户苗寨的鼓藏节、大乌烧村的鼓藏节、彝族的传统"都则"仪式活动以及普格县的文化旅游火把节，这种尝试性应用为传统节日符号学研究打开了思路。张骁鸣和王骏川（2018）借鉴皮尔斯三元符号框架，以传统民俗节庆波罗诞为例，分析了不同利益群体对节庆阐释的差异。可以看出，已经有学者尝试用皮尔斯的符号学理论构建分析节庆现象的新框架，但几乎没有相关研究综合考虑节庆旅游自身的特性和符号学思想来分析节庆旅游吸引物。有鉴于此，本书从皮尔斯符号学理论出发，归纳节庆旅游的特点，追溯皮尔斯符号学理论的学理源头，尝试构建节庆旅游吸引物符号分析的新框架。

### （三）总结和评述

符号学研究的是符号系统，揭示重复出现的模式和意义的各个层次，其目的在于探究意义的深层结构。符号学在探究旅游现象的本质和规律中发挥着重要的作用，在旅游的社会文化研究中拥有巨大潜力。受现实背景、学科基础和研究发展历程等因素的影响，国内旅游符号学的研究水平与国外还存在一定的差距。总体而言，虽然国内外学者对旅游符号学都给予了较多关注，也有相当的研究成果，但国外学者涉入该领域研究更早且更有深度。

首先，从研究内容来看，国外学者对旅游符号学关注较早，且研究视野更为开阔。国外学者早在 20 世纪 70 年代就将符号学引入旅游研究中，如今已在符号学和相关学科取得了不少研究成果。旅游符号学研究较多从社会学和人类学视角展开，在探讨旅游吸引物符号建构的过程中，国外学者既从旅游标志的角度去构建旅游吸引物的符号分析框架，也注重游客的多感官体验，洞察旅游吸引物对地方文化的呈现；既强调旅游推广者的突出作用，又指出游客、旅行社、政府等均参与了建构过程。旅游标志的符号学研究成果颇丰，这与 MacCannell 强调标志在旅游吸引物建构中的重要性不无关系。但过于强调标志的重要性，可能会忽略旅游吸引物本身在符号建构中的重要作用。与此同时，对标志的解读多基于符号生产者、编码者的视角，鲜少从游客视角分析标志的结构，而确保符号建构和解读的相对一致性是保障游客与旅游吸引物成功互动的关键，也是助力传统文化传承的关键。此外，国外学者对游客的符号解读也有较多研究，不仅涉及社会规范对游客符号解读的影响，也涉及个人消费满足旅游想象等内容。而国内旅游符号学的研究还处于起步阶段，研究不够深入，具体表现在许多研究直接将国外理论，如符号互动理论、景观神圣化、旅游吸引物的符号化等，运用到不同的旅游研究对象中，旅游符号学本土理论创新不足，很多文献虽涉及"符号"二字，但只是对符号的简单运用，将之等同于"元素"。相比较而言，国外在旅游符号学的研究内容上更加深入，创新性成果更多，而国内旅游符号学的研究还处于从国外引入的阶段，大多数学者的研究集中在对旅游客体的符号属性研究方面，提出的对策建议存在泛化倾向。

其次，从研究方法和研究视角来看，国内外研究也存在较大差距。国外学者在进行旅游符号学研究时所采用的研究方法更加多样，既有内容分析法、民族志等传统研究方法，也有多模态交互设计分析、（视觉）符号学方法等新的研究方法，特别是符号学方法的运用已较为成熟和广泛。而国内在该领域的研究主要使用描述性和探索性方法，还未建立起方法论。在研究视角方面，国外融合了很多其他学科的理论和研究思路，如有学者将社会学、心理学等相关理论引入旅游符号学研究，而国内旅游符号学与其他学科的融合和交叉研究还存在不足，跨学科、多视角研究较少。

总而言之，国外对旅游符号学研究关注较早，在研究内容和研究方法运用上都更为丰富，符号学方法的运用也更加成熟完善。相比较而言，国内在该领域的研究刚刚起步，近些年相关文献有增多的趋势，但理论深度和创新性不足，未来可加强以下方面研究。第一，拓展研究的深度和广度。

既有文献主要关注景观类型的旅游吸引物，缺乏丰富的研究案例支撑，未来可从符号学视角对节庆旅游、古镇旅游等进行研究，拓展研究的深度和广度。第二，鼓励跨学科学术交流。符号学应用领域广泛，本身具有跨学科的特性，旅游学的理论基础较为薄弱，更需要汲取不同学科的养分。因此，对旅游符号学的研究，要在社会学基础上，积极吸收各个学科的学术思想，从不同视角识别目前旅游过度商业化、舞台化等现象的本质，从而有效解决这些问题。第三，加强实证研究。现有旅游符号学研究多采用描述性研究方法，未来应根据不同实证对象的特点，适当增加定量研究方法，尝试使用结构方程模型等，以增强研究的科学性。

# 九　文献综述之二：节庆旅游研究

## （一）国外研究进展

节庆是一种迅速发展的文化现象，在旅游业发展中发挥着重要作用。与其他类型的旅游相比，节庆旅游具有活动时间短、活动空间有限等鲜明的特点。国外对于节庆旅游的研究时间不算太长，在很长一段时间里，节庆仅被视为推动当地经济发展的工具。随着节庆作为旅游吸引物的地位提升，节庆旅游的研究逐渐引起更多学者的关注。从现有文献来看，以往学者较为关注节庆旅游动机、节庆旅游影响、节庆旅游体验和节庆旅游管理四个方面，根据研究目标，本书仅介绍节庆旅游体验和节庆旅游管理的相关研究。

### 1. 节庆旅游体验研究

节庆是周期性重复举办的一系列内容丰富、形式多样的社交活动，节庆的社会功能和象征意义与社区价值紧密相关（Getz & Page，2020）。节庆旅游体验不同于日常体验，它发生于日常生活环境之外、常规时间之外，节庆旅游体验存在于这个特殊的时间和空间里，即阈限（Turner，1969）中。在现代体育和文化节庆中，阈限的作用特别明显，人们在阈限中更加自在、无拘束，容易接受新事物，更愿意寻求新奇体验。关于节庆旅游体验的研究主要集中在体验维度及其对相关因素的影响两个方面。

独特而难忘的体验是游客参与节庆的重要原因，也是组织者获得竞争优势的最佳途径，对节庆旅游体验维度的洞察可以帮助节庆组织者更好地服务目标游客。Morgan（2008）以2005年西德茅斯民族节庆为例，使用网络民族志的方法，构建了一个六维度节庆旅游体验模型，六个维度包括实体组织、设计个性化、社会交往、文化、个人利益和象征意义。群体成员在阈限中产生了悬置于正常社会规则和界限之上的共有联结和情谊感觉，这一状态称为共睦态（communitas）（Turner，1969）。共睦态表现为群体内个体与他人的分享与互动，即社交互动体验。Nordvall（2014）等人采用问卷调查和访谈的方法重点研究了节庆中的社交互动体验，并将社交互动细分为已知群体的社交（与朋友和家人的互动）、外部社交（认识新的朋友）以及游客之间的社交（与其他游客的互动）。Geus 等人（2015）通过对18个体验项目进行探索性因子分析，总结出节庆旅游体验的四个维度：情感投入、认知投入、身体参与和新奇体验，并指出新奇体验是节庆旅游体验所特有的。

节庆能够为游客提供休闲、社交和文化体验，满足游客基本的需求，如放松、新奇、社交和享乐。在节庆中，组织者力图通过场景、主题、流程、服务和互动，设计具有吸引力的节庆旅游体验活动，而游客则通过现场体验形成自我感受（个人构念）和对节庆文化的认知（社会和文化构念）。积极探索节庆旅游体验与相关变量的关系是研究热点。Lee 等人（2008）借鉴服务场景的概念，将节庆环境称为节庆场景（festivalscape），指出节庆场景是有形因素和无形氛围的结合体，包括环境、审美、功能和社会因素，并基于环境心理学理论，建立起节庆场景、情感体验、满意度和忠诚度的关系，通过现场对游客的调查，发现食品质量、活动内容等可控的环境因素会影响情感体验（正向、负向、满意度等），同时情感体验能调节节庆场景对忠诚度的影响。Mason 和 Paggiaro（2012）也关注节庆场景、情感体验、满意度和行为意向的关系，通过对美食和葡萄酒节庆中游客的调查，强调了节庆场景对情感体验和满意度的直接影响、对行为意向的间接影响，以及情感体验对满意度的直接影响和对行为意向的间接影响。Cole 和 Chancellor（2009）建立了节庆属性、体验质量、总体满意度和重游意愿的理论模型，发现三个节庆属性（节目、设施和娱乐特性）都对游客的体验质量有直接影响，但只有娱乐特性直接影响游客总体满意度和重游意愿。Jung 和 Ineson（2015）以慢食节为例，建立了同样的理论模型，却发现三个节庆属性对游客的体验质量和总体满意度都有直接影响，而且设施直接影响重游意愿。这些研究表明，在节庆旅游中，游客的行为受节庆环境影响。

派恩和吉尔摩（2002）在《体验经济》中提出了教育、娱乐、审美和逃避四个体验维度，其他学者在此基础之上做了进一步探索。Manthiou 等人（2014）直接采用了这四个维度，以校园学生运动节为例，探讨了这四个维度对记忆和忠诚度的影响，研究发现各个维度都显著影响记忆的生动性，进而影响忠诚度。Semrad 和 Rivera（2016）在教育、娱乐、审美和逃避四个维度的基础上增加了经济价值这一维度，提出 Y 世代（生于 1977～1992 年）的节庆体验 5E 框架，研究结果显示如果音乐节组织者能创造出5E 体验，Y 世代游客很可能会为音乐节和目的地进行积极的网络口碑宣传。还有学者探讨了节庆旅游体验与生活质量、节庆认同等因素的关系，如 Lee 等人（2015）以中国台湾两大传统宗教节庆为研究对象，探讨了情绪体验、真实体验、节庆认同和旅游发展支持之间的关系，参与者在参与传统宗教节日时，会获得真实体验，这增强了其对传统宗教节日的认同感和场所的归属感，并最终促进了旅游业发展。

可见，节庆旅游体验研究是国外学术研究的重点，不同学者以不同的节庆为研究对象，探讨了节庆旅游体验的构成维度，并积极探索节庆旅游体验与相关因素之间的关系，其中节庆场景、满意度和忠诚度是学者比较感兴趣的方面。节庆场景一般分为三大类：环境条件、空间/设施、标志和符号。相应的研究结果也表现出一致性，即节庆场景会对节庆体验产生直接影响，节庆旅游体验与满意度和忠诚度之间存在联系。但在节庆旅游体验构成维度方面还没有达成共识，未来研究可基于游客视角做进一步探索。

2. 节庆旅游管理研究

节庆旅游管理是一个复杂的领域，涉及节目安排、财务规划、营销和服务提供等工作内容，需综合考虑当地居民、企业、公共机构、赞助商和游客等群体的需求。节庆旅游管理的研究范围已从关注可行性、运营、设计、营销和风险管理扩展到节庆举办区域的环境和现场管理。Getz 等人（2010）认为节庆旅游管理的研究需要采用综合方法，分析驱动节庆举办的因素、节庆的计划和管理、节庆的结果以及它们之间的相互作用。综合分析框架超越管理职能，进一步考虑规划和管理节庆的社区之间的参与和互动，这些互动关系可以在竞争力和潜在利润方面影响节庆。节庆旅游管理的重要性体现在影响资金筹措的方面，资金供应方要求节庆达到具体的目标，包括文化目标（保护和传承传统文化和遗产）、经济目标（促进经济的全面发展）和社区目标（开发旅游业促进地方发展）。因此，节庆旅游管理的研究内容主要围绕文化、经济和社区三个方面展开。

节庆可以由旨在追求利润的私营企业组织，也可以由旨在达到社会文化影响的政府或地方社区组织，但组织者都希望通过展示地方文化达到具体的目的。节庆活动为文化交流、复兴和保护提供了独特的平台，文化构成节庆管理的基本要素。Gligorijevic（2014）探索了小规模的文化复兴活动何以发展成为世界音乐盛会，运用世界音乐与文化旅游研究的相关理论模型，探讨了音乐节在国家文化政策中具有突出地位的原因，以及其在各种话语中产生的矛盾意义。Suntikul 和 Dorji（2015）介绍了不丹宗教节日的文化实践，通过对当地居民和僧人的问卷调查，发现大量游客涌入在一定程度上损害了节日的社会或宗教意义，因此除了考虑不丹自然环境承载力和旅游基础设施的承载力，还必须考虑不丹旅游的"社会承载力"。Alvarado-Sizzo 等人（2017）结合定量方法（问卷调查、主成分分析）和定性方法（参与式观察、摄影记录、与朝圣者的对话）调查了圣母无染原罪瞻礼这一宗教旅游的影响范围，目的是分析伊察马尔圣母崇拜的起源和历史演变，了解瞻礼活动的影响范围和动态。

将当地节庆作为旅游业发展的工具已经在世界范围内获得认同，节庆旅游通过投资、就业和收入促进了地方经济发展，评估和确定节庆旅游的经济价值可反映节庆旅游管理的成效。Felsenstein 和 Fleischer（2003）根据公共援助和游客支出模式的详细数据，评估了节庆旅游的发展对当地经济增长的贡献程度。Herrero 等人（2011）使用条件价值评估法，估计了西班牙圣地亚哥德孔波斯特拉市音乐节的付费意愿，通过付费意愿评估社会效益，有助于了解音乐节的需求、衡量其社会可行性。Chirieleison 等人（2013）探讨了每年 10 月在意大利佩鲁贾举办的欧洲巧克力节能否促进该市经济增长的问题，通过对过去几年游客的数据进行统计回归分析，肯定了节庆旅游为当地经济带来的可观收益。Choi（2015）探讨了节庆中自然资源的利用与体验之间的关系，并以韩国保宁泥浆节为例，研究了节庆旅游体验如何影响游客的付费意愿。

节庆的主要参与者是当地居民，与社区建立良好关系是节庆成功的关键。Fry（2014）阐述了布鲁斯音乐节组织者通过鼓励游客同当地居民相互合作，让游客能够超越旁观者的角色，获得更高层次的体验，并让游客扮演保护当地文化的角色，与当地居民一起复兴布鲁斯传统文化，确保音乐节的持续举办。Giovanardi 等人（2014）采用参与者观察的方法对意大利艾米利亚-罗马涅的"粉红之夜（Pink Night Festival）"进行研究，基于表演视角，强调了居民、游客和工作人员的合作共同创造了节庆场所。Frost 和 Laing（2015）采用现象学的研究方法，对澳大利亚 7 个乡村音乐节的 13 名组织者和利益相关者进行了深入访谈，在对乡村节庆及相关社区进行背景研究的基础上，探讨了乡村节庆可能会遇到的包括可持续发展和委员会管理等问题，突出强调了乡村社区为管理日益复杂的节庆所采取的不同方法。对于当地居民而言，节庆作为交换的关键空间，促进了身份认同的可能性。Mason（2015）基于纳科达部落的民族志研究，收集访谈资料、以海报形式印制的旅游资料、照片和报纸等广泛的数据，重点考察了纳科达部落如何通过介入印第安日旅游节回应"原住民性"生产过程中预设的文化期待，揭示了部落如何拒绝殖民结构、反抗文化实践与身份认同的限定性定义。

总而言之，节庆旅游管理涉及的利益相关者众多，既包括举办节庆的当地政府、社区委员会，又包括参与节庆的当地居民、游客、朝圣者，他们在促进节庆旅游发展方面扮演着不同的角色。节庆旅游管理的相关研究集中体现在文化、经济和社区三个方面，国外学者的研究视角非常多样，既有从社会制度、国家政策、地区发展等宏观视角的考察，也有从社区管理、居民与游客互动等微观视角进行的研究，还有部分学者关注节庆在旅游开发背景下的演变过程，此类研究对于实现节庆旅游的可持续发展具有现实指导意义。

## （二）国内研究进展

随着旅游业的深入发展，依赖稀缺自然资源的观光式旅游已不能满足游客的多样化需求，多种类型的旅游产品相继出现。节庆以其独特的地域文化、丰富的娱乐活动以及浓厚的节日氛围，逐渐进入人们的视野，吸引大量游客的参与。在节庆旅游热潮的推动下，各地竞相发展节庆旅游，并将发展节庆旅游作为促进地方经济发展的主要手段。在节庆旅游快速发展的背景下，有关节庆旅游的研究也逐渐引起学者的注意和重视。截至 2023 年 7 月 15 日，中国知网（CNKI）期刊数据库共收录以"节庆"和"旅游"为检索词的核心期刊或 CSSCI 来源期刊文献 114 篇，其中最早的一篇有关节庆旅游的文献是 2002 年邓明艳发表的《培育节庆活动 营销西部旅游目的地》。纵观国内学者围绕节庆旅游展开的研究，涉及节庆旅游开发和发展研究、节庆旅游的游客研究、节庆旅游的社会文化研究、节庆旅游对目的地影响研究和节庆旅游效应研究，特别是有关节庆旅游开发和发展研究的文献数量多达 74 篇，占比为 64.9%，其发表年份分布也表明节庆旅游开发和发展研究一直是学者较为关注的话题。近年来，节庆旅游的游客研究和社会文化研究不断增多。根据本书的研究目的，主要对节庆旅游开发和发展研究、节庆旅游的游客研究、节庆旅游的社会文化研究进行介绍。

### 1. 节庆旅游开发和发展研究

节庆旅游的发展可以吸引游客的参与，树立地方形象，促进区域经济发展。20 世纪 90 年代以来，随着我国经济和社会的发展，节庆的数量和类型呈现快速增长的趋势，但各地区节庆的大量开发暴露了许多问题，节庆旅游的开发和发展研究相应地成为学术研究的热点话题。国内许多学者分析了不同地区的节庆旅游开发和发展。王子新和樊中红（2003）在明确节庆旅游对河北经济社会发展的积极效应后，分析该地区节庆发展存在的问题，并提出加大宣传力度、提高创新意识、转变举办方式、延长举办时间、增强文化内涵等发展对策。杨洋（2005）以马鞍山的节庆旅游为例，分析马鞍山的优势条件，指出节庆旅游开发中存在的问题，提出挖掘地方文化、实现市场化运作以及多部门和行业协同合作的解决途径。罗中玺和袁凤琴（2010）以贵州省铜仁节庆为例，分析了该地区节庆旅游开发的现状和存在问题，提出梳理文脉、市场化运作、保障系统构建、创新开拓的开发对策。部分学者同样以"提出问题—解决问题"的思路，关注了新疆少数民族节庆开发（卡哈尔·吾甫尔，2006）、大连节庆旅游发展（鲍彩莲，2011）、山东省节庆旅游资源开发（洪静和赵磊，2013）、江西省节庆旅游产品开发（彭燕等，2013）。

2009 年，文化部和国家旅游局联合发布《关于促进文化与旅游结合发展的指导意见》，之后有部分学者开始从文化视角开展节庆旅游的开发和发展策略研究。张渭（2010）阐述了道家文化和道家有关旅游的思想，从渗透性开发和专业性开发两个方面探讨了道家、道教文化的旅游开发策略。吕群超等人（2010）以福建省宁德市太姥山文化旅游节为例，强调文化视角的旅游节庆产品开发可以提高产品吸引力和核心竞争力，提出以文化为核心、以市场为导向、以特色为生命、以整合创新为后劲的产品开发理念，构建旅游节庆产品系统，基于该系统指出太姥山文化旅游节产品开发的思路。李祗辉（2013）分析了韩国文化旅游节庆政策沿革、韩国文化旅游节庆评选机制与节庆现状，列举韩国最具代表性的文化旅游节庆，评价了韩国文化旅游节庆的效应，并提出韩国发展文化旅游节庆对我国的启示。2018 年，国家旅游局与文化部合并，正式组建文化和旅游部，"文旅融合"成为学界和业界关注的焦点。与此同时，国内学者开始重视节庆旅游与文化融合开发。杨建鹏和丁玲辉（2016）认为民族节庆和藏族体育的融合可以促进西藏乡村旅游的发展，针对其融合存在的问题，提出打造品牌、提供融合条件、挖掘文化内涵和发挥政府作用的建议。贾一诺（2019）认为节庆旅游作为文旅融合的重要形式，在融合的过程中应以游客体验为指导，保护节庆的本真性，避免过度商业化；平衡权力场中的多重主体；在合理的范围内拓展节庆旅游产品，满足游客多感官节庆体验。

总而言之，在业界和学界，节庆被看作一种可供开发利用的特殊旅游资源，针对节庆旅游开发和发展的研究也多以对节庆资源的描述、存在问题的分析和相应对策的提出为主要内容，主要遵循了"提出问题—解决问题"的思路，多以地方节庆旅游开发为例，缺乏理论深度。

2. 节庆旅游的游客研究

节庆旅游开发是为了吸引游客前往目的地并参与活动，游客参与节庆的数量是衡量节庆吸引力强弱和节庆活动成功与否的重要指标。部分学者从关注节庆旅游开发研究转向关注节庆旅游的游客研究，围绕节庆体验展开研究。马凌（2010）指出观光型旅游吸引物和事件型旅游吸引物带给游客的体验存在明显差异，游客参与前者是被动的，参与后者是主动的，基于 Getz（2020）提出的体验模型，通过对西双版纳傣族泼水节的调查，发现游客在事件型旅游吸引物如节庆中，能获得一种明显区别于日常生活的阈限体验，具体表现在集体狂欢仪式、释放与宣泄、超越与颠倒、自我更新与交融。针对同一个案例，马凌和保继刚（2012）收集了游客的访谈资料和问卷数据，基于感知价值的视角，运用混合研究方法，总结了节庆旅游体验的七个维度，分别为文化认知价值、享乐价值、社交价值、服务价值、经济便利价值、功能价值和情境价值。汪子文等人（2014）运用相同的方法，以潍坊国际风筝会为例，归纳了体育节庆游客体验感知价值维度，即休闲娱乐价值、情感价值、情景价值、服务价值和文化认知价值。张涛等人（2019）探讨了节庆的原真性、游客体验与行为意向的关系，以非物质文化遗产那达慕为例，通过结构方程模型分析发现，三个原真性的感知因素（客观原真、建构原真和存在原真性）都对游客体验产生直接影响。另外，部分学者围绕游客的行为意向进行讨论。吴晓山（2013）对少数民族传统节庆旅游的游客满意度进行了调查，根据游客满意度低、中、高将重游行为者分为"苛求型""经济型""情结型"，从而预测潜在游客，虽然满意度和行为意向联系紧密，但二者不能完全等同起来。邱宏亮（2017）基于地方依恋的概念提出"人—节庆"的节庆依恋，创新性地探讨了节庆意象（节庆形象）、节庆依恋、节庆游客环境责任态度及节庆游客环境责任行为之间的关系，揭示了"认知意象—情感意象—节庆依恋—节庆游客环境责任态度—节庆游客环境责任行为"的驱动路径，但节庆依恋的概念未得到充分论证。

近些年，国内针对节庆旅游的游客研究有增多的趋势，研究方法主要以量化研究为主。然而，较之国外研究，国内在该领域的研究仍然较为缺乏，研究内容局限于探讨节庆体验与满意度、行为意向等的关系，忽略了对节庆体验本身的探讨。节庆旅游吸引物有明显区别于其他旅游吸引物的特点，更强调游客体验的参与性和互动性。因此，有必要基于游客的视角探讨节庆体验的内涵。

3. 节庆旅游的社会文化研究

节庆是以展示地方传统文化和习俗为中心的庆祝事件，学者既要关注参与节庆的个人因素（包括动机、感知），也需要研究赋予节庆社会文化意义和重要性的社会建构理论。许多学科有助于理解节庆的社会文化作用、意义、重要性和影响，其中人类学和社会学是国内学者切入节庆旅游研究的主要理论视角。李靖（2014）采用民族志的方法，探究地方政府和宗教人士参与西双版纳傣历新年节旅游空间构建的过程，研究表明国内民族节庆旅游空间构建应从地方政府的单向权力结构分析转向二元对立的权力结构考察。刘俊和成天婵（2017）利用非参与式观察、关键人物访谈等方法收集数据，以巽寮妈祖文化旅游节的妈祖理事会的成立原因、过程及运作为主线，探究地方节庆景观变迁背后的权力机制。研究发现资本借助地方文化打造节庆旅游吸引物的诉求是节庆变迁的主要动因，妈祖理事会作为媒介平台将资本权力关系渗透至地方文化的商业化包装，地方社区也是变迁的关键力量，这三方主体相互碰撞和协商，推动着地方节庆兼具文化商业价值和文化传承的权力仪式属性。秦丹（2017）从旅游人类学的视角，以内蒙古那达慕民族节庆为例，针对该节庆的发展现状和存在的问题，提出了加强游客教育、居民和游客互动、保护传统文化和生态环境等建议。匡翼云（2018）以四川凉山彝族火把节为例，从场域与场所精神的视角出发，通过描述性分析，提出火把节应以固定场所为核心，逐步扩大节庆旅游的活动举办区域、扩大辐射范围，促进节庆的可持续发展。

总而言之，国内节庆旅游的社会文化研究起步较晚，尚未成为学者关注的重点，研究成果相对较少。即便如此，仍不乏部分学者运用人类学、社会学等学科的视角深入探究节庆旅游现象，从不同的视角切入探讨旅游发展背景下节庆的变迁及其背后的机制，为未来的研究提供有益的思路。

## （三）总结和评述

纵观国内外有关节庆旅游的影响研究，其研究的范畴涉及游客体验、节庆旅游管理等诸多方面。虽然我国节庆活动历史悠久，但节庆与旅游融合发展的时间不长，国内外节庆旅游所处的发展阶段不同，节庆旅游的研究内容和方法也各有侧重。

从研究视角和内容来看，国外研究的角度更为多元，视角更为新颖，既有从表演的视角，将身体引入旅游体验的移动实践，探索节庆的多感官体验，也有从社会文化的视角，探讨节庆旅游发展中多种话语产生的矛盾意义，强调多主体的互动参与。由于国内大部分的节庆旅游尚处于探索阶段，节庆旅游的研究起步较晚，大多数学者的研究集中在节庆旅游开发和管理方面，更注重从国家、地区、文化等宏观或抽象层面去探讨地区的节庆旅游管理现象，对微观具象事项的分析较少。同时，研究多集中在民族风情较为浓厚的地区，关注的是地方文化的节庆旅游开发，对经济发展较为发达的城市缺乏应有的关注。

从研究方法来看，国外学者注重将消费者心理学、行为学、人类学、社会学等多学科研究方法应用到节庆旅游研究中，尝试引进现象学、参与式观察、民族志、摄影记录等，重视研究方法的综合使用和理论创新。而国内研究以描述性和探索性的研究居多，论证多就研究案例泛泛而谈，研究方法较为单一，提出的对策较为空泛，理论深度有待加强。

从研究趋势来看，国内节庆旅游的研究内容逐渐多元，研究领域不断扩展，从早期注重与实践相结合的描述性研究，逐步引进国外相关理论，探索和发展相适应的本土理论。

总而言之，节庆是事件研究的一个重要分支领域，单独对其进行研究的时间不长，有关节庆旅游的研究还未成为国内外学者关注的热点。但事实上，节庆具有较好的经济和社会发展前景，已经越来越多地引起政府、媒体的兴趣，学术界也有必要给予更多的关注，从研究视角、研究方法和研究内容上丰富该领域的研究。特别是我国节庆旅游还处于快速发展的阶段，新的节庆活动不断出现，有必要对设立节庆的过程展开细致的研究，包括节庆的设立、节庆组织者与游客的互动关系、重复举办节庆的过程等，以更好地指导节庆活动的策划，使其符合游客的期望，促进节庆活动的可持续发展。

## 十　文献综述之三：有关庙会的旅游研究

庙会是中国传统的民间活动，也是常见的节庆活动，通常在寺庙及其附近举办，其创设与宗教活动有关，具有明显的宗教功能。庙会形成之初，许多朝圣者在传统节日期间前来朝拜神灵，大量人群的聚集吸引商贩在庙会周边售卖商品。随着宗教文化的发展，庙会逐渐成为地方的固定活动，演变成为民间表演和交易的场所，明清时期庙会的经济功能已凸显（赵世瑜，1995）。如今，庙会逐渐发展成为集祭祀、祈福、娱乐、商贸、文化于一体的综合性活动。

### （一）庙会的旅游研究

庙会历史源远流长，是中华传统文化和地方民间习俗的集中体现。2008 年，许多传统庙会，如晋祠庙会、上海龙华庙会等经国务院批准已被列入第二批国家级非物质文化遗产名录。传统庙会通常会有丰富多样的民俗表演、匠心独具的传统艺术和手工艺品，以及地方特色美食小吃等。在旅游发展的背景下，庙会文化逐渐进入人们的视野，成为地方重要的旅游资源。纵观国内有关庙会的旅游研究，主要涉及庙会的旅游开发研究、庙会游客研究两个方面的内容。

庙会因其独特的民俗文化属性，吸引着游客参与，体验地方历史、民间艺术、习俗等。庙会的组织者为了迎合游客需求，逐步将舞蹈、戏剧和杂技等融入传统仪式中，以文化为营销方向，促进当地旅游发展。有关庙会的旅游开发研究逐渐引发学者的关注。王华威（2010）以河南省非物质文化遗产——浚县正月古庙会为个案，分析了非物质文化遗产旅游开发的必要性，针对庙会旅游开发存在的问题，提出加强宣传力度、实施有效组织管理、整合庙会文化资源并更新产品、完善庙会旅游产业体系、健全安全管理保障机制的开发策略。况红玲（2012）强调庙会具有民俗文化的特征，根据庙会性质，将四川传统庙会分为宗教祈福型、节日聚会型、迎神娱乐型、纪念祭祀型和娱乐交往型，针对四川庙会民俗活动开展中存在的问题，提出产业化运营管理、挖掘文化内容、创新活动形式、打造庙会品牌的对策建议。李倩倩和王青竹（2019）从旅游体验的视角，指出庙会在文化旅游产品开发中有其天然的优势，表现为旅游体验的原始性、参与性、互动性和仪式感，并建议庙会的开发应明确目标市场，打造核心吸引力、组合活动产品。刘梦柯（2020）认为四川省洪雅县五月台会是城隍出巡、城隍祭祀仪式、台会巡游的民俗文化聚集体，五月台会在文化旅游开发中面临传统项目传承人断层、现代元素过多、游客体验感不佳、民众积极性不高等问题，在文旅融合背景下，提出该庙会应加大保护力度、挖掘文化内涵、增加游客互动体验项目、提高民众的积极性的开发建议。还有对九华山庙会（张军占，2016）、开封集市庙会（张长伟和李广全，2018）等地区传统庙会的旅游开发探析。庙会的旅游开发研究是国内学者较为关注的话题，并与非物质文化遗产和民俗活动的开发和保护联系紧密，研究视角较为丰富，但大多数研究只是对现象的简单描述，研究方法单一，理论深度不够。

庙会开发文化旅游产品、增加互动体验项目、提高组织管理能力都是为了吸引大量游客参与，游客的参与能够带动地方经济发展、保护和传承民俗文化。近年来，有关庙会中的游客体验和行为的研究有逐步增多的趋势。张翠晶（2010）运用问卷调查的方法，分析泰山东岳庙会旅游活动项目和旅游纪念品感知，并比较不同文化程度、性别、年龄段的游客对庙会旅游服务的感知评价。杨超（2015）利用因子分析法，以河南淮阳太昊陵庙会为例，总结了游客感知评价的五个方面：魅力性、价值性、传统性、真实性和娱乐性。梁与舟（2019）通过混合研究方法，发现民俗节庆对游客地方认同产生正向影响。总体而言，庙会游客研究还较为松散，多数研究发表在普通期刊上，研究过程缺乏严谨性。

## （二）广府庙会的相关研究

2023 年 7 月 15 日，笔者对中国知网（CNKI）期刊数据库进行高级检索，来源类别默认全部期刊，以"广府庙会"为检索词进行主题检索，共获得 29 篇文献；若来源类别选择核心期刊或 CSSCI 来源期刊，以"广府庙会"为检索词进行主题检索，共获得 5 篇文献，除去笔谈和新闻报道，仅获得 2 篇文献。广府庙会举办的时间较短是相关研究较少的主要原因。刘博和朱竑（2015）以首届广府庙会为例，探讨了其作为新创节庆与地方认同之间的关系，并将广府庙会定义为广府文化记忆与北方"庙会"文化符号杂糅的产物，是一种新创民俗节庆。

综上所述，纵观庙会旅游和广府庙会的研究，主要涉及旅游开发和游客等范畴，部分涉及当地居民。目前，还鲜有从社会文化的角度探讨庙会作为节庆旅游吸引物的形成过程。同时，虽然广府庙会的发展时间较短，但其影响力迅速扩大，作为新创节庆，表现出强大的吸引力。广府庙会相关研究的缺乏间接表明了其蕴含的研究价值。基于此，本书以广府庙会为研究案例，从符号学的视角探讨组织者和游客参与节庆旅游吸引物的建构过程，以期丰富庙会旅游的相关研究。

# 第二章
# 节庆旅游吸引物符号建构的理论框架

目前的节庆旅游吸引物研究落后于节庆旅游发展实践,现有研究多关注节庆旅游开发的应用方面,对节庆作为旅游吸引物的建构过程涉足较少。实践中节庆旅游开发出现了不少问题,如节庆旅游市场定位不明确、节庆活动同质化严重、文化内涵不足、游客体验感差、组织安排混乱等。理论研究的滞后使这些问题得不到有效解决。因此,本章主要介绍相关概念和节庆旅游吸引物的自身特点,探究并阐释节庆旅游内涵、本质等,并详细阐述皮尔斯符号学的核心思想,构建节庆旅游吸引物的理论框架。理论框架的构建在本书中起到承上启下的作用,它一方面在前人研究基础上明确研究方向和研究问题,另一方面为后续的实证研究提供坚实的研究基础。

## 一 相关概念界定

### (一)节庆

节庆是一种集中体现民族、地区乃至国家的文化、经济和政治的社会文化现象。古时的"节"起源于"节令",通常指随节气变化而确立的传统节日或岁时节令,是一年中区别于日常的特殊时刻,久而久之演变成具有独特社会文化意蕴的特殊日子,而"庆"则意为祝贺、庆贺(罗竹风,1988)。20世纪80年代中期以后,世界各个国家和地区相继举办形式多样的节庆活动以吸引游客、推动区域发展、促进城市复兴,相应地,节庆的内涵和外延也在不断扩大。除了人们熟知的传统节庆，如春节、元宵节、中秋节、端午节等，现代节庆也逐步进入人们的视野，涵盖农业、艺术、文化和社区等主题，深受游客欢迎。丰富多样的节庆活动增加了节庆概念界定的难度，迄今为止，国内外学术界还未对节庆的定义达成共识。

Falassi（1987）较早对节庆进行界定，在著作中指出节庆是通过周期性举办多种形式的一系列协调活动的社会现象，直接或间接参与其中的所有成员通过种族、语言、宗教、历史纽带团结在一起，以分享一种世界观。Smith（1990）将节庆定义为在有限的时间内围绕一个主题或特别事件，面向公众举办的庆祝活动，每年或几年举办一次，也包含一次性事件。将一次性事件纳入其中，在一定程度上扩大了节庆的内涵和外延。南澳大利亚旅游委员会对节庆做出了更为详细的定义，认为节庆是当地社区举行的开放性庆祝活动，公众可以参与体验，节庆应该以最大限度的公众参与为主要目标，这种参与体验不同于或超越日常生活体验，但体验时间不必超过一天（South Australia Tourism Commission，1997）。多数研究没有严格地区分节庆与事件（event），原因在于难以将节庆与事件区分开来。节庆与事件之间的关键区别是节庆具有丰富的社会文化意义，并有多个利益相关者参与，节庆是周期性重复举办一系列多样形式的活动的社交场合（Getz，2010；Getz，2020）。可见，国外学者多从社会文化视角定义节庆，不仅强调节庆是区别于日常的庆祝活动，也关注当地居民、游客、文化传统等的内在联系。

在国内，由于历史发展等原因，节庆与节日联系紧密，节日多指历史较为久远的传统民俗活动，对节日的研究多从民俗学和社会学的视角切入。孙九霞（2003）指出节日是随节令更迭而形成的民俗文化现象，它涉及生产、宗教、社交和娱乐活动等多个领域，形式多样且内容丰富，包含地方民俗、饮食、宗教、服务等诸多文化内容。戴光全和保继刚（2003）结合西方研究成果，将节日（festival）和特殊事件（special event）作为一个整体界定为节事（Festival & Special Event）。戴光全和保继刚（2007）还进一步指出节事与节庆的联系和区别，将节事界定为广义的节庆，节日界定为狭义的节庆，即广义的节庆是节日和特殊事件的结合体，一次性或非经常的活动也在其范畴之内，包括各类文化、体育活动。如今，国内多数学者认为，节庆的定义不仅涵盖了我国传统节日，还包括新时代涌现的新创节庆。

通过以上梳理可知，大多数国内外学者都认为，节庆的共同特征是在特定时间重复举办并向公众开放的活动。本书结合有关学者对节庆的界定，将节庆定义为立足地方文化特色、面向当地居民和游客、涉及多元利益群体、围绕特定主题开展的一系列文娱表演、商贸展销、工艺展示、庆典仪式的周期性庆祝活动。具体来说，本书所说的节庆主要是指面向公众开放的地方庆祝活动，既包含具有悠久历史的传统节庆，也包含为迎合当代人需要而创设的现代节庆，但一次性活动不在讨论之列。本书所选案例广州市越秀区广府庙会是典型的现代节庆。2011 年，广州市越秀区政府为满足当代人对节日庆典的需要，以广州城隍庙的重修为契机，深入挖掘地方传统文化，决定在每年的农历正月十五至廿一日举办广府庙会，以弘扬和传承广府文化，围绕"广府庙会，幸福相约"的主题，面向公众开展文化展示、文艺演出、民俗巡游、美食展销等丰富多彩的民俗节庆活动，集中展现广州千百年来的历史文化和生活习俗。广府庙会符合本书对节庆的界定。

## （二）节庆旅游

节庆通过提供蕴含丰富文化特色的娱乐活动，提供结识志趣相投者的社交平台和区别于日常活动的阈限体验来吸引游客，进而形成节庆旅游现象。部分学者针对节庆吸引游客的现象提出了节庆旅游的概念。吴必虎（2001）认为节庆旅游是指节庆活动举办地以增强地方吸引力、促进地方旅游业发展为目的，利用当地特有的文化传统打造的各种节日和多样化的活动。O'Sullivan 和 Jackson（2002）将节庆旅游定义为在节庆期间，游客参与节庆现场的一种现象，突出强调游客的参与是节庆旅游的必要构成条件。张宏丽（2008）指出节庆旅游是旅游业的一个重要分支，是所有因节庆而引发的旅游活动或行为形成的旅游市场。Grappi 和 Montanari（2011）则认为节庆旅游是指在一段有限的时间内，公众被邀请去参加一个特定主题的庆祝活动，这个庆祝活动可能是一年举办一次或者是更长的时间举办一次，也可以是一次性事件。

可以看出，以往研究主要从游客的参与和节庆的类型两个特征界定节庆旅游，虽然没有形成统一的概念，但多数学者认同节庆旅游是以各种节庆、盛事庆祝为核心吸引力的一种特殊旅游形式。本书进一步明确研究对象和研究内容，将节庆旅游界定为基于地方自然、人文、历史文化等特色，经过系统规划、开发和营销，将节庆打造成为旅游吸引物，从而为旅游业所利用，为当地带来社会、经济、文化等效益的一种特殊旅游活动。

### （三）旅游吸引物

旅游吸引物的类型众多，景观、公园、饮食、主题乐园、音乐会等都可能是吸引游客开展旅游的动因。如今，许多旅游目的地将节庆打造为旅游吸引物，并将其作为地方特色大力宣传。MacCannell 总结了构成旅游吸引物的三要素：旅游者（游客）、景观以及赋予该景观意义的标志（Mac-Cannell，2008）。但这一定义主要针对观光类型的旅游吸引物，不适用于所有类型的旅游吸引物。Lew（1987）将旅游吸引物定义为吸引游客离开居住地前往其他地方的所有要素，扩大了旅游吸引物的范围，明确指出尽管人们很容易认识到旅游吸引物的重要性，但旅游研究学者尚未发现旅游吸引物的本质是环境和思想的现象，因此应该从三个视角探讨旅游吸引物的本质：不同类型吸引物的表意定义和描述、旅游吸引物的组织和发展、不同人群对旅游吸引物的认识感知和体验，这三个视角对实证研究和理论研究都具有潜在的应用价值。Leiper（1990）用 Gunn（1988）提出的核心要素（nucleus）替换 MacCannell 旅游吸引物三要素中的景观，得到一个具有更广泛、更普遍阐释功能的模型（见图 2-1），这里的核心要素可能是景观，也可能是物体、人物或事件等，核心要素包含吸引游客的主要属性、游客知晓但不重要的次要属性和游客未知的三级属性。核心要素、游客、标志共同构成旅游吸引物，并且游客不是"被吸引"或"被拉向"某个旅游吸引物，而是"被自己的动机所推动，前往能够满足自身需求的地方或活动"。Richards（2002）基于 Leiper 的观点，通过对 6000 多名游客的调查，发现游客的到访与动机、吸引物标志、媒介以及游客的特点有密切的关系，这一结论表明旅游业生产者在设计和开发旅游吸引物时，应考虑游客的需求。旅游业生产者对旅游吸引物系统的生产与游客通过实践对该系统的再生产和发展之间存在二重性。此后，英文文献较少专门对旅游吸引物进行概念界定。

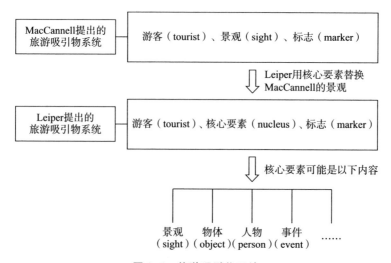

**图 2-1　旅游吸引物系统**

资料来源：作者根据 MacCannell（2008）和 Leiper（1990）整理。

　　国内学者在对"旅游吸引物"与"旅游资源"进行辨析的过程中形成了两种截然不同的观点。一种观点认为旅游吸引物等同于旅游资源，二者可交替使用。保继刚和楚义芳（1993）提出旅游吸引物是指促使人们前往目的地旅游的所有要素的总和，这些要素包括旅游资源、接待设施、人员服务、交通条件等，通常情况下，旅游吸引物是旅游资源的代名词。罗越富（2009）指出在英文语境中，旅游资源又被称作旅游吸引物，是能够激发旅游者产生旅游动机的多种因素，旅游资源的吸引力特性及其满足旅游者旅游活动的需求是构成旅游吸引物的关键因素。另一种观点认为，旅游吸引物与旅游资源有明显不同。胥兴安和田里（2008）将旅游吸引物界定为能够吸引旅游者的要素综合体，不仅包括开发旅游资源形成的核心旅游产品（旅游活动的客体），还包括核心旅游产品与旅游业组合成的旅游产品（旅游媒体），因此，相较于旅游资源，旅游吸引物的概念更为宽泛。吴晋峰（2014）也认为旅游吸引物不同于旅游资源，并进一步指出，客源地和目的地在自然、人文、社会、经济、政治等方面的差异是旅游吸引力产生的根源，并将旅游吸引物界定为目的地中能够对游客产生吸引力的任何特色事物或现象。本书认同后一种观点，旅游吸引物与旅游资源明显不同，原因在于旅游吸引物具有多重属性，包括客观属性、社会属性和符号属性。结合国内外相关概念界定，本书将旅游吸引物定义为旅游业管理者根据当代社会价值和游客消费需求打造的能够对游客产生吸引力的特色事物或事件。

## （四）旅游吸引物的符号建构

对于游客而言，旅游吸引物之所以具有吸引力，不仅是因为它具有独特的物理属性，还因为它蕴含某种符合游客想象的价值和理想，因此旅游吸引物的符号建构可理解为赋予旅游客体承载社会价值和理想意义的过程（马凌，2009）。在这一过程中，各利益相关者如媒介、当地居民、旅游企业等依据自身对主流社会价值和游客偏好的理解参与符号建构。赵玉燕（2011）认为媒介对"神秘湘西"的宣传、当地居民对"神秘文化"的再创作、旅游开发企业对"神秘文化"的舞台展示使"神秘"成为地方鲜明的主题特色并得以传播，满足游客求新、求异的体验需求。然而，有学者指出符号建构不完全由媒介、权利主体所操控和决定，游客也不是被动地接受生产者建构的符号，而是通过实践体验主动参与符号建构的过程，并且游客在符号建构中的主体性日益增强。Soica（2016）证实了这一观点，认为旅游景观的符号建构涉及旅游推广者和游客等多个主体，旅游推广者为特定目的地的特定体验建构地方符号，而游客基于自身体验重新建构符号，并进一步指出旅游是一种创造意义的实践，旅游公司基于某种意识形态开展营销，为游客创造景观体验的预期，而游客则通过与该景观互动获得真实的在场体验。

旅游是一种不断产生意义的主观实践，旅游吸引物的符号建构是一个多方主体参与实践的过程。符号生产者如政府、媒体、专家等根据某种理念建构符号，为游客创造体验预期，符号消费者如游客、当地居民等通过与符号的积极互动获得在场体验，进而阅读符号。因此，本书将旅游吸引物的符号建构界定为多方主体共同参与并赋予旅游吸引物吸引力意义的过程。

### （五）节庆吸引力

旅游吸引力是旅游吸引物的本质属性。吸引力是一个源自人际心理学的概念，它描述了基于个人期望对他人的积极态度或取向，受社会变化的影响（Umberson & Hughes，1987）。王海鸥（2003）较早指出旅游吸引力不仅取决于旅游供给的拉力，也取决于旅游者需求的推力，并详细辨析了旅游动机、旅游吸引和旅游行为之间的关系，其中旅游吸引由客源地和目的地的信息差异和旅游者感知过程共同决定。罗光华（2008）进一步指出旅游吸引力是激发旅游者产生动机、形成多样需求，并将潜在旅游者转变为现实旅游者的吸引要素总和。

一直以来，学者主要研究不同类型旅游目的地的吸引力，如会展旅游目的地（Jin et al.，2012）、温泉旅游目的地（Lee et al.，2009）、康养旅游目的地（Medina-Muñoz & Medina-Muñoz，2014）等的吸引力测度和构成维度。吸引力是促使游客选择旅游目的地的基本因素，景观、游客参与度、游客记忆以及满足游客需求的服务和设施则是旅游目的地吸引力的主要表现（Lew，1987），旅游目的地的吸引力由旅游者对旅游目的地的情感表达和满意度共同决定（Hu & Ritchie，1993）。针对旅游目的地吸引力的研究多基于游客感知的视角，例如，Kim（1998）认为旅游目的地吸引力包括季节与文化吸引力、环境、食宿与配套设施质量、家庭配套设施与安全性、可进入性与名声、娱乐与休闲6个维度；Sultana等人（2014）提出旅游目的地吸引力具有4个维度，分别为目的地竞争力、服务质量、游客态度和旅游成本；而Reitsamer等人（2016）总结了可进入性、配套设施、风景和当地社区4个影响旅游目的地吸引力的维度。从中可以看出，旅游目的地吸引力的研究成果颇为丰硕。相比之下，节庆吸引力的研究却明显匮乏，在既有研究中，节庆吸引力常常作为旅游目的地吸引力的测量指标之一。Hu 和 Ritchie（1993）指出旅游目的地吸引力包括节庆与特殊事件在内的景色、气候、可达性等多维度。Lee 等人（2009）从需求的角度探讨影响台湾温泉旅游目的地吸引力的因素，这些因素包括安全保障、休闲娱乐等，其中休闲娱乐包含节庆和特殊事件。

然而，旅游目的地吸引力不同于节庆吸引力，节庆吸引力的特征、吸引机制、目标人群均与旅游目的地吸引力存在较大差异。杨洋等人（2019）通过混合研究方法探索游客视角下的节事吸引力感知维度，包括预期质量、节事介入、参与成本和预期服务，并开发了节事吸引力的量表。但节庆吸引力由供给方和需求方共同决定，而非单方面决定。旅游吸引力理论认为，尽管游客具有强烈的个人动机和偏好，但其是否前往某地或参与某项活动取决于该地资源和属性是否多样，以及游客对资源和属性的感知评价高低。因此，本书结合节庆和旅游吸引力的概念，将节庆吸引力定义为吸引游客参与节庆，且能满足游客的利益感知和认知价值的总和，并进一步将节庆吸引力分为两个层面，从组织者的视角来看，节庆吸引力是指通过节庆活动举办、氛围营造实现的感觉、信念和评价，能够满足游客需求；从游客的视角来看，节庆吸引力是吸引游客参与节庆，且能满足其认知、情感需求的作用力。

## （六）节庆场景

节庆吸引力源自游客对享受独特节庆环境氛围和活动的强烈愿望，节庆组织者应极力挖掘地方文化，通过设计和策划节目、营造氛围和提供设施增强节庆吸引力。这种有形因素和活动氛围的有机结合称之为节庆场景（festivalscape）（Mason & Paggiaro，2012）。节庆场景概念的提出源于服务场景的相关研究，Baker（1987）认为服务环境由环境、设计和社会三个部分构成。Bitner（1992）基于服务剧场理论、氛围理论等，首次提出服务场景的概念，认为服务场景是与自然或社会环境相对的人造物理环境，并将服务场景分为三个维度：环境条件（温度、灯光、噪声、音乐和气味）、空间布局与功能（设施设备、家具等的摆放方式及空间规划布局），以及符号、象征物和工艺品（传达显性或隐性信息的物体）。

援引服务场景的概念和相关研究，Lee 等人（2008）创造性地提出节庆场景的概念，将节庆场景定义为节庆参与者体验到的整体环境所营造的氛围，并基于零售氛围和服务场景的构成要素，将影响节庆参与者体验的节庆场景要素分为节目内容、员工服务质量、设施可用性和质量、食品质量、纪念品、方便和可达性、信息的可用性七个维度。Mason 和 Paggiaro（2012）将节庆场景描述为游客在节庆中体验到的整体氛围，并从乐趣（安全性、清洁性、可用性等）、舒适（推广活动、现场表演、活动安排等）和食物（食物和饮品的质量）三个方面衡量节庆场景。Lee 和 Chang（2016）认为节庆场景是节庆场所及其周围的物理环境，并将节庆场景划分为节目、信息服务、纪念品和设施四个维度。

通过以上梳理可以发现，节庆场景这一概念提出的时间不算太长，目前学术界对其概念界定还未达成一致，国内相关研究更是鲜有涉及，尚未引起足够的重视。节庆具有服务产品的典型特性——无形性，正是由于节庆具有无形性的特征，节庆组织者需要通过体验设计与竞争者形成差异，为节庆参与者提供独特的体验。节庆体验的设计体现为节庆场景的塑造，节庆场景的客观属性在增强节庆吸引力和为游客提供节庆体验等方面发挥着重要的作用。基于此，本书将节庆场景界定为节庆组织者为提供更好的节庆体验，在节庆现场塑造的有形因素和活动氛围的总和。

## 二 节庆旅游吸引物的特点

随着旅游需求的多元化，旅游吸引物的类型也渐趋多样化。陈岗（2012）基于罗兰·巴尔特的二级符号系统，根据符号化过程的不同，将旅游吸引物划分为客观型、附会型、主题型、存在型、享乐型和综合型六种类型。段超（2014）认为旅游吸引物符号系统可以分为自然生态型、历史文化型、商业游憩型、节事活动型和综合体型五种类型，不同类型旅游吸引物的符号建构过程存在明显差异。例如，自然生态型旅游吸引物所依赖的自然资源客观属性相对固定，符号建构过程更加强调标志的重要性，即标志的制作和宣传赋予其神圣化的意义，而节事活动型旅游吸引物所依赖的节庆场景，客观属性的可塑性更强，游客也更关注自身在节庆场景这一特定空间的体验。因此，节庆组织者可以在有限的时间内围绕特定的主题安排一系列活动，为游客提供有关文化、社会和历史的最新信息，从而创造出可能吸引游客的体验内容。本书认为节庆旅游吸引物具有下述三大特点。

地域性。社会学家和人类学家关注节庆研究，是因为节庆揭示了很多关于地方文化和社会功能的信息（Getz & Page，2020）。中国幅员辽阔，复杂多样的地形和气候决定了各地区人们的生活环境不同，不同地区人们的生活习俗各有千秋。节庆旅游吸引物依托地方丰富的民俗文化，表现了鲜明的地域特色。因此，不同地区的节庆旅游吸引物具有不同的特色，具体来说，文化内涵、庆典仪式、表演活动、饮食方式等都具有浓郁的地域特色，不同地区差异明显。传统节庆是中华民族厚重历史文化的重要组成部分，独具地域民俗文化特色，即使欢度同样的传统节庆，不同地区的庆祝方式也不尽相同。现代节庆是为满足当代人的需求而创设的，但仍然需要依托地方资源、文化等才能获得游客的认可和青睐。总之，节庆旅游吸引物的地域性是地域特色的集中体现，也是其文化魅力和节庆吸引力之所在。

无形性。节庆消费是一种无形的享乐体验，游客通过参与节庆活动获得感官体验，进而产生满意或不满意的感觉。Shostack（1977）最早对无形性进行界定，认为有形性意味着事物是可以触摸的，无形性作为其反义词，意味着事物不能被触摸、试穿、测量、看见，是动态的、主观的和短暂的。从节庆旅游需求的角度来看，在节庆旅游体验过程中，游客大部分的费用花在观看表演、参与文化活动等无形服务上，购买的主要是感受、体验和难忘的回忆，通过丰富经历和切身感受得到身心满足。从节庆旅游供给的角度来看，节庆组织者需要通过提供相应的服务满足游客无形的享乐体验，这些服务包括核心服务和配套服务，享受核心服务是游客参与节庆的主要原因，它可能是节目表演、仪式活动或工艺展示等，配套服务则是围绕核心活动的信息提供、现场管理等（Bourdeau et al.，2001）。从以上两个角度来看，节庆旅游吸引物的无形性增加了活动举办的难度，但也为活动内容的组织创新提供了更多可能性。

可塑性。节庆旅游吸引物可以根据不同的主题、对象设计不同的活动内容，具有较强的可塑性。节庆大多起源于民间庆祝活动，是各个国家、各个地区、各个民族在生产和生活中逐渐形成的，依托地方文化传统和资源，围绕鲜明的主题，举办文化、娱乐等多项活动并赋予其特殊意义。随着旅游需求的多样化，以地方居民参与为主的节庆活动逐渐转变为以吸引游客为主的节庆旅游吸引物，为迎合更多游客的需求，节庆的组织形式、活动内容做了相应的调整，产生了明显的变化。同时，随着时代的变化、社会的发展，节庆旅游吸引物也融入更多时代的元素，直接反映国家在一个时期内主要的经济和社会变革（Ma & Lew，2012），传统文化通过更多创新的形式展示，焕发新的活力。当然，游客参与节庆活动，不仅受节庆场景本身的吸引，也受节庆所在地区或国家层面符号意义的吸引（Ma & Lew，2012），节庆活动的变化也引起节庆符号意义的变化。因此，相较于其他类型的旅游吸引物，节庆旅游吸引物的客观属性和符号属性具有更强的可塑性。

# 三　皮尔斯符号学概述

早在古希腊时期，"符号"就受到柏拉图、亚里士多德等的关注，但直至19世纪才形成了两个主要的学派，瑞士语言学家索绪尔和美国哲学家皮尔斯分别对符号提出了不同的解释（Friedman & Thellefsen，2011）。二者对比，皮尔斯的符号学理论更具有普适性，适用范围更为广泛，它不仅能解释概念与语言的联系方式，也用于解释习惯和行为的现实含义。Echtner（1999）在比较二者的符号学思想后，认为索绪尔的符号学理论无法解释符号体系，转而采用皮尔斯符号学理论阐释旅游营销体系，这一开创性工作在一定程度上化解了皮尔斯符号学在社会科学研究中常面临的难题（张骁鸣和王骏川，2018）。皮尔斯的符号学理论建立在更宏大的哲学思想之上，其符号学思想为研究非文本对象提供了更合适的视角（Metro-Roland，2011），可以用来解释许多社会现象，如知识组织、品牌反应等。与此同时，皮尔斯的理论更适合用于研究"真实"的物体（Metro-Roland，2011），包括节庆场景中从表演到配套设施的各个维度。符号学已成为解释旅游现象的重要理论基础和研究方法之一，节庆被视为旅游吸引物系统中的一种符号，有部分学者已经尝试从符号学的角度对节庆现象加以阐释。因此，本书结合皮尔斯的符号学理论探讨节庆作为旅游吸引物的形成过程。

皮尔斯认为整个宇宙都充满符号（Peirce，1934），任何事物都可以成为符号，任何符号都可能蕴含多种多样的意义。他的理论重点关注事物何以成为符号，成为符号需要具备什么样的条件和形式。赵毅衡（2016）对符号做出清晰的界定，即符号被认为是携带意义的感知，意义必须借助符号才能表达，符号的作用是表达意义。这个定义清晰地表明符号和意义二者的紧密关系。无论符号以何种方式呈现，如图片、行为或事件等，使这些符号成立的条件都会相应出现。从这个层面理解，符号学所要揭示的是符号之所以能够表达意义，需要具备什么样的条件和形式。

符号的意义是主体赋予的，诚如 Chandler（2007）所言："除非我们赋予，否则符号没有内在意义。"人们感知到的事物要么由符号构成，要么具有转化为符号的潜在可能性，人们对这些符号或潜在符号的意义解读，会因其所属社群的不同而存在明显差异。从属不同社群的解释者尝试根据传统、习惯或习俗对符号进行不同的解读，在一定范围内，意义的解读在社群中达成共识，逐渐发展固定下来成为约定俗成的文化。由此，文化成为社会符号表意活动的集合体，反过来影响不同社群对新出现事物的意义解读。符号学是对一切社会表意活动的研究，它既关注符号形成的条件，又探索事物成为符号的规律。因此，符号学具有简约性和普适性的特征，它的主要任务是探寻和总结文化中一切意义活动的形式和规律，一旦找到规律，就能够解释其他符号活动。

为更好地理解皮尔斯的符号学理论，首先对符号和再现体这两个术语进行简单区分。皮尔斯本人在手稿中也常常混用这两个术语，随着他思想的发展和演变，再现体的使用频率逐渐降低直至被弃用。但在中文语境中，符号容易与象征、信号、标记等同起来，故而，本书采用丁尔苏从广义角度对符号和再现体的定义，即符号用来表示再现体、对象和解释项三者之间的关系（丁尔苏，2012），而再现体处于符号结构关系中的第一位，是形式化的特指概念。

## （一）符号三个核心要素的定义

皮尔斯认为符号活动由三个核心要素所组成：对象、再现体、解释项。正如皮尔斯写给 Victoria Welby 的信中所说："我将符号（以再现体的形式）定义为由……对象决定的任何事物，从而确定对解释者的影响，这种影响产生了解释项，因此后者由前者间接决定。"（Peirce，1934）皮尔斯对符号的定义始终围绕这三个核心要素的关系而展开，如符号是一个能把某种外在事物传递到心灵的载体或符号是我们可以借助它了解更多事物的某种事物（赵星植，2017）。三个核心要素只有合作起来才能行使符号的表意功能，要全面地认识符号活动，必须同时定义对象、再现体、解释项及三者之间的关系。此三者的关系可以简化为以下的字母公式：

$$O \rightarrow R \rightarrow I$$

其中，字母 R 代表再现体，O 代表对象，I 代表解释项。再现体是符号采用的形式，一些理论家称之为符号工具（sign vehicle），连接解释项和对象，在二者之间扮演中介的角色。对象是超出其所指符号的事物，是能被符号所再现的任何事物。解释项不是指某个具体的解释者，而是解释者对符号的解释，这种解释也是符号，是对象以间接或相关的方式创造的另一个符号（Chandler，2007）。

对于某种心灵来说，再现体是能够代替另一种事物的某种事物，是连接对象和解释项的媒介或载体。再现体得以存在必须具备三个条件。第一，再现体必须具有自身专属的某种品质。例如，节庆表演中的音乐是由速度、强弱、和声等构成要素组成的，这些要素具有某些固定的特征，音乐具备的此类品质就是音乐的"物质品质"，即再现体的品质。第二，再现体必须与其意指的对象存在实在的因果关系，再现体在某些方面受到其意指对象的影响，换言之，对象的变化会引起再现体某些方面的变化。例如，游客拍摄的照片是某人/某物的再现体，照片通过成像光学系统呈现这个人/物的轮廓，照片就成为这个人/物的再现体，但照片和人/物之间的关系还需经过作为摄影师的游客这一媒介而建立，游客对这个人/物风格的理解是影响照片效果的真正原因。第三，再现体必须被心灵认作符号；同时，心灵也必须认为再现体与其对象之间存在某种联系，如此，心灵才能依据再现体对其所指事物加以推论（皮尔斯，2014）。简言之，再现体一方面连接着它所指涉的某个事物（即"对象"），另一方面在解释者的心灵中产生了另一个符号（即"解释项"）。

在皮尔斯看来，符号是不可拆分的整体，它只有在"对象—再现体—解释项"的三元关系中才能成为符号，位于三元关系中的任何事物，都有可能被认定为符号。某个事物成为符号，并非因为它具有的内在特征，而是因为它具备符号的形式特征。基于三元关系的符号界定极大地拓展了符号的范围，符号不局限于图片、信号、词语，世界上任何事物都有成为符号的潜在可能性。此外，皮尔斯对符号的定义和符号学的定义也密不可分，符号学是研究事物能够成为符号的各种方式，因此，符号学所要探究的就是事物成为符号需要遵循的形式和具备的条件。

## （二）符号三个核心要素的关系

再现体、对象和解释项的三元关系是符号得以定义和存在的形式和条件，而符号存在的目的是表达和传递意义，皮尔斯将再现体、对象和解释项三个要素构成的符号表意过程命名为"符号过程"。该过程具有两个重要的特征：第一，符号过程是一种符号活动，符号活动的动态性决定了符号过程的动态性；第二，任何符号过程实质上都是再现体、对象和解释项三个核心要素相互作用的合作过程，这一过程在任何情况下都不可拆分为"再现体—对象""再现体—解释项"等二元活动关系（赵星植，2017）。简言之，再现体、对象和解释项三个核心要素的相互关系构成了符号。然而，这三者之间的关系如何？概括来说，对象决定再现体，再现体又决定解释项，由此对象间接决定解释项。由于符号过程具有动态性，此处的"决定"并非机械的决定论关系，即再现体不完全与对象相对应，而是再现对象具有的某些品质（赵星植，2016），再现体和对象二者共同设定解释项的衍义路径，这三者的关系可用图 2-2 来表示。对象、再现体、解释项三个核心要素构成不可拆分的整体，在对象决定再现体、再现体决定解释项的关系中共享某种抽象的品质，感知品质的事物便成为连接对象和再现体、再现体和解释项的媒介。由此，在符号过程中，再现体、对象和解释项依据共同的品质连接起来。因此，皮尔斯的符号学与其说是对符号的研究，不如说是对符号关系的研究。

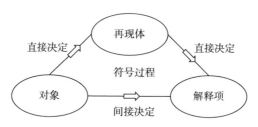

图 2-2　符号核心要素之间的相互关系

资料来源：作者根据文献整理。

1. 对象与再现体

对象是符号生产的基础，再现体必须再现一个对象。对象可以分为直接对象和动力对象，直接对象是在符号过程中被动再现出来的事物，动力对象则是主动具有的本质（赵星植，2016）。换言之，直接对象是符号过程中符号表征的对象，而动力对象表征的则是符号过程之外的对象。例如，迪士尼乐园作为实体存在于现实中，迪士尼乐园的实体是直接对象，不同人群对迪士尼乐园的认识表现出迪士尼乐园的本质，这是动力对象，对于工作人员而言，这是一个工作的地方；对于度假的家庭来说，这是世界上最幸福的地方（Metro-Roland，2009）。在"对象—再现体"这组关系中，是对象决定再现体，对象限定再现体，它们二者之间的关系被视为"实在的因果关系"，对象会在某种程度上对再现体产生影响，而再现体再现对象的结果受到媒介思想的影响。正如皮尔斯所言，再现体必须在某个方面受到其意指对象的影响，或者对象的某些变化会引起再现体的变化（赵星植，2016）。进一步说，对象决定和限定再现体，实际上也表明再现体能够再现对象是有据可依的。

2. 再现体与解释项

再现体得以存在的条件之一是必须被心灵认作符号，心灵对再现体的思考会产生观念，该观念即为解释项。再现体不仅与对象存在因果关系，而且也要让心灵知道它们二者存在这种关系，如此，心灵才能依据再现体对其所意指的对象进行推论。在"再现体—解释项"这组关系中，再现体决定着解释项。再现体之于对象是被动的，之于解释项又是主动的（赵星植，2017）。因此，解释者必须在"对象—再现体"的关系中对再现体进行解释，在解释的过程中，再现体自身不受影响。

解释项通常被理解为赋予再现体意义，表现为一种思想或行为。由于解释项是对再现体的一种解释，可能出现偏差或错误，为了解决这一问题，皮尔斯将解释项分为直接解释项、动力解释项和最终解释项（Metro-Roland，2009）。直接解释项是符号直接呈现解释的可能性；动力解释项是在具体的时间、地点对符号的实际解释，可以是一种思想、话语、行动等；而最终解释项可以理解为符号效力对心灵产生的行为方式。正如皮尔斯在写给 Victoria Welby 的信中所说："直接解释项是包含可能性的抽象概念，动力解释项是单一的实际事件，最终解释项是实际趋向的解释。"（Hardwick，1977）Metro-Roland（2009）对此进行举例说明，在罗马旅游的游客看到一张温馨提示"小心扒手"，游客对提示本身的认识是直接解释项，游客的阅读和理解构成动力解释项，而游客伸手去摸口袋里的钱包就构成最终解释项。

解释者对符号过程的解读还需要大量外在于符号过程的间接经验或间接观察（collateral observation），即解释者在理解和解释符号过程之前具备的知识和经验的结合。解释者的知识来自符号学，持续积累的解释行为不断充实解释者的知识系统，当解释者面对新的符号表意活动时，会有意或无意地调动这个知识系统。间接经验不是具体符号过程给予的，却在理解符号过程中发挥了重要作用。间接经验也为符号意义在符号生产者和符号解释者之间传递和达成共识提供了可能。解释者在符号意义解读过程中所掌握的间接信息越多，就越可能接近符号的动力对象。在旅游业中，从导游、当地居民、旅游手册获得的信息以及先前的旅游经验都属于间接信息，有助于游客顺利地解读符号意义。

综上所述，皮尔斯的符号过程是建立在"对象—再现体—解释项"三元关系之上的，符号过程是这三个要素相互作用、共同合作的过程。三个要素之间的具体关系可以总结为以下三点。第一，对象决定再现体，再现体以一种抽象的形式呈现对象的品质或特征，再现体被动呈现的是直接对象，主动呈现的则是动力对象。第二，再现体决定解释项，它是在解释者心中创建的另一个对等物或更为发展的符号，解释项又分为直接解释项、动力解释项和最终解释项。从广义来讲，解释项可以理解为对再现体的翻译，这个翻译的过程需要解释者利用间接观察来协助完成，间接观察是以往对再现体所指称之物的了解，也就是解释者在进入符号过程之前掌握的知识和具备的社会经验。第三，再现体建立了解释项与对象之间的联系，将承载着对象指称的符号意义传递给解释项，成为连接对象和解释项的物质载体，具体关系如图 2-3 所示。

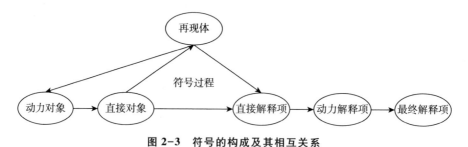

**图 2-3　符号的构成及其相互关系**

资料来源：作者参考皮尔斯的《论符号》整理。

## 四　节庆旅游吸引物的符号学分析框架

节庆提供了展示当地传统习俗和独特景观的平台和机会（Mckercher，2006）。节庆旅游吸引物的本质属性为节庆吸引力，节庆组织者极力挖掘地方文化，通过塑造独特节庆场景以体现节庆吸引力。游客通过节庆场景在场体验，形成对节庆吸引力的意义解读。简言之，节庆组织者和游客共同参与节庆旅游吸引物的符号建构。皮尔斯符号学为节庆旅游吸引物的建构研究提供了合适的理论基础，该理论的重点在于符号生产和解读，赋予符号生产者和符号解释者同样的主动地位，这与如今旅游研究强调游客角色转变的思想不谋而合，许多学者认为游客已经从被动接受者转变为主动参与建构者（Giovanardi et al.，2014；Lee & Lee，2019）。旅游体验不再由旅游从业者提供的旅游客体所决定，而是主客融合的具身实践，多方行动者通过参与实践的方式赋予旅游吸引物意义。节庆吸引力是在多方互动过程中逐渐形成的。本书尝试将皮尔斯符号学的阐释衍义系统应用于节庆旅游吸引物符号建构研究。

　　基于皮尔斯的符号学理论和节庆作为旅游吸引物的特点，构建了由"节庆旅游吸引物（对象）—节庆场景（再现体）—节庆吸引力感知（解释项）"所组成的节庆旅游吸引物符号过程的三元关系，组织者作为符号生产者，通过组织策划节庆场景呈现节庆旅游吸引物的核心本质，而游客作为符号解释者，通过在节庆场景中的节庆体验，对节庆场景进行解读，并形成自身对节庆旅游吸引物的节庆吸引力的理解和解释，即节庆吸引力感知。具体关系如图 2-4 所示。

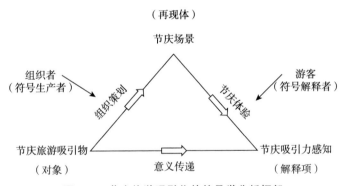

**图 2-4　节庆旅游吸引物的符号学分析框架**

　　在"节庆旅游吸引物—节庆场景—节庆吸引力感知"的三元关系中，首先，节庆旅游吸引物是符号过程的对象，它在总体上起到决定符号过程的作用。组织者通过节庆场景这一再现体表征节庆旅游吸引物，节庆旅游吸引物的特征决定和限定了节庆场景塑造的内容和方式，节庆旅游吸引物和节庆场景之间构成"实在的因果关系"，节庆组织者在二者的关系中扮演重要角色，组织者对节庆旅游吸引物的观念影响节庆场景的塑造，换言之，组织者打造极富吸引力的节庆场景呈现节庆旅游吸引物的特征，从而创造一系列吸引游客的节庆体验。其次，只有游客的参与才能使节庆成为旅游吸引物，游客通过在场体验节庆场景，并利用间接观察和经验来理解节庆场景所承载的符号意义。皮尔斯认为解释项是再现体对解释者所产生的一种效力，这种效力可以理解为再现体对解释者产生的心理作用力，也可以理解为解释者对再现体产生的条件反射，表现为游客可通过在场体验产生的心理反应解码节庆场景，并形成对节庆旅游吸引物的核心本质节庆吸引力的解读，这种解读的过程经过直接解释项、动力解释项和最终解释项，会更加接近组织者力图传达的节庆旅游吸引物的本质。最后，节庆场景成为连接节庆旅游吸引物和节庆吸引力的载体，节庆场景一方面由组织者对节庆旅游吸引物本质的理解所决定，另一方面又决定游客心灵中对节庆吸引力的解释。因此，"节庆旅游吸引物—节庆场景—节庆吸引力感知"的三元相互关系构成节庆旅游吸引物的符号建构过程。

基于以上分析，本书进一步明确研究问题，致力于解决以下问题。第一，在节庆活动之前，组织者的目的是邀请节庆潜在游客参与符号探究过程，作为符号生产者的组织者，必然需要了解节庆场景（再现体）与节庆吸引物（对象）的关系，而节庆旅游吸引物的核心本质是节庆吸引力，此时所要探究的是组织者如何理解节庆旅游吸引物的核心本质——节庆吸引力？通过塑造什么样的节庆场景体现节庆旅游吸引物？组织者对节庆吸引力的理解如何影响节庆场景的塑造？第二，节庆活动一旦开始，节庆场景就成为游客进行节庆活动的载体，成为决定游客体验的关键因素，游客会被节庆场景的物理元素、设计风格等所吸引，触发游客的认知和情感反应形成节庆体验，进而为节庆旅游吸引物的解释提供基础。此时所要探究的是游客在节庆场景中的节庆体验是如何形成的？节庆体验的构成维度是什么？第三，完成节庆体验后，作为符号解释者的游客需要通过体验建立节庆场景（再现体）与节庆吸引力感知（解释项）的关系，剖析组织者力图通过节庆场景传达的节庆吸引力内涵，并形成自身对于节庆吸引力感知的动态解释过程，由此尝试探讨基于游客的节庆吸引力内涵是什么？游客对节庆吸引力的直接解释项、动力解释项和最终解释项的具体内容是什么？它们三者之间的作用机制如何？

# 第三章

# 生产视角：节庆旅游吸引物的符号意义建构

　　节庆蕴含丰富的文化内涵和人文精神，组织者将形式多样的文化活动与地方特色资源相融合，所形成的文化独特性和文化差异性对游客具有较强的吸引力，有利于旅游活动的开展。从旅游的角度来看，节庆创造特色产品，让游客感受和体验地方文化，并使旅游目的地焕发活力；从节庆的角度来看，游客创造新的需求，从而增加旅游目的地的收入来源，并提高节庆的知名度。然而，节庆活动与旅游之间不具有天然的耦合性，组织者需要在了解游客需求的基础上组织和策划具有吸引力的节庆活动内容。

　　本章以皮尔斯三元符号框架为基础，确定节庆旅游吸引物（对象）和节庆场景（再现体）的内容，以及二者之间的关系，即组织者对节庆旅游吸引物的符号生产过程。本书以广州市广府庙会为研究对象，通过参与式观察收集历届广府庙会的活动资料，运用内容分析法结合 NVivo11.0 软件对不同阶段的活动总体方案进行词频分析，总结不同发展阶段的特征，并进一步分析不同阶段官方新闻稿、微信公众号和微博发布的内容等资料，总结和梳理广府庙会作为旅游吸引物的发展过程，包括节庆的理念、组织和内容演变等方面。在此基础上，通过对会议记录和组织者深度访谈资料的扎根理论分析，回答基于组织者视角的节庆吸引力是什么？组织者如何塑造节庆场景以体现节庆吸引力？组织者如何通过节庆场景的塑造以吸引游客？节庆场景由哪些维度构成？

# 一 广府庙会作为旅游吸引物的发展阶段

## （一）研究思路

本部分利用内容分析法，并结合 NVivo11.0 软件开展研究，该软件主要用于定性和混合研究中的资料分析，能够帮助研究者完成对文字、图片、音频、视频甚至问卷等资料的分类、整理和分析，其主要优点在于能让研究者在分析过程中随时开发概念，提高分析过程的灵活性，便于研究者在分析过程中减少、更改或增加概念，并提高研究的严谨性。内容分析法结合 NVivo11.0 软件主要有两种编码方式：一是根据研究主题设置编码节点，形成研究框架和思路，并在此框架下深入挖掘编码内容；二是基于扎根理论的思想，按照开放式编码、主轴式编码和选择式编码的步骤，直接对文本进行编码，形成概念和范畴，进而构建理论模型。本部分主要采用第一种编码方式，基于组织者历届活动方案对广府庙会的发展过程进行文本分析，以探讨在组织者主导下广府庙会作为旅游吸引物的发展过程。首先，运用 NVivo11.0 软件的词频统计功能，根据广府庙会的活动定位，将发展时期划分为 2011～2013 年、2014～2016 年、2017～2019 年 3 个阶段，对每个阶段的文本进行词频分析，形成组织者组织广府庙会活动的主要表现关键词；其次，结合历届官方新闻稿、微信公众号和微博数据，按照"理念—主体—内容"的思路对资料进行编码分析，总结广府庙会发展、演变规律，以全面了解组织者对广府庙会组织、策划的变化过程。

## （二）样本数据获取

随着移动互联时代的到来，旅游分享逐渐从传统旅游攻略向碎片化、社交化转型，游客在微信、微博等平台分享旅游经历，组织者在这些平台与游客开展互动。作为一款免费的网络通信工具，微信已经成为人们即时获取信息和分享信息的主要社交平台之一（张若阳，2017），通过朋友圈分享、公众号在看等方式，社交网络宣传推广效果得到增强，微信已成为组织者宣传节庆活动的重要窗口。微博是开放的交流平台，用户发布的内容可以被其他微博用户看到，已成为官方发布重要信息并开展互动的媒体平台。本书通过参与式观察，收集了历届广府庙会总体方案、新闻稿等活动资料，包括 2011～2019 年的广府庙会总体方案 9 份，共 115135 字；2011～2019 年的新闻稿等资料 12 份，共 33889 字。此外，还利用"集搜客"网络爬虫工具抓取"广州越秀发布"（2012 年开通）和"广府庙会官方微博"（2017 年开通）两个微博账号在 2012～2020 年发布的有关广府庙会的文字和图片数据，共 155707 字；并于 2019 年 1 月起持续收集"越秀文体旅游"微信公众号平台发布的有关广府庙会的文章，共 23543 字。

### （三）研究分析与发现

#### 1. 广府庙会的发展阶段及特征

为了解广府庙会各阶段的特征，本部分选取 2011～2019 年的广府庙会总体方案文本材料作为分析单位，依据广府庙会举办年份，以三年为一个阶段，将总体方案文本划分为 2011～2013 年、2014～2016 年、2017～2019 年三个时间段，利用 NVivo11.0 进行词频查询，设置"具有最小长度"为 2，"显示字词"为 100，"分组"为同义词，并将"广大""形成"等无关词汇添加至停用词列表。

（1）初创与探索：广府庙会起步阶段（2011～2013 年）

利用 NVivo11.0 软件对 2011～2013 年广府庙会总体方案文本进行词频查询并统计。如表 3-1 所示，高频词呈现四个方面的明显特征。

表 3-1　2011～2013 年广府庙会总体方案文本词频查询结果（部分）

单位：次

| | | |
|---|---|---|
| 庙会（110） | 文化（100） | 活动（53） |
| 越秀（41） | 展示（35） | 表演（28） |
| 市民（27） | 工作（25） | 传统（25） |
| 民俗（24） | 内容（23） | 广场（19） |
| 民间（19） | 参与（18） | 工艺（17） |
| 美食（17） | 城隍庙（17） | 特色（17） |

第一，文化主题鲜明。"庙会"一词的出现频率远高于其他词语，庙会是以祠庙为依托，在特定时间举办的祭祀神灵、交易商品、娱乐活动的集会（杨超，2015）。广府庙会是以广州城隍庙重修为契机而设立的，名称的确定赋予其庙会的特征。庙会的传统民间文化特征显而易见，"文化"一词的出现频率紧随"庙会"之后。在方案中，文化的内容包含"广府文化""传统文化""民俗文化""非物质文化遗产""美食文化"，并以"文化惠民"的形式，丰富和活跃群众"文化生活"，其中"广府文化"确定基调，广府庙会的活动内容需要紧密围绕广府"传统""民俗""民间"文化。因此，从组织者的角度来看，广府庙会是以庙会为特征，以广府文化为主题，突出传统民间仪式和习俗的民俗文化活动。

第二，活动形式多样。"活动"一词的出现频率较高，主要用来指代广府庙会，包括活动时间、活动地点以及举办的具体活动，如文化巡游活动、游园互动活动。"内容"指具体活动内容，如精彩内容、国家级非物质文化遗产。组织者力图通过举办丰富的活动吸引人们的参与，满足人们休闲娱乐的需求。在庙会上，展示民间工艺是人们近距离接触传统技艺的主要方式，"表演"所具有的非凡吸引力将庙会活动推向高潮，杂技演出、民俗艺术表演、婚俗表演轮番上演，富有趣味性。庙会活动是文化的载体，组织者意图通过内容重构、形式创新，将地方民俗和地域文化融为一体，使广府庙会活动更加丰富多彩，从而产生节庆吸引力，并促进传统文化传承。

第三，参与对象明确。庙会的形成和持续发展需要具备广泛的群众基础（梁凤莲，2017），组织者围绕广府庙会开展"工作"，目的就是吸引"市民"的"参与"，与广大市民幸福相约，向广大市民展示广府民俗文化，让市民重温儿时记忆。广府庙会作为新创的民俗文化活动，在起步发展阶段主要以当地市民为参与对象，当地市民的参与能够积极地推动广府庙会的发展，社会各界人士，包括知识分子、社会精英、地方文化主体等的参与和反馈，能让组织者深入挖掘地方文化，创新活动内容和形式，引导广府庙会朝着满足当代人需求的方向发展，让广府庙会成为当地居民过元宵的必备节目和欢度节庆的新传统。

第四，地域特色浓厚。广府庙会是广州市越秀区文化管理部门为挖掘和弘扬广府文化而举办的地域性民俗活动。广州是广府文化的核心发源地，但人们对广府文化的了解并不深入，越秀区政府将广府庙会打造成民俗文化节庆，与城市传统文化传承和复兴的现实需求直接相关（黄妙杰，2019）。越秀区是广州市千百年的中心城区，2012 年方案中提到越秀区"浓缩和荟萃了辉煌的广府文化精华，兼容和汇聚着灿烂的岭南特色民间艺术，堪称广府文化发源地，千年商都核心"。当地政府借助广府庙会这一文化形式，实现城市和地区文化发展、节庆和文化大融合的目的。广府庙会的主要活动包括开幕式、巡游、闭幕式等，在广州"城隍庙"外的忠佑"广场"举行。因此"越秀""广场""城隍庙"三个词语体现了广府庙会依托大、中、小区域的文化特色，实现节庆和区域总体形象的塑造和共同发展。

（2）承接与调整：广府庙会规范阶段（2014~2016 年）

利用 NVivo11.0 软件对 2014~2016 年广府庙会总体方案文本进行词频查询并统计（见表 3-2）。相较于起步阶段的特征，高频词呈现三个方面的明显特征。

表 3-2　2014~2016 年广府庙会总体方案文本词频查询结果（部分）

单位：次

| | | |
|---|---|---|
| 庙会（335） | 活动（322） | 工作（309） |
| 组织（258） | 文化（195） | 内容（158） |
| 管理（144） | 展示（140） | 安全（104） |
| 地点（96） | 越秀（89） | 广场（19） |
| 北京路（75） | 广场（64） | 宣传部（61） |
| 广州市（54） | 展销（53） | 巡游（49） |

第一，规范组织管理。广府庙会在起步阶段的探索积累了丰富的活动组织经验，随着广府庙会活动不断丰富以及活动区域不断扩大，进一步规范组织管理工作方能保证活动顺利进行，因此方案中"管理""组织"

"工作"出现频率较高。组织者成立了不同的工作小组，如宣传策划小组、医疗保健小组、财务管理小组等，明确各小组工作职责，明确分工，有力地促进了各项工作的落实。在统计"组织"的词频时将"策划""指挥"等同义词一并统计在内，用于反映组织结构的清晰度以及组织活动实施方案的完善程度。而"管理"既包含相关管理部门和管理单位，也指现场的具体管理工作。面对日益繁重的工作任务，需确立分权分级的管理组织架构，确保各项工作的有序推进。

第二，加强安全保障。据《南方时报》的数据，2014年广府庙会参与游客达到500万人次，庙会自身具有集市形式，会在短时间内聚集大量人群，热门活动区域的人流量更大，如果现场控制不当，容易出现跌伤、踩伤、高空坠物等安全事故。为保障参与者的人身财产安全，方案中特别突出"安全""保障"工作，强调要将庙会的安全工作放在首位。在活动前期开展消防安全检查、舞台搭建安全巡查、食品安全审查等工作，排除一切安全隐患；在活动期间，做好人流引导、现场监管等工作，营造安全放心、祥和欢乐的节庆氛围。

第三，调整活动地点。在这一阶段，出现频率较高的词语除了"广州市""越秀""广场"，还增加了"地点""北京路"。广府庙会在广州市越秀区举办，活动区域没有发生变化，但核心范围有所调整，从以城隍庙忠佑广场为核心活动范围，调整为以忠佑广场和北京路为核心活动范围，2014年方案中明确表明"以北京路、文德路、文明路、中山四路……为支点，在北京路文化商贸旅游区形成区域性的庙会节庆氛围"。广州北京路商业步行街具有明显的岭南建筑风格和广府文化特色，是国家4A级旅游景区，也是自南汉以来的千年古道遗址所在地（邓源等，2016）。广府庙会中的广府动漫涂鸦展示、非物质文化遗产展区等具有浓厚广府文化特色的热门活动都在北京路举办，二者相得益彰，既增加了北京路的人气和活力，又提高了广府庙会的知名度。除了核心区域调整，广府庙会活动"地点"不断增加，举办活动的"广场"也不断增多，如五仙观广场、广百新翼广场、东方文德广场等。此外，出于安全和活动特点的考虑，有些活动举办地点也做了相应的调整，2015年的巡游方案延续广府庙会创设以来的传统，在路面进行巡游表演，但 2016 年巡游地点调整至广东省人民体育场，便于控制人流和现场管理。活动地点的调整体现了组织者在方案设计中考虑的因素更为精细和全面。

（3）成熟与创新：广府庙会稳固阶段（2017~2019 年）

利用 NVivo11.0 软件对 2017~2019 年广府庙会总体方案文本进行词频查询并统计（见表 3-3）。相较于调整阶段的特征，高频词呈现三个方面的明显特征。

表 3-3　2017~2019 年广府庙会总体方案文本词频查询结果（部分）

单位：次

| | | |
|---|---|---|
| 庙会（776） | 活动（666） | 工作（612） |
| 文化（541） | 组织（377） | 内容（370） |
| 管理（244） | 越秀（231） | 展示（218） |
| 表演（191） | 安全（163） | 保障（148） |
| 有限公司（134） | 北京路（130） | 互动（118） |
| 广场（117） | 广州市（116） | 艺术（102） |

第一，引入市场机制。广府庙会在创办之初将主题定为"广府庙会，幸福相约"，一直未变，组织者希冀广府庙会能够持续发展，逐渐融入当地居民的生活，成为具有吸引力的地方特色活动，而庙会作为节庆能否可持续发展取决于其能否为地方带来持续的社会、经济和文化利益，其中经济利益是持续发展的重要条件。广府庙会是政府发起和主导的民俗节庆，坚持"政府搭台，民间唱戏"的原则，积极探索市场运作机制，广泛吸引社会资本进入。2018 年方案中提到的支持单位包括广州市时代地产集团有限公司、中国联合网络通信有限公司广州市分公司、中国人民财产保险股份有限公司广东省分公司、广州医药集团有限公司、广东燕塘乳业股份有限公司等。组织者合理利用社会资源，提升庙会的活动质量，努力实现可持续发展。

第二，创新互动方式。"艺术"和"互动"高频词的出现，说明在广府庙会的举办中，组织者逐渐认识到凸显活动内容艺术感和互动体验的重要性。一方面，"艺术"出现频率较高，体现了组织者对节庆质量要求的提高，意图在短时间内将传统文化元素以精美和创新的方式呈现给参与者。另一方面，方案中的互动方式多样，如线上互动、广府达人微信互动、动漫画家与群众互动、动漫卡通人偶互动、晒照片赢奖品互动等，体现了组织者"搭建一个世界性的群众深层互动的盛会平台"（2017年方案）的愿景。互动活动能够提高庙会参与者的参与性，让参与者亲密接触地方文化，体验地方文化内涵，也让参与者沉浸于节庆氛围，满足其休闲、娱乐、放松的情感需求。

第三，丰富活动内容。相较于前两个阶段，稳固阶段的活动内容更为丰富，范围更加广泛。"庙会"不仅指代广府庙会，也表示庙会的子项目，如2018年首次实现水上庙会、地铁庙会和空中庙会的"水陆空"全方位体验。同时，2018年举办首届广府庙会青年喜剧节，作为广府庙会的子项目，2018年方案详细介绍了活动内容，"青年喜剧节搭建艺术展示与交流平台，让市民与戏剧艺术零距离接触……在庙会期间定期定点表演，包括话剧、肢体剧、哑剧等，让庙会的高潮此起彼伏"。广府庙会活动内容的不断丰富，覆盖了更为广泛的受众群体，也扩大了庙会作为民俗节庆品牌的宣传推广。

比较和分析三个阶段的高频词可以清晰地发现广府庙会在不同阶段组织管理和活动策划的工作重点，但高频词不能全面深入地反映广府庙会发展的细节变化。因此，本书在总体方案分析的基础上，利用内容分析法，编码和分析了不同阶段官方新闻稿、微信公众号和微博的文本内容，以期细致地梳理广府庙会作为节庆旅游吸引物的发展变化过程。

2. 广府庙会作为节庆旅游吸引物的发展演变特征

皮尔斯认为，人的思想是不断变化的符号，每个思想符号都是对前一符号的解释，并引发后一思想符号（张彩霞，2015）。组织者会基于前一届活动举办的经验思考后一届活动如何举办，组织者在不同时期发布的宣传内容体现了不同时期的活动举办理念、组织方式和活动内容等。对这些文本进行分析，可以探究广府庙会作为节庆旅游吸引物的基本发展规律。

本书在广府庙会三个发展阶段划分的基础上，对各阶段的总体方案、新闻稿、微信公众号和微博的文本进行编码分析，可以洞察广府庙会的发展演变特征。

（1）节庆理念：由适应需求转向创造需求

广府庙会在创设之初，虽强调文化的重要性，但文化定位并不清晰；虽立足于地方文化开展组织策划，但文化内涵的挖掘并不深入。作为现代节庆，广府庙会从命名到内容策划均是为了适应现代人的需求。所谓适应需求是指在了解目标消费群体感知需求的前提下，提供该消费群体熟知的产品或服务，其与市场上业已存在的产品或服务相同或相似，主要以补充市场来寻求相应的市场份额（杨宏斌，2006）。广府庙会以当地居民和游客为主要目标群体，在起步阶段的新闻稿中明确提到，"既有广州的市民，也有外地的游客，还有不少外国友人慕名而来，这与媒体的大力宣传是密不可分的"。广府庙会组织者适应目标群体需求具体表现在名称的确定、内容的设置等方面。在名称确定方面，广府庙会是依托广州城隍庙而设立的，但"庙会"二字却备受争议，主要的争议集中在广东是否有庙会这一说法。面对质疑，组织者坚持以"广府庙会"作为活动名称，当时的越秀区委常委陈晓丹表示，"关于庙会的名称，我们做过专项研究。庙会自古有之，南北都有，庙会原是宗教活动，久而久之，带动了商贸活动，成为以宗教活动为中心的综合性节日。"（何平，2012）。组织者认为相较于"墟"和"会"，"庙会"二字更容易使目标群体理解活动形式，进而产生共鸣，唤起现代人的儿时记忆。在内容设置方面，起步阶段的广府庙会活动安排虽营造了热闹的氛围，但缺乏浓厚的文化内涵，有民众反映"那个广府庙会，有主题，但文化实体少得可怜，一堆无广府文化特色的东西在那里喧宾夺主"（郭柯堂，2012），在活动内容中融入了过多外来文化，如土耳其的鲁米舞、韩国的传统歌舞等，热闹的异域歌舞表演虽然吸引眼球，但也削弱了地方文化的表达，显得广府味道不够浓厚。广府庙会的美食区也存在同样的问题，美食品种纯粹是为了适应市场和实现经济效益，多是一些热门小吃，如臭豆腐、烤鱿鱼、酸辣粉等，小吃摊位还存在重复设置的问题，整个美食区既没有体现地方文化特色，还显得杂乱无章。组织者在广府庙会的起步阶段采用适应市场的节庆理念，模仿业已成熟的庙会和节庆形式，却忽略了地方文化特色的挖掘，定位不够准确。

广府庙会组织者在积累活动举办经验的同时，积极听取参与者的意见，通过"金点子"征集令、越秀微平台"广府庙会"线上互动、广府达人微信互动、逛庙会晒幸福等活动，了解庙会参与者的真实需求，试图以创造需求为理念，突出自身特色，创新文化内容和形式，引领现代节庆新消费。所谓创造需求是指在了解目标消费群体深层次需求的前提下，创造或创新产品或服务，使该消费群体逐步认知、接受和消费产品或服务，进而产生新的消费价值或消费体验（杨宏斌，2006）。简言之，创造需求是用一种不同于既有产品或服务的方式满足目标消费群体的需求，其内核在于创新并引领消费方式。广府庙会的创造理念主要体现在鲜明的广府文化主题定位以及创新的活动内容和形式上。在主题定位方面，为更好地体现以广府文化为主旋律的活动定位，深入挖掘广府文化元素，主要活动内容都与广府文化紧密相关，如2019年广府庙会开幕式，"《粤韵三地情》粤港澳三地粤剧泰斗共聚羊城，展现粤韵三地情，粤剧《五仙祈福》五仙现场派发象征吉祥与丰收的稻穗，为市民送去新春的祝福，诠释广州五羊五仙历史文化、祈福文化内涵"（广府庙会官方微博2019年2月19日发布）。美食区也做出较大调整，2015年以广府美食文化为主导，广府庙会组织者优选26种广州知名的地道小吃和精致单品，主打特色和风味，还邀请了广府美食家庄臣推荐地道小吃。以广府文化为主题的节庆活动，使参与节庆的当地居民和游客体验到独具特色的地方文化，引导目标群体更多地关注广府文化内涵，从而达到传承和弘扬广府文化的目的。在活动创新方面，广府庙会与时俱进，每年都会结合时代和政策变化在活动的内容和形式上有所创新，为贯彻落实中共中央、国务院印发的《粤港澳大湾区发展规划纲要》，2019年广府庙会在方案中明确提出"本届庙会巡游活动通过吸纳、融合各类精彩民俗节目，凝聚广府力量，充分展示广府民俗文化精髓，体现大湾区文化共融发展；巡游形式和节目内容等方面求变求创新"。同时，在互动和宣传中将传统文化以创新的形式加以呈现，通过网站、微博、微信等进行民俗文化巡游直播，围绕二十四节气打造网红打卡点等。创造需求不是创造不存在的需求，而是利用创造性的理念适应目标群体潜在的需求。广府庙会组织者采用创新方式展现广府文化，为当地居民和游客创造了一个互动、交流、庆祝的平台，契合了目标群体内心深处潜在的节庆体验需求。

（2）节庆主体：由政府包揽转向政府主导的多方参与

本书通过对节庆主体进行编码分析发现，在起步阶段，社会参与、社会组织等出现得较少，结合组织机构及人员安排，发现当时的活动基本由越秀区委、区政府组织。此后，体现社会参与的内容逐渐增多，特别是公司、高校等社会组织大量出现，表明广府庙会的主体及举办模式由政府包揽向政府主导的多方参与转变。

广府庙会的创设是越秀区政府通过文化赋权实现文化惠民的重要手段（梁凤莲，2017），首届广府庙会的主办单位是越秀区委、区政府，承办单位包括区委宣传部、区政府办公室、区经贸局、区民宗局、区文广新局（旅游局）等20个单位。这种起初由政府引导、出资、组织、协调节庆活动的现象普遍存在，特别是文化属性突出的节庆活动，原因在于政府肩负服务民众的责任，亦肩负传承中华优秀传统文化的责任，为实现文化"取之于民，惠之于民"。政府利用自身号召力和权威性，调用各种资源举办节庆（肖红艳，2011），有利于保证节庆的质量和民众的参与度。然而，这种政府包揽的办节模式，显然不符合市场规律。在广府庙会的起步阶段，由于节庆规模较小，单纯依靠政府投入能够勉强解决资金问题，但随着活动规模的扩大，资金投入进一步加大，政府投资不能很好地满足实际资金需求。并且政府过多干预会限制企业参与的积极性，降低社会组织参与节庆活动的主动性（郭胜，2005）。此外，单纯依靠政府投入的运作模式，容易造成仅重视社会效益而忽略经济效益的后果。随着市场经济体制的推进和完善，鼓励更多社会组织参与，争取经济效益和社会效益双丰收，是节庆发展的方向。因此，节庆旅游应朝着社会化的运作模式发展。

通过社会化运作模式，广府庙会一方面能够满足现代社会中人们的文化和休闲娱乐需要，传承和发展传统文化和地方民俗文化，实现社会效益；另一方面能够促进消费，推动相关产业如广告、餐饮、酒店、演艺、零售等的发展，从而带动地方经济发展，实现经济效益。首届广府庙会吸引了广州市民和外地游客 350 万人次，此后，每年广府庙会的参与人数都在 500 万人次左右。2019 年 2 月 27 日"广州越秀"微博账号发布："吸引游客数量逾 500 万人次；全媒体报道及转载约 1.3 万条，百度搜索 2019 年广府庙会显示约 24 万条；新浪微博相关话题阅读量逾 2 亿……庙会期间，共有 13 万余人次参与了线上逛庙会，线上庙会页面总点击量约 50 万。"可见，广府庙会具有极高的传播价值和极强的市场开发潜力。组织者不断尝试淡化政府角色，逐步实现社会化运作。2014 年广府庙会的指导单位是广东省文化厅，主办单位包括广州市委宣传部、广州市文化广电新闻出版局，以及越秀区委、区政府。2015 年广东省文化厅、广东省旅游局、广州市委宣传部等成为指导单位，并成立广府庙会组委会作为庙会活动的主办单位。广府庙会大部分运作经费由社会资本赞助，如时代地产公司、中国人民财产股份有限公司、广东长隆集团有限公司等企业，并于 2016 年成立越秀区文化发展促进会，专门负责广府庙会的运营，初步实现社会化运作。随着广府庙会知名度和影响力的提高，社会参与的主动性增强，政府角色逐步向监督和引导方向转变，从而形成节庆旅游的良性循环，实现可持续发展。

（3）节庆内容：由观赏性为主导转向参与性为主导

通过对历届广府庙会方案和宣传内容的编码分析，本书梳理了 2012~2019 年广府庙会每年增设或调整的活动内容（见表 3-4），可以看出，组织者一直致力于活动内容和形式的创新，力争每年都能带给参与者耳目一新的节庆体验，并逐步增加互动性活动，让游客能够亲身参与文化活动，感受文化魅力和热闹氛围。

表 3-4 2012~2019 年增设或调整的活动内容介绍

| 年份 | 增设或调整的活动内容 |
|---|---|
| 2012 | 增加广府达人秀活动项目，培育民间艺术达人；新增动漫文化展销、摄影大赛等项目 |
| 2013 | 邀请韩国、土耳其等地区的艺术团进行表演；增设相亲大会、民间工艺集市、慈善义卖义拍、广府青年 style |
| 2014 | 首次推出水上庙会；举办首届广府书画摄影大赛优秀作品展 |
| 2015 | 首次推出广府茶居体验区；举办首个小巷庙会，让居民在家门口也能逛庙会；启动首届广东省非遗创意设计大赛；首次推出地铁庙会，开通庙会专列 |
| 2016 | 推出祠堂庙会，举行特色文艺表演；广府庙会吉祥物鳌鱼首次亮相；在广州博览会举办广府文化巡展 |
| 2017 | 首次推出东湖艺术长廊，内容涵盖美术、书法、剪纸、邮票、动画等工艺类型；增设"创市集"项目 |
| 2018 | 首届青年喜剧节正式启动，选取人气汇聚的开放公共空间进行喜剧艺术表演 |
| 2019 | 中国台湾的特色美食首次亮相；非物质文化遗产展区设立"大湾区遗珍·粤港澳非遗荟萃"，邀请香港、澳门等地的非遗项目亮相；东湖艺术长廊加入大量新元素，聚焦小众文艺领域 |

资料来源：根据 2011~2019 年广府庙会方案整理。

观赏性节庆内容为游客提供了重要的休闲娱乐活动方式，是游客接受节庆文化熏陶的重要途径（王冬慧等，2020）。广府庙会作为典型的民俗文化活动，担负着传承和发展广府文化的使命，在起步阶段，组织者便将文化元素融入多种形式的观赏性节庆内容中，如 2012 年在越秀公园设立的庙会游园区，举办了春季灯艺博览会，利用现代科技，展示具有浓厚传统特色兼具时代创新特点的各式灯组；2013 年由土耳其艺术团表演的体现和平、反对战争的鲁米舞蹈以及马赫特朗军乐队的演奏特色鲜明，加上演员身穿形式多样、色彩丰富的民族服饰，增添了节庆活动的观赏性。然而，观赏性旅游项目属于浅层次的旅游吸引力，节庆旅游活动的开展应该更多地增强游客参与度（陈素平和成慕敦，2004），提高游客参与兴趣。

相较于观光型旅游吸引物，节庆旅游吸引物本身具有极强的参与性，能够使游客在观看表演、仪式的同时，体验到节庆活动的魅力。2017 年，广府庙会增设"创市集"项目，以创新创意装置打造亮丽独特的风景线，在非物质文化遗产展示中增加榄雕、广彩的传统作品以及新式作品，并在展示过程中增加别出心裁的互动装置。此外，组织者还增加了许多互动活动，如以"夜游古城"为主题的夜间"定向活动"，组织夜跑爱好者体验夜晚的广府文化；在城隍庙忠佑广场设置幸福邮局祈福墙，人们可以写下自己的心愿，贴在祈福墙上，拍照片分享给朋友；利用喜剧表演和喜剧课堂搭建互动交流平台，让人们在感受快乐的同时传递快乐；增设线上互动平台，开展线上打卡及抽奖活动，设置线上庙会体验店，增强虚拟交流平台的参与性和趣味性。这些参与性活动，为游客的节庆体验增添了色彩。

整体而言，广府庙会组织者在节庆文化活动的组织策划中越来越多地运用创造需求的理念，对节庆场景进行整合，将社会价值和对游客期望的理解融入活动设计和举办中，主题逐渐清晰，内容逐渐贴近游客想象。非物质文化遗产展示、民俗文化巡游、广府达人秀等文化活动经由组织者和媒体进行符号化传播，逐渐成为广府文化的符号，使广府庙会逐渐演变为促进地方经济和社会发展的节庆旅游吸引物。

## 二 节庆旅游吸引物符号生产的研究过程

### （一）研究思路

符号具有表现性，都有其表现的对象，并通过表现功能呈现对象的相关特征和信息，但呈现的前提是符号生产者预设符号解释者在一定程度上了解对象（张彩霞，2015）。为了吸引游客参与节庆，组织者往往会根据自身和游客对节庆旅游吸引物的理解，塑造富有地方文化特色的节庆场景，合理设计的节庆场景能够让游客沉浸于节庆活动，获得较好的节庆体验（Mason & Paggiaro, 2012）。在本书构建的节庆旅游吸引物的符号学分析框架中，节庆旅游吸引物是符号过程的对象，节庆场景是再现体，是节庆旅游吸引物的物质载体，其构成形式多样，可以是有形的环境（如表演、装饰、商品等），也可以是无形的氛围（如背景音乐、气味等）。节庆场景是由设计、美学、照明、布局等元素构成的整体环境，这些环境元素会促进或激发游客的认知和情感反应，从而产生节庆体验（Lee et al., 2008）。节庆组织者在塑造节庆场景时，需要围绕节庆主题，同时考虑微观层面（如节目）和宏观层面（如环境质量）（Lee，2016），结合社会价值和理想，设计灵活多样的节庆场景，并赋予其符号价值。因此，本部分尝试运用质性研究方法，基于皮尔斯的符号学理论，深入剖析组织者视角下节庆旅游吸引物符号生产的运行机制，具体包含三个部分：一是探讨组织者视角下节庆旅游吸引物的吸引力构成；二是分析组织者如何建立节庆旅游吸引物和节庆场景之间的关联；三是总结节庆场景的构成维度。

### （二）资料收集和处理

组织者视角下节庆旅游吸引物的符号生产尚缺少全面、系统的研究，节庆吸引力和节庆场景的构成内容尚处于探索阶段，既有理论无法对此进行解释。鉴于现有研究的缺乏，本部分采用质性研究方法对研究现象进行界定并构建理论框架。扎根理论是最具代表性的质性研究方法，强调五个核心原则：开放性、解释力、生成和论证、理论结构、研究过程。其中，生成和论证原则说明扎根理论侧重于获得关于现象的洞察力或构建知识；研究过程原则要求对数据进行编码和解释（Matteucci，2017）。简言之，扎根理论是通过对多种来源的数据进行整理归纳的一种理论建构方法。

本书所用资料收集于 2019 年 1 月至 3 月和 2020 年 1 月，其中 2020 年的资料是对 2019 年资料的补充与更新。为进一步探究组织者视角下的节庆旅游吸引物符号生产，本书主要采用参与式观察和深度访谈的方法来收集资料，笔者和调研团队成员以工作人员的身份参与了第九届和第十届广府庙会的筹备工作，收集和记录了多场工作会议资料。深度访谈的提纲主要包括如下内容。广府庙会已成功吸引了来自世界不同地区的游客，成为备受人们喜爱的节庆活动，您认为广府庙会能够取得如此成就的关键因素是什么？您期望广府庙会成为什么样的节庆活动？您认为广府庙会主要的市场定位和策划理念是什么？您认为广府庙会的吸引力主要体现在哪些方面？深度访谈采用一对一、多对一或小组访谈的形式，在实际访谈过程中根据不同受访对象调整问题，并通过营造较为轻松的交谈氛围确保研究资料的真实性和可信度。调研团队采用目的抽样原则选取样本，最终选取了15 位广府庙会组织工作人员，进行了 17 次深度访谈（见表 3-5），平均每次访谈时长约为 40 分钟，选取的访谈对象分别负责不同的工作板块，基本覆盖了广府庙会的全部组织工作内容。其间，调研团队以工作人员身份参与了 14 场重要工作会议，并对会议内容进行详细记录，共获得 98761 字的会议记录和 99217 字的访谈资料，辅以历届广府庙会总体方案、官方新闻稿、现场观察等多样化的数据，确保三角交叉验证，提高研究分析的效度。为了更好地对会议记录和访谈资料进行扎根理论分析，本书采用 NVivo11.0 软件对会议记录和访谈资料进行编码，为数据片段附上意义标签，利用创建节点的方式确定文本数据中的概念，并将与概念相关的文本储存在该节点上。随着识别概念的增多，创建的节点数量也随之增加，为更好地组织这些节点，本书利用树节点对概念进行管理，并通过数据之间的比较分析，构建理论框架，实现核心类别及其维度的可视化表示（Hutchison et al.，2010）。NVivo11.0 软件保证了扎根理论从早期设计和抽样程序、数据分析到理论和结果展示整个过程的顺利进行。

表 3-5　会议记录和访谈样本概况

| 会议记录 | | | 访谈样本 | | | |
| --- | --- | --- | --- | --- | --- | --- |
| 编号 | 会议名称 | 会议时间 | 编号 | 性别 | 年龄 | 工作内容 |
| H1 | 全体会议 1 | 2019 年 1 月 9 日 | Z1[a,b] | 男 | 41~50 岁 | 整体策划 |
| H2 | 慈善庙会工作 | 2019 年 1 月 15 日 | Z2 | 男 | 31~40 岁 | 创市集 |
| H3 | 北京路踩点 | 2019 年 1 月 17 日 | Z3 | 女 | 31~40 岁 | 非遗 |
| H4 | 新闻宣传工作 | 2019 年 1 月 18 日 | Z4 | 男 | 41~50 岁 | 展演 |
| H5 | 大佛寺踩点 | 2019 年 1 月 21 日 | Z5 | 女 | 31~40 岁 | 慈善庙会 |
| H6 | 展演工作 | 2019 年 1 月 21 日 | Z6[a,b] | 男 | 31~40 岁 | 展演 |
| H7 | 庙会工作例会 | 2019 年 1 月 21 日 | Z7 | 女 | 41~50 岁 | 整体策划 |
| H8 | 非遗展区工作 | 2019 年 1 月 25 日 | Z8 | 男 | 31~40 岁 | 视觉设计 |
| H9 | 展演对接会 | 2019 年 1 月 25 日 | Z9 | 女 | 21~30 岁 | 整理资料 |
| H10 | 纪录片拍摄工作 | 2019 年 1 月 30 日 | Z10 | 男 | 41~50 岁 | 民俗巡游 |
| H11 | 全体会议 2 | 2019 年 2 月 2 日 | Z11 | 男 | 31~40 岁 | 现场管理 |
| H12 | 巡游对接会 | 2019 年 2 月 2 日 | Z12 | 女 | 31~40 岁 | 志愿者管理 |
| H13 | 民俗巡游工作 | 2019 年 2 月 13 日 | Z13 | 女 | 21~30 岁 | 公众号推送 |
| H14 | 动漫庙会工作 | 2019 年 2 月 13 日 | Z14 | 女 | 31~40 岁 | 现场管理 |
| | | | Z15 | 男 | 31~40 岁 | 北京路看世界 |

注：[a] 表示受访者的第一次访谈，[b] 表示受访者的第二次访谈。

### （三）编码过程

编码分析过程分为三个阶段，第一个阶段为开放式编码，是对原始资料中任何可以编码的句子或片段进行逐字逐句的语义分析，进而对资料进行初始概念化和概念范畴化的过程。仔细分析访谈资料并使用 NVivo11.0 软件建立节点（初始概念），节点生成后再根据它们之间的关系进一步对概念进行范畴化。第二阶段为主轴式编码，旨在建立和发展概念范畴之间的关系。第三阶段为选择式编码，目的是明确这些类别之间的关系，并产生故事线，形成理论框架。

1. 开放式编码

运用扎根理论分析的第一步是对广府庙会组织者的会议记录和访谈资料进行开放式编码。开放式编码是对资料进行分解、测验、比较、概念化与类属化的过程。理论构建的第一步是概念化，将类似的事件、行为和对象归类到共同的标题或类别，是事件、对象或行为/互动的抽象表示。经过概念化，研究者得到一个庞大的概念群，接着对概念的关系进行梳理，确定概念的范畴，并根据其特定的属性和维度发展该范畴，直至最终获得范畴化的概念。

将组织者的会议记录和访谈资料进行概念化主要基于国内外针对节庆旅游吸引物和节庆场景的相关研究，相应地，范畴化过程中的范畴命名也以节庆旅游吸引物的社会建构为前提。基于此，最终从会议记录和访谈资料中抽象出 486 个初始概念和 27 个范畴，概念抽取典型示例如表 3-6 所示。其中，范畴 1（A1）活动多样性，反映组织者吸纳多种元素增加活动内容的多样性；范畴 2（A2）文化独特性，反映以广府文化为主导的活动内容所表现的独特性；范畴 3（A3）内容创新性，反映通过多种文化的多种形式融合的内容创新吸引游客；范畴 4（A4）主题鲜明性，反映广府庙会作为新创民俗节庆融合传统和现代元素所体现的主题鲜明性；范畴 5（A5）活动仪式感，反映节庆组织者通过举办固定活动增强仪式感；范畴 6（A6）节日幸福感，反映组织者从惠民的角度提升游客的幸福感；范畴 7（A7）组织结构，反映为举办节庆而建立的组织结构；范畴 8（A8）资金管理，反映组织者为确保节庆顺利举办而开展的资金管理；范畴 9（A9）前期筹备，反映筹备节庆的前期准备工作；范畴 10（A10）现场管理，反映节庆举办期间组织者对现场的管理；范畴 11（A11）团队协作，反映积极完成节庆组织工作的多部门团队协作；范畴 12（A12）满足多样需求，反映组织者通过多种活动满足不同人群的多种需求；范畴 13（A13）弘扬传统文化，反映节庆通过传统文化的呈现达到弘扬和传承文化的目的；范畴 14（A14）注重文化创新，反映组织者立足传统文化不断进行产品创新的策划理念；范畴 15（A15）保证活动品质，反映组织者从遴选活动内容到现场安排的规范管理，确保活动的品质；范畴 16（A16）打造民俗品牌，反映组织者通过旅游推介等多种形式宣传打造民俗品牌的发展理念；范畴 17（A17）紧跟国家战略，反映活动内容紧跟国家和城市发展战略步伐；范畴 18（A18）顺应时代潮流，反映节庆活动内容顺应时代潮流，融合时代潮流元素；范畴 19（A19）展现城市特色，反映节庆举办城市的包容性和多元化在活动内容中的呈现；范畴 20～27（A20～27）则分别代表组织者为游客设计和安排的安全保障、节目表演、创意互动、美食小吃、商贸展销、人员服务、辅助设施、节庆氛围。

表 3-6　概念抽取典型示例

| 原始语句 | 初始概念 |
|---|---|
| 虽然有一段时间在广州中断了，加之广州的城隍庙被毁，等于这条文化传播线在广州被中断了。但是，香港青松观源于广州，这条线在香港得以流传，最终回传广州。广府庙会的巡游活动邀请了青松观道长作为主持（Z1[b]） | 巡游受道教文化影响、巡游活动的由来、文化互动、文化中断 |
| 其实我觉得庙会比较大的变化是内容越来越丰富，融入庙会的内容越来越多元化、多姿多彩（Z3） | 活动内容不断丰富、内容多元化、多姿多彩 |
| 领导对庙会的所有项目都把关很细，基本上每一个活动，每一个细节都会过问，加之有些领导具备一定的专业知识，因此领导的管理使整个操作团队的工作更加细致，质量方面也具备很大的保证（Z4） | 领导的管理能力、领导的专业能力、领导的管理保证活动质量、操作团队执行领导决策 |
| 巡游安排在路面的原因是求新求变，更加接地气，希望观众更近距离接触这些非遗的项目，让大家更有参与性和互动性，增加娱乐性（Z6） | 提高活动的参与性、活动的互动性、活动的娱乐性、庙会的不断创新 |

续表

| 原始语句 | 初始概念 |
|---|---|
| 之前巡游时间为一两个小时，我们就对举办区域采取封路措施，但导致了广州市大塞车，所以老城区举办巡游就会面临交通和安全两方面的压力（Z6） | 巡游的临时举办场所、举办区域空间有限、路面巡游影响城市交通、安全考虑 |
| 我们会做一些指引，给游客指引档口位置，同时设定打卡点，根据 GPS 检测游客具体位置，提示打卡点，并给予奖励（Z9） | 指引服务、线上线下互动、融入科技创新 |
| 根据广州的非遗项目申报名录，整体地去找哪些适合表演，有没有已存在的队伍，筛选适合进行表演和展示的非遗项目；另外，广州每年会对这些节目进行调研，根据调研结果，我们可以选出一些比较好的节目，并拿来在庙会进行演出（Z10） | 节目质量、考虑表演和展示的效果、参考非遗项目、节目调研、挑选合适的节目 |
| 我觉得应该让庙会呈现的内容更贴合广东人的生活，既有他们传统文化的根源，也有外来文化的加入。广东是原有居民和外来人口形成的大集体，打造庙会品牌要既能获得本地人的认可，又得到外地人的称赞，慢慢形成自身的特色（Z12） | 文化融入生活、文化元素多样、广州城市人口结构、地方居民和外来人口的认可、形成庙会的特色 |
| 我认为广府庙会受欢迎的原因是比较接地气，能够融入一些生活的气息，既能够融入我们这边的生活，又能够服务于我们的需要。让参与者通过主要的活动得到他们想要的东西，丰富他们的知识；通过不同场地的活动，让不了解这边历史的人，认识这个地方，体验这边的人文风情，了解民俗文化（Z12） | 文化融入生活、广州城市生活气息、丰富民众的知识、多种活动满足不同人群、体验地方人文风情、感受民俗文化 |
| 所以我认为广府庙会是源于传统，立足现在，同时面向未来，体现了广府文化真正的精髓，真正实现了开放包容，创新求变的精神实质，因此它具有一定的代表性（H10） | 让传统文化焕发活力、广府文化的包容性、庙会的不断创新 |
| 我们的布局大概是动与静、古与今、雅与俗的融合，呈现一个多元化的广府民众嘉年华。因此，老、中、小各种人群都能找到自己的兴趣点，大家一起来欢乐（H10） | 多元文化融合、多种形式融合、目标群体范围广泛、多种活动满足不同人群 |

注：仅列举部分初始概念。

### 2. 主轴式编码

运用扎根理论分析的第二步是主轴式编码，主要目的是建立和发展概念范畴之间的关系。研究者每次以一个范畴为"轴心"寻找相关联系，这些联系包括因果关系、时间先后关系、相似关系、情景关系、差异关系、功能关系、过程关系等。组织者的会议记录和访谈资料经过第一步的开放式编码后，得到 27 个范畴。主轴式编码是对开放式编码生成的范畴和概念的重新提炼和整合，在具体分析过程中，不仅要考虑到上述 27 个范畴之间的关系，还要将资料放在特定的情境及社会文化环境中，通过对相互联系的概念进行提炼和反思，整合归纳出更抽象层次的范畴。概括和凝练开放

式编码提炼的 27 个范畴，最终归纳出 4 个主轴式范畴（主范畴），分别为
AA1（节庆吸引力）、AA2（节庆的组织管理）、AA3（节庆的策划理念）、
AA4（节庆场景），这 4 大主范畴的出现频次分别为 152 次、151 次、394
次和 198 次；频率分别为 17.0%、16.9%、44.0% 和 22.1%。具体而言，
"活动多样性""文化独特性""内容创新性""主题鲜明性""活动仪式
感""节日幸福感"构成组织者对节庆吸引力的品质界定；"组织结构"
"资金管理""前期筹备""现场管理""团队协作"构成贯穿整个节庆的
组织管理工作；"满足多样需求""弘扬传统文化""注重文化创新""保
证活动品质""打造民俗品牌""紧跟国家战略""顺应时代潮流""展现
城市特色"构成组织者的节庆策划理念；"安全保障""节目表演""创意
互动""美食小吃""商贸展销""人员服务""辅助设施""节庆氛围"
构成组织者为游客体验塑造的节庆场景（见表 3-7）。

表 3-7　主范畴和对应范畴

| 主范畴 | 对应范畴 | 初始概念 |
|---|---|---|
| 节庆吸引力 | 活动多样性 | 活动内容不断丰富、庙会吸纳多种元素、新增活动内容、内容多元化 |
| | 文化独特性 | 广府文化元素、广府文化的特征、活动的独特性、南北庙会的差异、体验地方人文风情、文化差异 |
| | 内容创新性 | 产品创新吸引人们注意、庙会的发展变化、多种形式融合 |
| | 主题鲜明性 | 特色鲜明的节目、新创民俗节庆、形成庙会的特色 |
| | 活动仪式感 | 固定的项目、固定时间举办、视觉符号不变、庙会活动的持续举办、主题不变 |
| | 节日幸福感 | 欢乐吉祥的节庆氛围、惠民的角度、吉祥如意的寓意、庙会体现社会关怀、喜庆的氛围、增加民众的幸福感 |
| 节庆的组织管理 | 组织结构 | 扁平式组织结构、横向和纵向的信息传递决策、庙会的树式结构、庙会的组织模式、领导的管理能力 |
| | 资金管理 | 初期政府资金保证经费、节省运营成本、社会化运作、运营方式的调整、资金压力、资金影响活动内容 |
| | 前期筹备 | 表演物料准备、落实安全责任、工作计划表、工作指引确定工作标准、相关人员的培训、消防部门负责安全检查 |
| | 现场管理 | 表演时间控制、接待工作、摊位的搭建、舞台安排、现场安全巡查、现场保持干净整洁、现场布置、用电管理、做好统计汇总 |
| | 团队协作 | 多部门的协调、各方协调沟通解决问题、项目制的团队分工、整合多方资源 |

续表

| 主范畴 | 对应范畴 | 初始概念 |
|---|---|---|
| 节庆的策划理念 | 满足多样需求 | 参与者的年龄分布广泛、多种活动满足不同人群、丰富娱乐生活、积极接收社会反馈、迎合人们偏好 |
| | 弘扬传统文化 | 传统庙会的历史、讲好城隍庙故事、挖掘广府文化、挖掘非遗故事、追寻历史渊源 |
| | 注重文化创新 | 多元文化融合、传统技艺的创新、跨界合作的创新、让传统文化焕发活力 |
| | 保证活动品质 | 非遗遴选标准、工艺技术的提升、活动设置不重复、考虑表演和展示效果、提高活动品质 |
| | 打造民俗品牌 | IP打造、对外交流项目、官方统筹新闻素材、活动宣传覆盖面广、开发文创产品、扩大品牌影响力 |
| | 紧跟国家战略 | 大湾区的概念、城市战略部署、一区一活动的政策、文化与经济发展的关系 |
| | 顺应时代潮流 | 传统技艺适应时代变化、大数据技术、当代生活体现文化特征、活动内容与时俱进、审美发生变化 |
| | 展现城市特色 | 感受城市的温暖、广州城市的包容性、广州城市人口结构、展现越秀教育优势 |
| 节庆场景 | 安全保障 | 安检措施、配备医疗人员、人流管控 |
| | 节目表演 | 慈善庙会、地铁庙会、青年喜剧节、巡游、展演 |
| | 创意互动 | 二十四节气打卡活动、非遗创意大赛、广府达人秀、亲子活动项目、线上线下互动 |
| | 美食小吃 | 庄臣美食、美食文化、广府美食 |
| | 商贸展销 | 创市集、非遗橱窗展示、商贸 |
| | 人员服务 | 指引服务、人性化服务 |
| | 辅助设施 | 线上地图、总体活动分布情况 |
| | 节庆氛围 | 灯会、多感官的氛围营造、热闹的过年氛围、现场视觉设计 |

注：仅列举部分初始概念。

3. 选择式编码

选择式编码是在主轴式编码的基础上进行更高抽象水平的提炼和整合，从中挖掘核心范畴，并围绕核心范畴将其他已有范畴联系起来，根据已建立的概念、范畴及其相互关系，开发能够串联和描述组织者的节庆旅游吸引物符号生产过程的故事线，从而构建理论框架。根据组织者对广府庙会作为旅游吸引物的理解和组织过程，本书的选择式编码遵循两个基本思路：一是以广府庙会的组织筹备过程以及组织者对广府庙会吸引力的理解与评价作为选择核心范畴的依据；二是核心范畴需具有真实性、专属性和认同性（罗秋菊和陈可耀，2011）。通过对节庆吸引力、节庆的组织管理、节庆的策划理念和节庆场景这四个主范畴及其对应范畴的深入分析，同时结合会议记录和访谈资料的比较分析，发现可以运用"秉承吸引力理念，塑造体验式场景"这一核心范畴来融合其他所有范畴。广府庙会围绕该核心范畴的故事线可以描述为：组织者认为节庆旅游吸引物的内核为节庆吸引力；基于对节庆吸引力的理解，组织者从广府庙会的定位出发，秉承多种思路的策划理念，调动多个部门的工作积极性，建立清晰的组织结构，同时整合政府和社会资源，共同完成节庆活动的组织管理工作；为游客塑造形式多样、内容丰富的节庆场景，吸引游客参与节庆活动，感受热闹、吉祥的节庆氛围，并形成对节庆文化独特性的感受，从而增强体验感。

## 三　节庆旅游吸引物的符号生产理论模型

本书对留存的两个访谈资料文本做饱和度检验，同时结合历届广府庙会总体方案和对组织者的观察，没有发现新的范畴及其之间的关系，说明已经达到理论饱和。本书基于皮尔斯的符号学理论，围绕核心范畴和故事线，构建组织者的节庆旅游吸引物符号生产模型如图 3-1 所示。皮尔斯认为对象是符号生产的基础，对象所具有的某些品质决定或限定再现体的再现方式或者品质（赵星植，2016）。很明显，节庆旅游吸引物的符号学分析框架中，组织者是围绕节庆旅游吸引物的品质特性对节庆场景进行塑造的，节庆旅游吸引物起决定性作用。进一步地，皮尔斯把对象细分为直接对象和动力对象，前者是被动再现出来的事物，后者是不能直接再现的事物特性，一般而言，动力对象不是客观存在的，但与生活世界紧密连接，并始终贯穿于符号过程而存在，决定着符号解释者的理解和认同（赵星植，2016）。节庆旅游吸引物的内核为节庆吸引力，组织者基于策划理念，进行组织管理，力图吸引游客参与到体验式的节庆场景中，不是要给游客传递节庆旅游吸引物本身，而是要让游客体验节庆场景而产生节庆吸引力感知。因此，在符号生产过程中，节庆旅游吸引物为直接对象，节庆吸引力为动力对象，而节庆场景则为再现体。

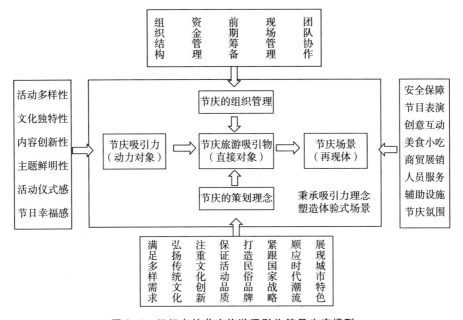

图3-1 组织者的节庆旅游吸引物符号生产模型

资料来源：作者整理。

## （一）符号生产的基础：节庆吸引力

节庆组织者扮演着符号生产者的角色，他们基于对节庆吸引力的理解，打造能够吸引游客的节庆场景，在一定程度上是节庆旅游吸引物符号生产成功的关键。广府庙会的组织者在确定办节初衷、节庆名称和节庆活动定位之后，通过搜集庙会历史资料，调研同类活动、咨询相关专家，逐步形成了广府庙会的内核——节庆吸引力的充分认识和理解，奠定符号生产的基础。节庆吸引力主要由节庆本身具有的活动多样性、文化独特性、内容创新性、主题鲜明性，以及节庆传递给游客的活动仪式感和节日幸福感所构成。

活动多样性主要体现在内容丰富多样和类型齐全繁多两个方面。第九届广府庙会设置了活动区、展示区、美食区、灯会区、商贸区五大区，仅活动区就包含广府文艺展演、广府达人秀、青少年庙会、水上庙会、慈善庙会、祠堂庙会等 279 场具有较强趣味性、娱乐性的文艺节目和展示活动。组织者亦特别强调活动内容不断丰富,"庙会比较大的变化是内容越来越丰富,融入庙会的内容越来越多元化、多姿多彩"(Z3)。作为新创节庆,广府庙会以广府文化为主导,不断深入挖掘广府文化的内涵,通过表现广府文化的独特性形成文化差异,吸引游客。历史上,广东地区地理上远离中原,地区经济文化发展较为落后。秦始皇统一岭南后,南下的移民带来中原文化思想,促进中原文化与岭南传统文化的碰撞、吸收、融合,逐渐形成以粤语为主导的多元兼容的广府文化。自汉唐以来,广东地区对外商贸往来繁荣发展,由此带来中外经济和文化的交流,逐步形成兼容并蓄的广府文化特色,具体表现为开拓创新、务实重商等(王克群,2011)。广府庙会组织者将越秀区定位为广府文化发源地,通过将地方非物质文化遗产、广府美食、骑楼、粤语粤剧等广府文化元素融入活动中,让游客体验地方的人文风情,了解广府民俗文化。为体现广府文化的开放性和包容性,在广府文化为主导的活动安排中,融入不同地方的文化元素,呈现地域文化的差异性,凸显广府文化的独特性。

广府庙会多文化融合助力活动内容的创新,不断给游客增添新鲜感,吸引游客多次前来。广府庙会组织者一般会在活动举办前举行新闻发布会并发布新闻通稿,向媒体和潜在游客介绍新一届广府庙会的亮点,即不同于往年的创新之处。广府庙会的内容创新主要通过多种文化和多种形式内容融合开展,"比如在巡游上,庙会将客家山歌和潮州话的歌曲混搭为一个作品,在同一舞台上进行呈现,这是一种文化的融合;同时我们给每一个地域的歌曲都增加一些新的元素,充分体现文化的再造和融合"(Z1[b])。正是这种对多元文化的包容性,使广府庙会形成鲜明的主题,换言之,广府庙会是以广府文化为主导、多元文化融合为主题的活动。虽融入其他地区的文化,但广府庙会始终立足广府民俗文化和本地资源。主题鲜明性能够帮助组织者找准市场定位,也帮助游客形成鲜明的节庆形象,是给游客留下深刻印象并区别和超越其他节庆的关键因素(颜麒等,2011)。

通过节庆活动本身具有的吸引力,组织者希望向游客传递活动仪式感和节日幸福感。活动仪式感是组织者通过仪式活动或仪式场景的设计传达给游客的心理状态。Graburn（1983）认为旅游本身就是一种现代仪式，原因在于旅游活动有一段分离时期，包括在不寻常地方体验的中间时期和回到出发地的结束时期。组织者主要通过固定不变的仪式活动和举办时间凸显节庆活动的仪式感，而节庆活动具有的暂时性和文化特征使游客的仪式感知更为强烈。在固定不变的仪式活动上，组织者会在保留经典活动项目的基础上进行创新，强调变与不变的同时存在。负责巡游和展演的组织者都特别强调了这一点。

　　"以前每年在路面的巡游队伍都不相同，除了具有广府主要元素的传统项目——龙狮和粤剧，再加上城隍，这三支队伍是固定的，其余队伍每年都会进行一些调整"（Z10）。

　　"'广府庙会，幸福相约'这一主题能够表达庙会的体验，所以一直没有变过；还有一些仪式感很强的节目，比如开幕式上永远有一个节目是保留的，该节目是根据五羊传说创编的舞蹈。我们希望有一些仪式感的内容能变成景点，既有创新也有不变的东西"（Z14）。

　　广府庙会在固定不变的时间举办也体现了仪式感，每年与游客在同一时间相约，会逐渐成为游客期待的重要事情。广府庙会的举办正值元宵节期间，春节喜庆的氛围还未消散，又迎来民俗文化节庆，游客的节日幸福感会增强。节日幸福感是组织者在阈限时空中安排的系列活动，为游客带来满足感，使游客产生愉悦的主观情绪。组织者试图通过营造欢乐、吉祥、喜庆的节庆氛围以及举办仪式活动，将喜气、福气、运气等积极情绪传递给游客，使游客能够真正享受休闲放松的氛围。

## （二）符号生产的路径：节庆的组织管理

　　节庆旅游吸引物的符号生产过程需要完善的组织管理为媒介，而节庆的组织管理本身是一项系统工程。组织者为了达到符号生产的目的，需要设置管理机构、管理制度、组织结构，建立对象与再现体的关系，通过活动内容安排、表演节目编排等表征节庆吸引力。广府庙会是越秀区政府打造的民俗文化节庆，政府利用文化权力调动多项资源、管理项目团队、组织活动内容（梁凤莲，2017），其组织管理工作主要围绕组织结构、资金管理、前期筹备、现场管理和团队协作展开。

节庆活动综合性强，涵盖面广，涉及文化、宣传、消防、环保、交通、街道管理等多项工作，其中很多工作需要依靠政府多个部门的参与和支持，面对繁杂的节庆组织管理工作，必须建立科学管理、规范运作的组织结构。组织结构是指为了使节庆活动顺利进行，经过组织设计形成的组织内各部门、各层级之间的相互关系和构成方式。结合访谈资料和第九届广府庙会总体方案，广府庙会的组织结构如图3-2所示，第一层是由越秀区政府、广府庙会组委会及指导单位构成的核心层，主要负责广府庙会的总体策划、组织管理和综合协调，解决筹备过程中的重要事项；第二层是越秀区委宣传部、北京路文化核心区管理委员会、区政府办公室、区教育局、区民政局、区应急办等行政事业单位构成的协调层，负责广府庙会的某项或多项筹办工作；第三层是越秀区文化发展促进会及活动组、保障组、安保组所构成的执行层，负责各项目的落地执行。整体的组织结构呈扁平化，方便跨部门合作和沟通，提高了信息传递的效率。执行层中的越秀区文化发展促进会的另外一项工作是运营活动的资金管理。资金管理是组织者对节庆活动资金来源和资金使用进行计划、控制等工作内容的总称。如今，"文化搭台，经济唱戏"成为众多节庆活动的最终诉求，广府庙会组织者在资金管理工作中存在的主要问题是活动经费无法得到保障，直接影响了活动内容的质量，正如负责整体策划的工作人员提到，"不知道有多少钱，就不知道能找什么人来，就不知道能做成什么事，钱不确定就意味着事情不确定。广府庙会的这种运营方式，意味着这种不确定性会带来各种变化"（Z1[b]）。在资金压力之下，组织者不断改进运作模式，拓展资金的来源渠道，通过挖掘品牌内涵与价值、提升节庆的社会影响力和知名度，确保稳定资金的支持。

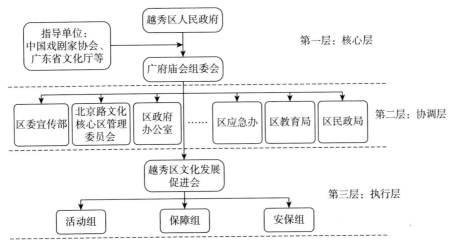

**图3-2　广府庙会的组织结构**

资料来源：作者整理。

广府庙会活动多、工作量大，前期筹备的时间通常较长，前期筹备主要指节庆举办之前，对活动主题、内容、场地、安全等所做的一系列安排。广府庙会组织者高度重视前期筹备工作，通常会提前半年制定节庆活动方案，"比如今年的启动会议定于6月，那么提前半年就要制定好初步方案，整体的策划到落地的过程大概需要三个月，也就是9月到12月这三个月会决定庙会最后落地的情况"（Z2）。在该阶段，组织者会确定活动的初步方案，根据方案内容进行人员分工，逐步完善和落实具体活动内容，并解决可能出现的赞助资金不到位、活动内容出现变故等问题。此外，组织者特别强调节庆活动的安全问题，通过提高各参与部门的安全意识，做好安全指引，落实各部门的安全责任，开展活动举办前的安全检查工作，防患于未然，避免安全事故的发生。广府庙会举办期间的现场管理，主要包括活动流程管理、人流指引疏导、人员接待工作、现场安全巡查、现场保洁工作、志愿服务项目、解决突发状况等工作内容，并通过安排数量合理的安保人员，杜绝突发事故的发生，为游客营造祥和安全的现场氛围。不论是前期筹备还是现场管理，组织者都非常强调团队协作，广府庙会的成功举办离不开各参与部门的配合和协调，这也是越秀区领导在筹备会议中不断强调的问题，"我们需要明白的是举办广府庙会不是哪个部门的工作，我们将广府庙会打造成一个文化对外推介交流的大平台，所以各单位要各负其责"（H1）。随着广府庙会知名度的提高，各部门的工作积极性明显增强，任务完成的状态由被动转为主动，积极配合和协调。参与活动的工作能力提升，自豪感也随之增强。可见，广府庙会健全的组织管理有效确保了策划思路的顺利执行。

### （三）符号生产的思路：节庆的策划理念

符号是集体意识的产物（陈月明，2006），节庆旅游吸引物符号生产中的必要环节是符号的社会化。节庆要成为旅游吸引物，就要使再现体和对象关系的知识社会化，被游客共同接受并成为集体共识。节庆组织者在决定塑造什么节庆场景来表征节庆吸引力时，需要先确定参与节庆的目标人群，探究这些人群的需求和心理，进而结合对节庆吸引力的理解和节庆特点，形成节庆策划理念，为目标人群设计和安排内容多样的节庆活动。换个角度看，组织者根据节庆策划理念塑造的节庆场景在一定程度上具备"身份"象征的特征。广府庙会组织者的节庆策划理念主要围绕满足多样需求、弘扬传统文化、注重文化创新、保证活动品质、打造民俗品牌、紧跟国家战略、顺应时代潮流和展现城市特色八个方面。

没有一个节庆旅游吸引物能够满足所有游客的个性化需求，节庆组织者需要根据自身的资源、特点选择一个或多个目标人群，并尽可能满足目标人群的多样需求。广府庙会组织者通过丰富多样的活动满足不同人群的需求，正如会议中提到的"老的也好，中的也好，青的也好，少的也好，反正都能够找到自己的一个兴趣点，就是大家一起来欢乐"（H10）。然而，对于时代发展而言，年轻人更多肩负着传承和弘扬传统文化的重任，故而，广府庙会吸引年轻人的活动内容所占比例会稍高一些，"我们会尽量照顾各个层面，各个年龄层，但是年轻人喜欢的活动会多一点点，比如非遗传承展示、文创产品展销等"（Z4）。因此，广府庙会的目标人群是包括所有年龄段的当地居民和游客，并以35岁以下的年轻人为主要目标群体。为满足目标群体的多样需求，组织者通过动与静、古与今、雅与俗的结合，呈现多元化的民俗文化。

　　节庆具有典型的文化属性，举办广府庙会的初衷本就是为了弘扬广府文化，提供文化交流和宣传的平台。广府庙会作为新创节庆，文化积淀虽不够深厚，但组织者积极挖掘地方文化内涵，不断探寻活动内容设置的历史渊源，力图给游客呈现原真性的广府文化，并将传统文化融入活动内容中，达到以节庆弘扬传统文化的目的。在历史的长河中，传统文化不断发展变化，加之目标群体对传统文化的理解和接受方式不同，必然需要以发展的眼光看待传统文化，进行文化创新。广府庙会组织者以保护和传承广府文化为宗旨进行文化创新，一方面通过文化融合和跨界合作创新内容，尝试将不同的文化融入广府文化中，重新整合文化，鼓励传统技艺的跨界合作，使传统技艺焕发新的活力，如负责非遗项目的一位组织者提到，"跨界合作的话，我们尝试广彩与宫灯合作，在宫灯上面做一些广彩的创作；宫灯与珐琅合作，用珐琅的灯柱，但是上面是宫灯的玻璃片。这种跨界合作是通过这几年不断探索而产生出来的一些作品"（Z3）。另一方面通过科技手段创新活动形式，将新技术融入节庆活动中，让游客在与新技术的互动中感受广府文化的魅力。

　　近些年，我国节庆数量持续增加，组织者深刻地认识到广府庙会只有保证活动品质才能在激烈的旅游市场竞争中脱颖而出。组织者在遴选活动内容时，为确保节目质量及文化价值与主题相符，对所有活动内容都进行严格筛选，并根据表演和展示效果以及场地的差异对活动内容进行调整，保证游客在观赏和参与活动时达到最佳效果。与此同时，打造民俗品牌也是组织者在竞争日趋激烈的节庆市场中提升竞争力的重要方式。民俗品牌是指通过市场运作、品牌塑造等形式使公众形成的对以民俗为主题的节庆活动名称、标志、影响力等元素的认知和感知的总和。组织者在保证活动品质的前提下，逐步扩大广府庙会的宣传推广范围，加大活动宣传力度，提高品牌影响力。具体而言，在活动开始前，收集活动亮点、统筹新闻素材、统一视觉符号、举办新闻发布会，联合各个成员单位成立广府庙会宣传推广联盟，进行持续的宣传造势；在活动举办期间，制造活动亮点，引导媒体宣传推广，与电视台、海外媒体合作，创新品牌传播方式，提升全媒体传播效果；在活动结束之后，建立与游客的线上互动，收集游客反馈，并在官方微博、微信公众号进行发布，激发潜在游客对节庆的好奇和兴趣。

"一带一路"倡议、文化和旅游融合发展战略以及推进粤港澳大湾区建设国家战略等的出台，促进了粤港澳大湾区文化、商业、旅游的融合发展。广府庙会举办地广州是粤港澳大湾区的核心城市，在粤港澳大湾区经济和文化一体化加速发展的背景下，广府庙会组织者将紧跟国家战略、顺应时代潮流、展现城市特色的策划理念融入活动内容中，抓住国家发展和时代变化的契机，在展示地方传统文化的同时，体现当代生活，彰显社会价值。

"19年庙会主打的是大湾区的概念，把习近平总书记视察广东的重要讲话精神与我们庙会的喜庆氛围相结合，既能够实现民俗艺术文化嘉年华幸福相约的定位，同时也把习近平总书记关于大湾区建设的重要精神融入庙会之中，体现社会主义核心价值观"（H1）。

"我们在做稻草人计划，为什么希望把它做得更可爱一点，甚至这个肚兜，到时候会在不同的天数，装不同的东西，是因为这个时代在变化，我们应该根据时代的发展而变化，不应该太局限"（Z8）。

随着中国式现代化进程的加速推进，节庆进入建构时代，处于人为干预的非自然发展阶段（张勃，2015），重点在于以现代和传统文化并举为行动取向，将新的形式和元素融入传统文化中，建立正确的价值导向，激发社会正能量。此外，节庆总是立足于地方，充分利用当地独特资源，以促进地方经济和文化发展。广州是一座传统与现代并存的城市，经济快速发展，吸引着来自世界各地的人们常住于此。广州市统计局发布的《2023年广州市国民经济和社会发展统计公报》数据显示，截至2023年末，广州市常住人口达到1882.70万人，户籍人口和非户籍人口分别为1056.61万人和826.09万人。人口结构的多元化带来文化多元化，因此，组织者在进行活动策划时注重体现城市的包容性，让来自不同地区的游客既能感受地方文化，又能找到熟悉的文化记忆，在文化的对比和差异展示中，进一步增强城市文化的吸引力。

## （四）符号生产的内容：节庆场景

节庆旅游吸引物的符号生产过程实际上是一个文化表征的过程，是在一个可被传达和阐释的符号形式下将概念、观念等具体化、载体化的过程（邓小艳，2010）。节庆旅游吸引物本身不能成为游客直接消费的对象，需要借助节庆场景这一载体。根据皮尔斯的符号学理论，再现体是符号的载体，而载体化的节庆场景是否耦合节庆旅游吸引物所表征和游客所追求的符号意义，关键要看组织者所塑造的节庆场景是否能够正确地体现节庆旅游吸引物的特征，是否能够为游客所解读。因此，在进行节庆旅游吸引物的符号生产时，组织者充分考虑安全保障、节目表演、创意互动、美食小吃、商贸展销、人员服务、辅助设施、节庆氛围等形态要素来进行节庆场景设计。

节庆活动的举办会短时间内在有限的空间里聚集大量人群，容易引发公共安全问题。同时，根据国家统计局《文化及相关产业分类（2018）》规定，节庆属于文化活动服务，可以满足人们的精神需求。因此，节庆一定程度上属于一种意识形态。为避免突发事件或意识形态安全问题发生，广府庙会组织者主要从两个方面做好安全保障的工作，一方面是节庆举办期间，在活动现场配备足够的安保人员和医务人员，做好交通指引、人流疏导和医疗应急，并进行安全检查，排除一切安全隐患；另一方面是在节庆举办期间，通过统一节庆视觉宣传、严格审查演出内容和外籍人士情况等方式筑牢意识形态安全防线。

节目表演和创意互动是吸引游客、体现节庆独特性的主要内容。节目表演是节庆组织者为参与者在时间和内容上安排好的活动，既包括围绕节庆主题专门策划和开展的演艺类节目，也包括其他的活动和项目（颜麒等，2011）。广府庙会有两个主要节目表演项目，一个是城隍庙忠佑广场的展演，另一个是地点不断调整的巡游。出于安全和交通的考虑，2019年的巡游在广东省人民体育场举办，在巡游的筹备会议上，项目负责人做出汇报。

> "整个巡游队伍由八个方队组成，各方队均面对体育场的主席台，开场以后，第一个方队往逆时针方向开始走，其他方队依次走一遍。第一个方队是龙狮闹春，第二个方队是南越王卫队，第三个是广府华彩，第四个是非遗集萃，第五个是群英竞汇，第六个是彩绘羊城，第七个是海纳百川，第八个是古越今秀，各方队依次巡游到原来集结的地方，从开场到巡游完毕共需35分钟"（H13）。

社会互动是节庆参与者的主要动机，具体包括与陌生人和与熟人之间的互动（Crompton & Mckay，1997）。节庆的创意互动活动能够给游客提供社会互动的机会以及与其他参与者（表演人员、非遗传承人、游客）相互接触和邂逅的平台，增加游客的体验乐趣，加深游客的情感连接。在2019年的广府庙会中，创意互动活动主要分为线上互动和线下互动。在节庆开始之前，非遗创意大赛和广府达人秀等活动吸引了游客的关注和参与，也间接地为广府庙会起到宣传造势的作用。在节庆举办期间，创意互动活动更为多样，如提供亲子互动项目的动漫庙会、让年轻人交流艺术的东山艺术市集，以及专门设计二十四节气打卡活动的线上庙会，将线上和线下更好地结合起来，增强游客的参与感。

美食能够体现地方饮食文化传统，品尝地方美食已成为当今旅行的主要动机之一（Mason，2012）。组织者通过打造高品质地方美食，彰显地方饮食文化内涵，增强节庆吸引力，并为游客提供深入了解地方文化的机会。广府庙会组织者非常注重美食小吃的特色和品质，以被冠以"食在广州"美誉的广府菜为主（王辉等，2016）。广府庙会美食区的美食小吃布满街头巷尾，从糯米饭、鱼皮到甜品应有尽有，汇聚大部分广府美食，有些摊位将美食制作的过程呈现给游客，满足游客求新、求奇、求真的需求，并促进消费，带动地方经济的发展。

商贸展销也是组织者促进消费的重要活动内容，其具有的文化性、丰富性和参与性能够激发游客的购物动机，并为文化商品的展示和消费创造极好的平台。换言之，商贸展销将文化展示和娱乐购物结合在一起，既促进传统手工艺的传承和持续发展，又丰富游客的文化体验。广府庙会组织者通过非遗展示、中国符号、艺术市集及周边商铺的促销等活动，与北京路商业步行街、粤海仰忠汇、广百购物商场等购物场所联手，构建文化消费场所，使游客置身于浓郁的文化氛围和愉悦的消费场景之中，加之适当的消费引导和规范化的购物氛围，激活游客的情绪，降低甚至消除游客的购物心理成本，激发对节庆文化商品的购物需求（陈文君，2002），最终产生购物行为，实现节庆的社会效益和经济效益。

节庆场景的塑造同样离不开人员服务和辅助设施，二者共同提供的优质服务可在整体上提高游客满意度（Bruwer，2014）。广府庙会现场的人员服务主要由专业人员和志愿者完成，专业人员包括技术人员、设备维护人员、管理人员等，工作的主要职责是确保节庆活动能够按照计划顺利执行，而更多的工作需要由志愿者参与完成。志愿者是节庆活动人力资源的主要构成，志愿者项目负责人提到，"我们已在 2018 年 12 月开展 2019 年广府庙会的志愿者招募工作，目前已招募志愿者 2700 名，打算在 2 月开展统一的志愿者培训，这批志愿者将会在城隍庙忠佑广场、美食街等广府庙会主要区域以及中山五路、惠福路等重点路段开展会场布置、人员疏导以及共享单车劝导等志愿服务"（H1）。志愿者的参与大大缓解了广府庙会缺人手的难题，并在很大程度上降低了节庆活动的运营成本和风险，为现场游客提供了更多便利。同时，组织者初步建立起能够满足游客需求的节庆辅助设施，如休息区、干净的卫生间、线上地图、指示牌、节目单及具体分布情况等，尽可能地为游客提供全方位的综合配套设施保障。

从活动管理的实际层面来讲，节庆需要一系列活动表演的临时场所，节庆的特性决定节庆空间的临时性，组织者需要改造原有的空间让其符合节庆主题。节庆通过时空环境与氛围的营造创造了一个可以吸引游客的临时"创意空间"（Pine & Gilmore，1999），具体而言，广府庙会组织者通过声、光、电等方式打造节庆体验的空间，通过灯笼、海报等装饰凸显节庆主题，优化节庆的整体呈现形式，营造完全区别于日常生活的节庆空间。可见，组织者基于其对节庆吸引力的理解来塑造节庆场景，力图为游客提供良好的节庆体验。

### （五）节庆旅游吸引物符号生产的运作机制

皮尔斯提到，符号用来描述为获得世界对象的感性认知而要做的事情（Eco，1976）。基于此，Kim（2000）认为商品就是一种符号，二者都是物质属性和社会意义的结合，商品生产和符号生产是一个同质的过程。同样地，商品生产是从作用于生产资料的物质劳动开始的，符号生产也是从人对物质或外部物体的作用开始的。因此，节庆组织者对节庆旅游吸引物的符号生产主要围绕节庆场景的塑造和价值赋予而展开。

皮尔斯的符号学理论强调符号生产者需要理解再现体与对象的关系及再现体与解释项的关系，即再现体以何种方式表征对象，才能最大限度地保障游客精准和完整地解读再现体。对于节庆组织者而言，符号生产过程是将节庆旅游吸引物的价值载体化的过程，其目的是让游客更好地理解节庆吸引力的意义。符号生产过程中，节庆旅游吸引物到节庆场景的演进需要遵循组织与管理、定位与策划的路径。节庆旅游吸引物符号生产机制可以概括为：节庆组织者在充分理解节庆旅游吸引物的特征及其与其他吸引物的区别之后确定目标群体，并对节庆旅游吸引物进行准确定位，在深入挖掘符号内涵的基础上，融入社会价值，组织和调动符号生产所需的多种资源，以目标群体接受和理解的方式，塑造独特的节庆场景并赋予其价值，从而使游客能够理解节庆旅游吸引物的独特文化内涵。

## 四　本章小结

本章基于内容分析法和扎根理论的基本思路，收集了历届广府庙会总体方案、官方新闻稿、微信公众号和微博内容、会议记录和访谈资料等资料，试图建立起对象与再现体的关系，探讨节庆旅游吸引物的符号生产过程。基于节庆组织者的视角对研究案例进行详细分析，阐述广府庙会不同的发展阶段及其特征，总结广府庙会作为节庆旅游吸引物的发展演变特征，构建节庆旅游吸引物的符号生产模型。

首先，运用 NVivo11.0 软件对历届广府庙会总体方案文本进行词频分析，将广府庙会的发展分为三个阶段，分别为初创与探索的起步阶段、承接与调整的规范阶段、成熟与创新的稳固阶段。起步阶段的高频词包括"庙会""文化""活动""越秀""展示""表演""市民""工作""传统"等，表现出文化主题鲜明、活动形式多样、参与对象明确、地域特色浓厚的特征；规范阶段的高频词发生了变化，增加"组织""管理""安全""北京路""宣传部""巡游"等词，表现出规范组织管理、加强安全保障、调整活动场所的特征；稳固阶段的高频词进一步发生变化，增加了"有限公司""互动""艺术"等词，表现出引入市场机制、创新互动方式、丰富活动内容的特征。然而，词频分析尚不能全面反映发展演变的细节变化。

其次，为进一步探讨广府庙会作为节庆旅游吸引物的发展演变特征，本书采用内容分析法对官方新闻稿、微信公众号和微博文本进行编码分析，发现节庆理念实现了由适应需求到创造需求的转变，组织者经历了从起步阶段的模仿到稳固阶段的创新转变，明确节庆旅游吸引物的定位，以独特的节庆文化创造游客需求；节庆主体和举办模式实现了由政府包揽向政府主导多方参与的转变，组织者出于保护和传承地方传统文化的目的，创建广府庙会，政府作为唯一的组织者，负责整个节庆活动的举办，但随着活动规模的扩大，组织者的类型渐趋多样，逐步实现政府主导多方参与的社会化运作模式；节庆内容实现了观赏性为主导向参与性为主导的转变，组织者更加注重游客的参与体验，通过不断地创新和多样的互动活动设计，提升游客节庆体验。总结广府庙会作为节庆旅游吸引物的发展演变特征为探索组织者的节庆旅游吸引物符号生产做好了铺垫。

最后，基于皮尔斯符号学理论，符号生产者建立起再现体与对象的关系，完成了符号生产。为探讨符号生产过程，本书收集了组织者的会议记录和访谈资料，采用扎根理论对这些文本资料进行质性分析，通过开放式编码、主轴式编码和选择式编码，提炼出 486 个初始概念、27 个范畴和 4 个主范畴，建立了"秉承吸引力理念，塑造体验式场景"的故事线。节庆旅游吸引物符号生产过程由节庆吸引力、节庆的组织管理、节庆的策划理念和节庆场景4个部分组成。其中，节庆吸引力为对象，节庆场景为再现体，二者的关系需要由节庆的组织管理和节庆的策划理念确立。组织者在理解节庆吸引力的基础上，开展节庆的组织管理，将社会主流价值融入节庆场景，完成符号生产的整个过程。

# 第四章

# 互动视角：符号学视角下的节庆体验

在节庆组织者通过多种要素的设计和组合为游客塑造并赋予意义的节庆场景中，存在着形式多样的符号，如装饰、灯光、表演、服饰、动作等。当游客置身于节庆场景之中，可以通过视觉、听觉、味觉等多感官与这些符号互动，形成节庆体验。随着手机相机功能和数码相机的广泛使用，游客可以记录下旅游的瞬间，将任何东西变成图像，如此，每个人都可以成为业余的符号学家，旅游体验也成为收集照片、符号的过程（刘丹萍，2007）。图像符号和其他所有符号一样，主要具备两个功能，一个是"概念"功能，即表现"我们周围和内心世界"的功能；另一个是"人际"功能，即作为社会关系的社会互动功能（Kress & Leeuwen，2006）。这样看来，游客拍摄的照片可以记录符号互动过程，表达自我旅游体验。

本章采用混合研究方法，试图确定游客在与节庆场景的符号互动中形成的节庆体验的内容构成。本书招募游客拍摄广府庙会活动现场的照片和视频，并每天用文字记录活动现场的情况，同时在活动结束后收集各大旅游网站和新浪微博的旅游攻略作为图片和文字资料。基于互文性理论，本书首先利用符号学方法结合 NVivo11.0 软件对图片和视频进行分析，确定游客体验的整体框架；然后对文字内容进行编码分析，编制游客视角下节庆体验量表；最后收集问卷调查的数据，通过定量研究对量表进行探索性因子分析、验证性因子分析和信效度检验。总而言之，本章以质性研究和量化研究的程序指导具体的资料分析，致力于回答符号学视角下，游客的节庆体验如何？节庆体验由哪些维度构成？

# 一 符号学视角下的节庆体验

## （一）研究思路

数码相机的普及和手机相机功能的增强，实现了照片的即拍即看，并且互联网的快速发展加速了信息的传播，游客拍摄的图片可在多个社交网站发布。图片中所呈现的内容是拍摄者对认识到的世界的主观解释和游览体验的真实写照，反映了他们在拍摄瞬间的心理状态（戴光全和陈欣，2009），体现了拍摄者的旅游体验过程，为旅游研究提供了丰富的数据来源和研究思路。人类学和社会学的研究者对于图片或视频等视觉材料并不陌生，但旅游研究者却较少将之作为主要的数据来源（Rakić & Chambers，2010）。近年来，国内外的旅游研究也开始逐步增加使用视觉材料，并用符号学的方法对明信片、旅游宣传册、照片等深入分析。在分享经济的背景下，社交网站的游记记录了游客游览的过程，游记中的图片常常承载着比文字更丰富的内涵；同时，照片可以更直观地记录游客在节庆场景中的客观行为和主观体验，经由游客选择以照片的形式记录下来的符号能够为节庆体验的研究提供数据。因此，本书采用以下几种方式收集游客节庆体验的图片、视频和文字资料，招募 7 名在校学生以游客的视角在广府庙会举办期间，利用手机的拍照和摄像功能对现场情况进行记录；利用各大社交网站，如马蜂窝、小红书、同程旅游等，以"广府庙会"为主题词搜索网络游记，收集完整的游记内容，包括文字和照片；利用"集搜客"爬虫软件在新浪微博中以"广府庙会"为关键词收集非认证账号发布的内容，这样可将官方组织、媒体和名人发布的以宣传为目的的内容排除在外。最终共收集了 1165 张图片、15 段视频（共 1643 秒）。

对收集的图片进行筛选，剔除重复出现的图片，删除同一拍摄者拍摄的相似度极高的图片和画面极其模糊的图片，符号学分析不要求资料的广泛性，而强调图像完整性（Kress & Leeuwen，2006），最终确定 1045 张图片作为研究样本（见表 4-1）。本书综合运用互文性理论和符号学方法对游记图片进行整理分析。互文性是法国理论家克里斯蒂娃吸收索绪尔的符号理论和巴赫金的对话理论而形成的概念（童明，2015），现已运用到非文学艺术作品、社会、历史、文化等各个领域（王铭玉，2011）。互文性理论的主要观点为任何文本都是由各种各样的引语建构的，任何文本多是对另一个文本的吸收和转换；文本的写作和阅读是不可分割的（童明，2015）。如果将节庆场景看作文本，那么在组织者完成节庆场景"写作"后，游客可以通过在场体验"阅读"节庆场景。

**表 4-1 广府庙会图片来源与图片样本数量**

单位：个，张

|  | 马蜂窝 | 小红书 | 同程旅游 | 携程旅游 | 微博 | 现场拍摄 | 合计 |
|---|---|---|---|---|---|---|---|
| 拍摄者 | 3 | 22 | 4 | 2 | 47 | 7 | 85 |
| 图片数量 | 170 | 171 | 110 | 35 | 255 | 304 | 1045 |

## （二）研究步骤

节庆体验是游客参与节庆活动所形成的心理感受，作为一个主观性较强且充满探索性的复杂变量，很难采用单一的方法进行研究。因此，本章采用互文性理论和巴尔特的二级符号系统探讨节庆体验的维度。在确定分析对象之后，编码任务主要分为两个方面：一是需要描述图片表示什么；二是聚焦于该图片意味着什么（克雷斯威尔，2018）。具体而言，第一步对图片进行手动编号，将所有影像导入 NVivo11.0 软件，从明示符号的分析视角将图片的视觉元素进行分解，记录视觉元素出现的频率及元细节（如拍摄角度、景别、光线等）。利用互文性理论将视觉元素划分类别并与组织者塑造的节庆场景对应，代表预期的元素和主题；同时，在记录视觉元素和划分类别时，也特别注意非预期的元素和主题，以确保研究发现的多元视角和观点（克雷斯威尔，2018），并对现场拍摄的视频进行饱和度检验。第二步将符号置于节庆旅游吸引物的符号系统中，从隐含符号的分析视角对这些图片进行详细解读，结合图片的景别、角度、构图、光线等理解元素之间的关系，完整而深入地分析图片背后深层次的体验内容，构建游客在参与广府庙会过程中的节庆体验模型。整个符号分析过程的最终目的是识别图片的隐含意义。当然，分析过程是交互且非线性的，编码者可以根据需要不断重复以上两个步骤。

## （三）图像明示符号的内容分析

### 1. 图像明示符号的元素

利用 NVivo11.0 软件对 1045 张图片进行内容分析，首先对每一张图片的主要视觉元素进行编码，形成自由节点，然后对自由节点进行归纳，划分成不同类别，形成树状节点。编码的可靠性是图片分析的核心，可靠性要求不同的编码者能够用相同的方法产生相同的编码结果（Lian & Yu，2017）。为了提高编码和分类的可靠性以及内容分析的可复制性，编码和分类过程由两名训练有素的编码者分别独立完成，并在正式编码之前进行预编码，要求编码者非常清楚编码类别和所研究的问题之间的联系。在阅读和编码信息内容的过程中，阅读顺序会影响编码过程，使编码者对评价标准形成一定思维惯性，进而影响编码者评价信息的一致性和客观性（Lian & Yu，2017）。为了避免阅读顺序对评价标准的影响而导致的分析误差，本书采用随机阅读的方式，打乱图片顺序。对于编码不一致的地方由第三方参与协商统一。

在完成视觉元素编码后，进行可靠性检验，主要包括垂直可靠性检验和水平可靠性检验。垂直可靠性检验要求编码者间隔一定的时间对同一个问题进行两次编码，然后检查两次编码结果的一致性。在本书的研究中，编码者在完成第一次编码的半个月后，打乱相同样本的顺序，重新编码所有图片内容，两次编码的一致性为 97%，对于编码不一致的地方，编码者重新考虑并确定最终编码。水平可靠性检验则对不同编码者编码结果的一致性进行测试。在本书的研究中，通过对比两位编码者的编码结果，总体简单百分比都在 95% 以上，达到较高水平。为检验编码结果的饱和度，编码者继续对视频资料从背景、拍摄角度、场景内容上进行编码分析，未发现新的元素，表明已达饱和。图片视觉元素具体的编码结果如表 4-2 所示。

表4-2 图片视觉元素编码结果

单位：次

| 序号 | 视觉元素 | 频次 | 序号 | 视觉元素 | 频次 | 序号 | 视觉元素 | 频次 |
|------|----------|------|------|----------|------|------|----------|------|
| 1 | 展览摊位 | 114 | 16 | 巡游表演 | 18 | 31 | 烧烤 | 11 |
| 2 | 舞台 | 111 | 17 | 商业街 | 16 | 32 | 购物人群 | 10 |
| 3 | 传统工艺展示 | 97 | 18 | 节目单 | 16 | 33 | 邮票 | 9 |
| 4 | 演员 | 82 | 19 | 传统建筑 | 14 | 34 | 地铁庙会装饰 | 9 |
| 5 | 观看人群 | 63 | 20 | 文创产品展示 | 14 | 35 | 娃娃 | 9 |
| 6 | 拥挤人群 | 58 | 21 | 工作人员 | 14 | 36 | 小朋友拍照 | 9 |
| 7 | 宣传海报 | 45 | 22 | 非遗橱窗 | 14 | 37 | 志愿者 | 8 |
| 8 | 游客拍照 | 44 | 23 | 明信片 | 14 | 38 | 围栏设施 | 8 |
| 9 | 牌楼 | 32 | 24 | 小吃 | 14 | 39 | 饰品 | 8 |
| 10 | 城隍庙 | 22 | 25 | 体育场 | 13 | 40 | 牛肉丸 | 8 |
| 11 | 美食制作 | 22 | 26 | 卡通人物 | 12 | 41 | 陈村粉 | 8 |
| 12 | 灯笼 | 21 | 27 | 花灯造型 | 12 | 42 | 夜间灯会造型 | 8 |
| 13 | 美食摊位 | 20 | 28 | 大佛寺 | 11 | 43 | 时尚摆拍 | 8 |
| 14 | 幼儿园小朋友 | 19 | 29 | 巡游队伍 | 11 | 44 | 舞龙舞狮表演 | 7 |
| 15 | 商铺 | 18 | 30 | 鱼皮 | 11 | 45 | 猪脚姜 | 7 |

可以看出，游客较为关注工艺品展示，具体包括"展览摊位""传统工艺展示""文创产品展示""非遗橱窗""饰品"等词；舞台表演，具体包括"舞台""演员""巡游表演""巡游队伍""舞龙舞狮表演"等词；建筑与设施，具体包括"牌楼""城隍庙""商业街""传统建筑""体育场""大佛寺"等词；美食小吃，具体包括"美食制作""美食摊位""小吃""鱼皮""烧烤""牛肉丸""陈村粉""猪脚姜"等词；装饰艺术，具体包括"宣传海报""灯笼""花灯造型""地铁庙会装饰""夜间灯会造型"等词。

庙会是中国传统民俗文化的重要组成部分，是在不同地域的民间生活中滋生繁衍的文化现象，集商贸、民间艺术等活动于一体（况红玲，2012）。通过展览的方式展示工艺品，特别是传统工艺品，能够让游客近距离了解传统文化，促进工艺品交易。在游客所拍摄的图片中，展览摊位的类型多样，包括"打铜技艺""广式红木宫灯制作技艺""广东醒狮"

"广彩""广州珐琅制作技艺""广州玉雕""广州冰印制作技艺""肇庆端砚制作技艺""岭南古琴"等，主要为广东省的国家级或省级非物质文化遗产，当然也包括其他地区的非物质文化遗产，如"恩州茶坑石雕刻技艺""杨柳青木版年画"等，以及商业性和公益性的摊位，如"广东省时代公益基金会""银饰工艺"等。非遗橱窗则通过精心设计摆放，用玻璃橱窗的方式给游客展现最具代表性的非物质文化遗产作品。此外，融合了传统与现代元素的文创产品，如"社火脸谱""四川糖画制作技艺"等，也吸引了许多游客的关注。

民俗节庆表演是庙会的核心活动内容，广府庙会组织者利用庙会所在区域的广场、街道等公共空间为节庆活动提供了表演场地，向游客展示戏曲、舞蹈、仪式、喜剧等丰富的表演内容。游客拍摄的表演内容也相应地体现了这种丰富性，传统表演有"民间技艺表演""戏剧""川剧变脸""木偶剧""民俗巡游表演""武术表演""舞龙舞狮表演""慈善演出"等，现代表演有"动漫舞台剧""喜剧表演""爵士乐专场"。特别是在城隍庙门前忠佑广场设立的主会场活动和体育场设立的巡游表演，拍摄频率非常高。除此之外，在其他区域设立的多个分会场也因为特别的表演内容出现在游客拍摄的图片中。

广府庙会组织者充分利用城市原有空间进行改造，使其更适合节庆活动的举办。游客在参与节庆活动的同时，也在欣赏城市的特色建筑设施，并记录下游客视角下的广州建筑文化。如前所述，广府庙会的创设以广州城隍庙的修缮为契机，其主会场设在城隍庙前，"城隍庙"及其"牌楼"多次出现在游客拍摄的照片中。据《南海县志》记载："城隍庙与府同，在府治之东，明洪武三年，诏封天下省府州县城隍之神，前奉木主，后塑神像，每岁清明、七月望、十月朔。"广州城原有的城隍庙始建于明朝洪武三年（1370年），属于广州府，是当时最大的城隍庙，明、清广州城为番禺、南海及广州府共城设治，南海、番禺两县也通过附祭此庙，祭祀城隍。清雍正年间，负责巡视精神文明的观风整俗使奏请朝廷，广州城隍庙升格成为城隍庙之上的都城隍庙（陈泽泓，2013）。之后几经变化，于2010年以崭新的面貌出现并免费开放。如今，城隍庙及其牌楼成为广州城市传统建筑的代表。拥有同样悠久历史的"大佛寺"，始建于南汉年间，1993年广州市政府公布大佛寺为市级文物保护单位，2011年获规划部门许可进行扩建施工（邓昭华，2014），扩建后的大佛寺建筑外观具有较高的文化艺术观赏价值，并坐落在广州最繁华的商业街区，是第九届广府庙会慈善庙会的举办区域。"商业街""体育场"和"传统建筑"所在区域分别是非遗展示区、民俗文化巡游表演和东湖艺术长廊活动的举办地，拍摄的频次也较多。"商业街"特别是北京路步行街上特色的建筑、林立的商铺、热闹的人群、传统的古道、多样的展览都是吸引游客的主要元素；"体育场"也与舞台表演、巡游表演一同较多地出现在游客照片中；东湖艺术长廊以广东省美术馆为起点，连接水墨村美术馆、逵园艺术馆等艺术场馆，有近20栋近代别墅加入，这些建筑的外观也被游客作为城市的传统文化特色记录下来。

地方美食本身可以成为吸引游客到访的独特旅游吸引物，许多节庆活动特别注重地方饮食资源的开发，将其整合到其他类型的活动中，丰富游客体验，让游客能够尽情品尝地方特色美食，切身感受地方文化（张涛，2010）。游客参与美食体验的主要方式是品尝美食和观赏食物烹饪过程，图片视觉元素主要有"美食制作""小吃"等。"美食制作"的图片记录了厨师制作食物的过程，满足游客的好奇心，也让游客进一步感受地方文化，了解地方风土人情、饮食文化和生活方式。特色美食小吃"鱼皮""牛肉丸""陈村粉""猪脚姜"是游客认为最有特色的地方美食，香气扑鼻且方便携带。

节庆的装饰艺术是指围绕节庆主题，依托装饰艺术的基本要素，对城市街区轮廓、建筑立面、广场景致、园林景观的造型、色彩、空间等元素进行的视觉化艺术设计（许滢，2014）。在游客图片中出现较多的是广府庙会相关的"宣传海报""地铁庙会装饰"，以及装饰物"灯笼""花灯造型""夜间灯会造型"。节庆活动现场无处不在的广府庙会宣传海报，不断提醒游客置身于节庆活动之中，也提醒游客不要错过精彩的节目内容，而地铁庙会装饰主要起到宣传的效果，造型、色彩、方式的独特性吸引着游客的注意。大红色的灯笼是装饰艺术中的主要元素，许多游客采用仰视的拍摄角度记录下大量红色灯笼悬挂的场景。此外，越秀公园举办的灯会，以造型各异的花灯，如荷花、鸡公榄、裁衣裳、晒腊肉等，带给游客超大规模的视觉盛宴。夜晚灯光亮起，缤纷炫目，成为游客热衷记录的视觉风景。

2. 图像明示符号的分类

在完成图片视觉元素的编码后，采用互文性理论建立组织者塑造的节庆场景以及游客节庆体验的关联，基于组织者塑造的节庆场景"文本"，对图片视觉元素进行分类，代表预期的元素和类别；同时，保持开放的态度，寻找和发现非预期的类别和主题。分类的过程遵循四个原则：第一，图片的视觉元素是"无价值"的，是节庆体验的直观表征；第二，完整性，每一张图片都可以划分到某一类别中；第三，排他性，类别之间不能重叠；第四，启发性，图片视觉元素类别的划分既要具有连贯性，又能够引发思考。基于以上原则，最终形成 10 个类别：商贸展销、节目表演、美食小吃、参与人群、建筑设施、节庆氛围、辅助设施、人员服务、创意互动和安全保障。图片视觉元素分类结果如表 4-3 所示。

表 4-3　图片视觉元素分类结果

单位：次，%

| 序号 | 分类<br>（树状节点） | 元素<br>（自由节点） | 频次 | 比重 |
|---|---|---|---|---|
| 1 | 商贸展销 | 展览摊位、传统工艺展示、商铺、非遗橱窗、文创产品展示、现代工艺展示、娃娃、民俗展示、非遗展示、艺术品展示、饰品、服饰等 | 364 | 23.67 |
| 2 | 节目表演 | 舞台、演员、巡游表演、舞龙舞狮表演、巡游车、祈福仪式、机器人表演、喜剧表演、武术表演、动画片播放等 | 262 | 17.04 |
| 3 | 美食小吃 | 美食制作、美食摊位、小吃、烧烤、鱼皮、陈村粉、牛肉丸、煎饺、猪脚姜、猪红汤、灌汤包、奶茶、甜品、肠粉、酥皮牛奶、厨师、烤乳猪等 | 242 | 15.73 |
| 4 | 参与人群 | 观看人群、拥挤人群、游客拍照、购物人群、躲雨人群、专家学者、祈福人群、取票人群、角色扮演者、婴儿等 | 227 | 14.76 |

| 序号 | 分类<br>（树状节点） | 元素<br>（自由节点） | 频次 | 比重 |
|---|---|---|---|---|
| 5 | 建筑设施 | 牌楼、城隍庙、商业街、传统建筑、体育场、大佛寺、建筑内部设施、千年古道、游船、学校、景区、居民楼、书店等 | 161 | 10.47 |
| 6 | 节庆氛围 | 宣传海报、灯笼、花灯造型、地铁庙会造型、夜间灯会造型、飞猪造型、植物、风车、动物、财神、夜景、装饰物、夜间灯光等 | 143 | 9.30 |
| 7 | 辅助设施 | 节目单、地图指引、座椅、指示牌、触屏设备、人流监控、停车区域、临时设施等 | 52 | 3.38 |
| 8 | 人员服务 | 保洁人员、现场管理人员、志愿者、摄影师、讲解人员、礼仪小姐、设备管理人员等 | 47 | 3.06 |
| 9 | 创意互动 | 祈福墙、互动抽奖、演员与观众互动、游客 DIY 等 | 27 | 1.76 |
| 10 | 安全保障 | 围栏设施、安保人员、现场扰乱者 | 13 | 0.85 |

商贸展销类占比为 23.67%，出现的频次为 364 次，位居第一，拍摄内容主要包括以观赏和交易为主的传统工艺品、明信片、现代工艺品、饰品、画作、服饰、手工制作等。传统工艺品包含传统年画、糖画、广绣、木雕等；现代工艺品的类型多样，极具创新；更多的展销类产品体现了现代与传统的融合。有部分游客还记录下了工艺品制作过程。

节目表演类占比为 17.04%，位居第二，拍摄内容主要包括舞台、演员、巡游表演、舞龙舞狮表演、祈福仪式、机器人表演、喜剧表演、武术表演等。由于大多数节目都在户外举办且免费开放，可以看到有表演的地方人流量都非常大。

美食小吃类占比为 15.73%，位居第三。餐饮文化本身是传统文化极为重要的一部分，"食在广州"在广府庙会上也得以体现，游客可以品尝美食，还可以观看美食的制作过程，如煎饺的制作过程、糖人的传统手工制作，通过调动游客的多感官——看、尝、闻、听、触来满足游客体验需求。游客拍摄的美食丰富多样，有鱼皮、牛肉丸、猪红汤、灌汤包、奶茶、甜品、酥皮牛奶、肠粉、烤乳猪等。传统美食制作是一种中国传统手工技艺，对于很多人来说也是探寻儿时记忆的重要方式。

参与人群类占比为 14.76%，位居第四，拍摄内容主要包含观看人群、拥挤人群、游客拍照、购物人群、祈福人群、取票人群、角色扮演者等。基于个人隐私的考虑，游客通常不会将自己和家人的照片分享到互联网上（刘丹萍和保继刚，2006a），但会借由他人表达自己的游览状态。广府庙会经过几年的发展，影响力和知名度不断提高，参与者众多，因此在广府庙会的活动现场，处处人头攒动。拍摄者会选择品尝美食的游客、拍摄照片的游客（包括自拍）以及购买商品的游客进行拍摄，拍摄者同样喜欢记录儿童天真无邪的可爱模样。

建筑设施类占比为 10.47%，位居第五。广府庙会在广州市越秀区的繁华街区举办，增添了城市活力，让城市景观有了新的面貌。游客选择记录的城市景观符号，既有动感的现代建筑，也有岭南地区传统建筑，主要有景区、景区大门、体育馆、书店、城隍庙、大佛寺、牌楼、千年古道等，特别是城隍庙、牌楼，已经成为广府庙会的象征性符号。

节庆氛围类占比为 9.30%，位居第六。节庆氛围主要围绕节庆主题而营造，通过刺激游客的感官，提高参与性和观赏性，拍摄内容主要包含宣传海报、灯笼、花灯造型、夜间灯会造型、风车、植物等。需要指出的是，灯笼是一种古老的中国传统装饰物，本章仅将照片中作为节庆装饰的灯笼划分到这一类别中。广府庙会的举办时间正值中国传统节庆元宵节，赏花灯、猜灯谜是元宵节的传统民俗活动，因此花灯造型和夜间灯会成为广府庙会一道独特的风景。

辅助设施类占比为 3.38%，位居第七，是游客顺利完成节庆旅游活动所需要的重要设施，包含节目单、地图指引、座椅、指示牌、触屏设备、人流监控、停车区域、临时设施等。这些引导服务设施、休憩服务设施、配套服务设施与节庆的展销、表演等核心吸引物之间相互协调，可以提升游客体验，是游客较为注重的附加服务。

人员服务类占比为 3.06%，位居第八，拍摄内容主要包括现场管理人员、志愿者、摄影师、讲解人员、礼仪小姐、设备管理人员等，是影响服务质量的重要因素。节庆体验的整个过程离不开人员服务，游客的满意度与人员服务有紧密联系（江波和郑红花，2007）。在广府庙会活动现场，提供节庆服务的人员各司其职以确保活动的顺利进行，其认真提供服务的工作状态也被游客记录下来。

创意互动类占比为 1.76%，位居第九，拍摄内容主要包括互动活动和互动场景，如祈福墙、演员与观众互动、互动抽奖、游客 DIY 等。有学者指出，游客与各种物质和社会因素互动并建立新的关系是体验的核心部分。节庆本质上是一种社交活动，它为游客提供了一种与他人互动和分享体验的平台，对于许多节庆游客来说，最有意义的体验来自社交互动，而不是特定的活动（Sun et al.，2019），这些创意互动的方式正好为游客提供了沉浸于节庆场景，以及与他人分享的机会。

安全保障类占比为 0.85%，包括围栏设施、安保人员、现场扰乱者，是游客关注较少的类型，这与组织者不断强调安全保障形成鲜明的对比。游客会认为安全保障是组织者应该做好的工作内容，游客参与节庆，一般会默认环境是安全的，且现场安保措施足以保障其人身和财产安全。安全保障不是节庆吸引力来源，因此，游客不会刻意去拍摄有关安全保障的照片。

综上所述，游客所拍摄的图片视觉元素类型涵盖了组织者塑造的节庆场景要素，除此之外，还特别关注现场的参与人群和建筑设施。游客同时扮演节庆场景生产者和消费者的角色。游客在社交媒体上分享的内容是经过精心挑选和编辑的，是一种自我特征和体验的直接体现（Dinhopl & Gretzel，2016）。

## （四）图像隐含符号的体验要素

图像中的隐含符号补充了明示符号真实或直接的意义，需要根据社会文化或者理论思考进行识别或者解释。对明示符号的分类可较为科学地对图片进行分类和频次统计，对隐含符号的解释分析可以更加深入地揭示图片中的游客体验内容。因此，根据以上分类结果，结合图片的拍摄角度、景别、光线、背景、场景中的人物等，对图片内容进行视觉特征的描述。如对一张美食制作图片的描述：在美食区采用近景、平视的拍摄手法记录厨师包饺子的过程，强调厨师手部动作的画面。在完成图片描述后，对游客的节庆体验内容进行编码。

1. 感受地方文化

2011年广府庙会在城隍庙修复之际创设，依托"庙会"这一中华传统民俗文化活动载体，致力于传扬广府文化，打造融合演艺、非遗、美食、习俗等多种元素的民俗文化活动。广府庙会虽为新创节庆，却旨在让游客在游玩中领略广府文化的独特风采和魅力，游客主要通过节目表演、节庆氛围、美食小吃和建筑设施体验广府文化。广府庙会中节目表演的形式主要以舞台表演为主，部分在路面上进行，游客拍摄节目内容时，多采用中景或远景、平视的拍摄手法记录表演者的表情、动作、队形等，这些节目表演也成为游客近距离体验地方传统文化的重要窗口。为营造喜庆、热闹的节庆氛围，组织者会使用游客熟悉的装饰物进行装点，这些装饰物自然也成为游客拍摄的焦点，如灯笼是中国人过年的符号，红火的灯笼象征团团圆圆，游客拍摄灯笼时多采用仰视的拍摄手法，表现游客对于传统文化的尊重。在游客拍摄的建筑设施类图片中，传统建筑的比例明显高于现代建筑，游客多采用平视的角度对传统建筑的外观及其周围环境进行拍摄，力图较为平实地表现传统建筑的风格以及与节庆文化的完美融合。在展现传统美食时，游客也多用近景或特写的拍摄手法记录美食的颜色、形状等特征以及制作美食的过程，比如糖人的制作过程。节庆是地方文化的缩影，游客在游览体验过程中不断搜索能够体现地方自然地理背景、文化发展脉络和社会经济背景的文化元素，并通过这些文化元素感受地方文化的内涵。

2. 寻求创新元素

自首届广府庙会起，组织者在传统文化的基础上，以开放的姿态发展、创新，致力于打造更加丰富多彩的节庆产品吸引更多游客参与。游客在节庆旅游体验过程中，不断寻求创新元素，满足自己内心求新、求异的需求。游客主要通过商贸展销、创意互动寻求创新元素。商贸展销的主要目的是通过非遗、工艺品等商品的展示，促进销售。非遗是传统文化的表现形式及其相关的实物和场所，在传统文化的基础上创新非遗产品，吸引游客注意，促进商品销售，这也是非遗可持续发展的重要方式。参与商贸展销的非遗项目从2011年最初的10个增加到2019年的33个，从岭南本地的非遗项目发展到各地非遗项目同台，2019 年广府庙会还首次邀请故宫文创产品展示（黄妙杰，2019）。游客主要通过特写或近景的拍摄方式，拉近与产品之间的距离，表现对产品细节的关注。创意互动的活动不仅让游客以参观者的身份欣赏各项活动，也让游客在与他人的互动中擦出火花，产生意想不到的创意效果。

3. 沉浸于个人情感

根据 Getz（2020）提出的节庆阈限体验模型，节庆体验是在特定空间和时间的阈限内发生的，游客在这个特定的时间和空间中沉浸于个人世界，达到忘我的境界。组织者通过节庆氛围、建筑设施产生的感官刺激让广府庙会的空间显得"特别"，并通过辅助设施和安全保障为游客营造安全、祥和、便利的节庆环境。广府庙会举办时间的独特性能够让游客明显感受到"节庆世界"不同于日常生活。游客通过拍摄随处可见的宣传海报、灯笼、花灯造型、安保人员、指引牌的图片来表现广府庙会的特定时间、空间，拍摄有红、黄等喜庆颜色的物品和场景突出过节的氛围。组织者每年为活动设计的独特造型以及经过装饰的牌楼，也是许多游客打卡的地方。为了在夜晚的广府庙会上营造出浓厚的节日氛围，造型各异的花灯被用来装点热闹的节庆，朦胧的夜色加上迷人的灯光，游客更容易沉浸在节庆场景里，感受不同于日常生活的体验。

4. 增强社会互动

社会互动是节庆体验的重要组成部分（Morgan，2008），和亲人朋友一起参加节庆可以感受节日氛围，增进彼此感情，也可以在与他人的互动中结交新的朋友。在节庆人物符号中，参与人群和人员服务类的图片能清晰地反映游客参与节庆的社会互动体验。对人物进行拍摄时，拍摄者多采用水平拍摄的手法，表现拍摄者和被拍摄者之间平等的关系，从图片中人物的动作和表情来看，多由拍摄者抓拍，而抓拍的原因可能是认同被拍摄者的自我表达，也可能是被被拍摄者的夸张表情或者可爱动作而吸引。拍摄者也会使用背面拍摄的手法。Kress 和 Leeuwen（2006）从两个方面对人物背面图片进行解读，被拍摄者的背面镜头一方面可以理解为将其排除在外，另一方面也暗含了对其的信任，如对摄影师和志愿者进行背面拍摄，表达了拍摄者对他们提供专业服务的信任。总体而言，单人照所占比例相对较少，多是朋友、家人、恋人同框出现，或是不同人物互动交流，在他们的脸上洋溢着幸福的微笑，充分说明节庆中不同人群的陪伴和分享能够增强社会交往和社会互动。

## （五）节庆体验维度模型

根据图像隐含符号的体验要素，本书提出节庆体验维度模型（见图4-1）。维度一"地方文化"对应"创新元素"。文化传承是节庆肩负的重任，广府庙会通过不同的方式展现文化，让人们以更近的距离接触地方文化，了解地方文化，产生共鸣，勾起回忆，从而使文化得以传承。游客拍摄了大量文化符号，体现了节庆的文化体验。除了地方文化展示内容，游客也在不断寻找能够带给他们惊喜的物品或瞬间，这些惊喜可能是其他游客夸张的表情、销售人员奇异的服装，也可能是极具创新性的工艺品，这些惊喜的瞬间犹如新的宝藏，不断地激发着游客进行探索，让游览过程更具色彩，游客的新奇体验得到实现。维度二"个人情感"对应"社会互动"。得益于现场喜庆的装饰和灯光效果，游客拍摄的图片基本为亮色调。亮色调能让人产生欢快、温暖、热闹的心理感受，结合拍摄类型较多的装饰物、建筑物等，表现了游客娱乐、开心、放松的情感体验。广府庙会在元

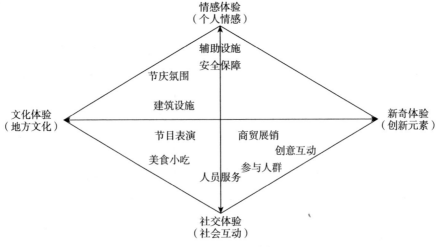

图4-1 节庆体验维度模型

宵节举办，为人们提供了一个过节的好去处，即使不能与家人团聚，也可以约上好友或同事感受热闹气氛。社交互动对于节庆的游客来说尤为重要，在拥挤的人群中，游客可以与家人亲密互动，可以与销售人员讨价还价，还可以与其他游客短暂接触，人与人之间的互动交往让游览过程更有"温度"，社交体验在分享、陪伴、亲密关系的符号中得以体现。因此，文化体验、新奇体验、情感体验和社交体验构成了节庆游客在场体验的内容。

## 二　节庆体验维度模型的验证

### （一）研究思路

在节庆现场，游客会与节庆场景中的物和人进行互动，这种以游客为主体的身体在场构成了节庆体验的必要条件。游客在充满不同符号的节庆场景中，展开对符号的文化、新奇、情感和社交的体验。与此同时，独特而难忘的体验是游客参与节庆的重要组成部分，也是节庆组织者获取竞争优势的绝佳途径。相较于节庆活动，游客更看重自身的主观体验、活动氛围和感受。本部分旨在验证节庆体验的构成维度，即节庆体验量表的开发。前文通过对游客拍摄图片的分析，总结了节庆场景内游客节庆体验的整体框架，但图片在探索维度构成方面尚存在一定的局限性，还需要结合文献对文本做进一步的分析。本部分基于游客拍摄图片的符号学分析，采用质性研究和量化研究的方法辨识、开发和验证节庆体验量表。在具体的研究思路上，首先，从节庆的特点、游客感知的角度对节庆体验进行描述和归纳，运用扎根理论的方法，以开放的视角，在节庆文化、新奇、情感和社交四个体验维度的基础上，对游客游记内容进行分析，结合文献资料，提炼初始量表，确保三角交叉验证和研究的严谨性。其次，遵循量表开发的步骤，设计节庆体验的问卷内容，在节庆现场发放并回收设计好的游客问卷，利用 SPSS 和 AMOS 软件进行数据分析，最终建立正式的节庆体验量表。

### （二）研究步骤

量表是由多个题项构成，用以揭示不能用直接方法观察理论变量水平的一种测量工具，它试图将主观的，甚至是抽象的概念进行量化测量。节庆体验量表就用于对游客主观感受的度量（何彪等，2020）。关于量表开发的步骤，学者会根据不同的研究情境确定不同的研究程序和方法，如佘升翔等（2019）在进行旅游消费者情绪量表开发时，遵循的是界定研究对象、发展和纯化初始测项、预测试、因子分析、正式调研、信效度检验六个步骤；魏遐和潘益听（2012）在进行湿地公园游客体验价值量表开发时，遵循的是相关概念界定、建立题项项目库、项目修正与初步提纯、初始量表生成（项目与总体之间的相关分析、探索性因子分析和验证性因子分析）、量表优化（信度检验、效度检验）五个步骤。可以看出除了题项修正和提纯、探索性因子分析和验证性因子分析是大部分量表开发所需的步骤，其他步骤可根据实际研究情境进行调整。因此，本部分基于节庆体验的整体框架，遵循质性文本分析建立项目库、发展和纯化初始测项、正式调研、探索性因子分析、验证性因子分析和信效度检验六个步骤开发量表（见图4-2）。

具体而言，第一步，在节庆体验整体框架的基础上，对马蜂窝、同程旅游、携程旅游、微博和招募游客的游记文本数据进行扎根理论编码分析，确定节庆体验的具体内容，并结合相关文献资料，建立节庆体验的项目库。第二步，邀请6位旅游管理专业专家对项目库的题项，从语义、措辞和内容等方面进行调整，将项目库中语义表达不准确、概念模糊的题项进行调整。第三步，在节庆体验量表的基础上完成问卷的整体设计，问卷内容主要由两个部分组成：一是游客节庆体验量表，采用李克特量表法进行分级；二是游客基本资料和人口统计学特征，并在波罗诞、广州国际灯光节等节庆现场发放和回收问卷。第四步，运用 SPSS 24.0 软件对收集的样本数据进行探索性因子分析。第五步，运用 AMOS 24.0 软件，继续对探索性因子分析所得的模型进行验证性因子分析。第六步，借助收敛效度和区别效度，进一步检验量表的可靠性及稳定性。

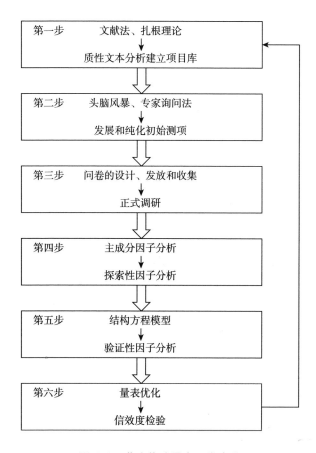

**图4-2　节庆体验量表开发步骤**

## （三）节庆体验量表开发过程及结果

### 1. 质性文本分析建立项目库

由于节庆体验研究尚处于起步阶段，相关研究零散且稀少，没有成熟的量表可借鉴，故本书在节庆体验整体框架的基础上，使用自下而上的扎根理论方法，对游记文本内容进行编码分析，进一步构建和确定节庆体验的维度内容。本书利用NVivo11.0软件，通过开放式编码和主轴式编码，提炼了69个初始概念、18个范畴和4个主范畴，通过选择式编码构建节庆体验的构成维度，确定"文化体验""新奇体验""情感体验""社交体验"4个核心范畴（见图4-3）。其中，"文化体验"包括"特色地方文

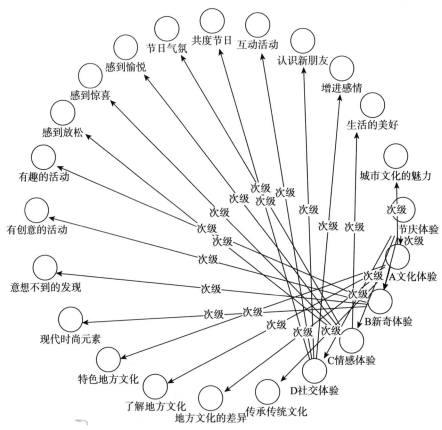

**图 4-3　节庆体验编码模型**

化""地方文化的差异""了解地方文化""传承传统文化""城市文化的魅力";"新奇体验"包括"有趣的活动""有创意的活动""现代时尚元素""意想不到的发现";"情感体验"包括"感到放松""感到惊喜""感到愉悦""节日气氛""生活的美好";"社交体验"包括"互动活动""认识新朋友""共度节日""增进感情"。为更好地设计初始项目库,本书在确定范畴之后,还参考了相关文献资料的设计题项,具体内容如表 4-4 所示,如 Morgan(2008)确定了节事体验的六个维度,提出"乐趣"个人体验概念;Axelsen 和 Swan(2010)以美酒美食节为例,探讨节庆体验设计对游客感知的影响中,使用"互动"和"独特"概念的题项。通过扎根理论和文献法,最终确定 18 个体验概念构成的初始项目库。

表 4-4 相关文献中的体验概念

| 概念 | 文献来源 | 题项 |
|------|---------|------|
| 知识获取 | Gupta & Vajic（1999） | 我学到新知识 |
| 乐趣 | Morgan（2008） | 我玩得很开心 |
| 亲密 | Trauer & Ryan（2005） | 我体验到亲密 |
| 新奇 | Tinsley, et al.（1993） | 我感觉到新奇/我体验到新事物 |
| 放松 | Xu & Chan（2010） | 我感到放松 |
| 独特 | Geus, et al.（2015） | 我认为它很独特 |
| | Axelsen & Swan（2010） | 我经历独特和不同的体验 |
| 互动 | 马凌和保继刚（2012） | 泼水节让我很好地和傣族人互动，结识少数民族朋友 |
| | Axelsen & Swan（2010） | 这是我与其他人互动和社交的机会 |
| 新朋友 | 马凌和保继刚（2012） | 参加泼水节可以结识其他来这里旅游的新朋友 |

资料来源：作者整理。

2. 发展和纯化初始测项

为检验初始测项的适用性，本书通过专家询问法发展和纯化初始测项。首先，邀请6位具有节庆旅游经历的旅游管理专业专家（4位来自研究机构，2位来自旅游企业），针对节庆旅游过程中自身体验内容提出各自观点，并从语言的措辞、语义、内容完备性等方面提出建议并进行调整。初始测项的主要调整如下：针对部分题项没能很好体现节庆体验特征的问题，做出删除处理；针对题项涵盖多个内容的问题，做出拆分处理；针对题项意思之间存在重叠的问题，做出合并处理；针对题项在语言表述上存在模糊、表达不清晰的问题，对语言表达进行调整，如原有题项"参与节庆增进我与他人的感情"，调整为"参与节庆增进我与他人的情感交流"。经过调整得出 20 个预测项。然后，继续由 6 名旅游管理专业专家组成的评估组对节庆体验的题项进行表述有效性和内容有效性的定性评估，每位专家针对每一个题项做出该题项 A1EA（能够）、部分（A2EA）、不能（A3EA）清晰地反映节庆体验内容的判定。借鉴魏遐和潘益听（2012）在开发湿地公园游客体验价值量表时所采用的原则，当 6 位专家一致认为某个题项不能清晰地反映节庆体验内容时，才删除题项，同时听取专家意见，对题项的措辞、语义进行必要的修改。最终形成 18 个测项的正式问卷，见表 4-5。

表 4-5　发展和纯化后的测项

| 序号 | 测项 | 序号 | 测项 |
|------|------|------|------|
| 01 | 参加节庆使我体验到特色的地方文化 | 10 | 参加节庆使我感受到惊喜 |
| 02 | 参加节庆使我感受到地方文化的差异 | 11 | 参加节庆使我感受到愉悦 |
| 03 | 参加节庆使我增进对地方文化的了解 | 12 | 参加节庆令我感到放松 |
| 04 | 参加节庆使我感受到传统文化的传承 | 13 | 参加节庆使我感受到节日气氛 |
| 05 | 参与节庆使我感受到城市文化的魅力 | 14 | 参与节庆使我感受到生活的美好 |
| 06 | 参加节庆使我体验到有趣的活动 | 15 | 参加节庆给我与他人互动的机会 |
| 07 | 参加节庆使我体验到有创意的活动 | 16 | 参加节庆给我认识新朋友的机会 |
| 08 | 参与节庆使我感受到现代时尚元素 | 17 | 参与节庆给我与他人共度节日的机会 |
| 09 | 参加节庆使我有意想不到的发现 | 18 | 参与节庆增进我与他人的情感交流 |

正式的调查问卷由两部分构成：节庆体验的 4 个维度（文化体验、新奇体验、情感体验、社交体验）；人口统计学特征。问卷的第一个部分采用李克特五点式量表，分别为 1 分（非常不赞同）、2 分（不赞同）、3 分（一般）、4 分（赞同）、5 分（非常赞同）。问卷第二部分主要对游客的人口统计学特征，如性别、年龄、受教育程度、职业、收入、来源地、出行方式等进行调查。

3. 正式调研

正式调研由 4 名经过培训的人员进行，分别于 2019 年 3 月 17~19 日和 2019 年 11 月 18~27 日，以 2019 年黄埔波罗诞暨第 15 届广州民俗文化节和 2019 年广州国际灯光节为研究对象进行现场数据收集。选取这两个节庆的原因有以下两点。第一，它们分别代表传统节庆和现代节庆，波罗诞是传统节庆的代表，据称始于宋代，是有着千年历史文化的民间庙会，与广府庙会发展相似；广州国际灯光节（以下简称"灯光节"）是现代节庆的代表，2011 年开始举办，现已与悉尼灯光节、里昂灯光节并称为世界三大灯节。第二，参与者多，波罗诞作为民俗文化节，2005~2014 年，参与游客从近 30 万人次增加到 115 万人次（刘茜，2014）；灯光节在 2011~

2019 年共吸引 6000 多万人次的游客参与（马佩佩，2019）。

现场调研同时使用电子问卷和纸质问卷，电子问卷可以解决节庆现场人流过大、光线太暗的问题，被调查者通过扫描二维码，在手机上进行填写；纸质问卷则主要针对一些年龄较大或信任度较低不愿意进行电子问卷的被调查者。4 名调研人员在波罗诞和灯光节举办现场，按照便利性抽样，通过现场拦截节庆参与者的方式发放问卷。在向被调查者简单说明本次调研的目的之后，询问对方是"当地居民"还是"外地游客"，若回答"当地居民"，则向被调查者说明无须填写问卷；若回答"外地游客"，则现场发放、填写和收回问卷。由于灯光节与波罗诞相比，举办时间更长，故本书分别向波罗诞和灯光节的游客发放 200 份和 250 份问卷，回收 182 份和 230 份，共计 412 份。正式问卷回收之后，检查问卷内容并剔除无效问卷，剔除的原则包括填写问卷时长少于 180 秒，问卷的填写出现一定规律性，问卷的填写出现明显前后矛盾，问卷的所有回答完全一致。出现以上任一情况，则将其视为无效问卷，最终获得有效问卷 386 份。

从被调查者的人口统计学特征来看，在性别方面，男性 192 名，占总数的 49.7%，女性 194 名，占总数的 50.3%，男女比例相当，避免了性别比例失调导致的结果片面性；在年龄结构方面，被调查者的年龄主要集中在 20~39 岁，占样本总量的 74.7%，年龄结构基本呈正态分布，符合预期；在受教育程度方面，大专或本科学历占 68.7%，体现本次问卷调查人群受教育程度较高；在职业方面，学生占 45.6%，可能是因在校学生知识储备充足更愿意参与调研；在税前月收入方面，税前月收入在 2000 元以下和 5001~10000 元之间占多数，分别为 36.8% 和 31.3%；在出行方式方面，与家人、同事、朋友、同学、情侣一同出行的人群占总数的 74.1%，远超独自一人出行的样本人群；在来源地和参加次数方面，大部分的游客来自广东省内，第一次参与节庆的游客占多数（见表 4-6）。总体而言，样本的人口统计学特征具有一定的代表性。

表 4-6　调查样本人口统计特征 (*N* = 386)

单位：人，%

| 项目 | | 数量 | 占比 |
|---|---|---|---|
| 性别 | 男 | 192 | 49.7 |
| | 女 | 194 | 50.3 |
| 年龄结构 | 19 岁及以下 | 57 | 14.8 |
| | 20～29 岁 | 199 | 51.6 |
| | 30～39 岁 | 89 | 23.1 |
| | 40～49 岁 | 26 | 6.7 |
| | 50 岁及以上 | 15 | 3.9 |
| 受教育程度 | 初中及以下 | 6 | 1.6 |
| | 高中/中专/技校 | 29 | 7.5 |
| | 大专/本科 | 265 | 68.7 |
| | 硕士及以上 | 86 | 22.3 |
| 职业 | 政府机关/事业单位职工 | 45 | 11.7 |
| | 企业职工 | 90 | 23.3 |
| | 学生 | 176 | 45.6 |
| | 文教科技人员 | 43 | 11.1 |
| | 其他 | 32 | 8.3 |
| 月收入 | 2000 元及以下 | 142 | 36.8 |
| | 2001～5000 元 | 60 | 15.5 |
| | 5001～10000 元 | 121 | 31.3 |
| | 10000 元以上 | 63 | 16.3 |
| 来源地 | 省内游客 | 322 | 83.4 |
| | 省外游客 | 64 | 16.6 |
| 出行方式 | 独自一人 | 81 | 21.0 |
| | 与家人一起 | 97 | 25.1 |
| | 与同事/朋友/同学/情侣一起 | 189 | 49.0 |
| | 其他 | 19 | 4.9 |
| 参加次数 | 第一次 | 225 | 58.3 |
| | 第二次 | 94 | 24.4 |
| | 第三次及以上 | 67 | 17.4 |

4. 探索性因子分析

在探索性因子分析之前，先通过 SPSS24.0 计算项目总体相关系数，若题项的项目总体相关系数低于 0.4，则删除该题项。从分析结果（见表 4-7）可以看出，每一个题项与总体的相关系数均高于 0.4，相关性具有理论意义，18 个题项全部保留，并进一步做因子分析。

表 4-7　项目总体相关系数

| 题项序号 | 项目总体相关系数 | 题项序号 | 项目总体相关系数 |
|---|---|---|---|
| 01 | 0.580 | 10 | 0.554 |
| 02 | 0.626 | 11 | 0.526 |
| 03 | 0.623 | 12 | 0.531 |
| 04 | 0.547 | 13 | 0.569 |
| 05 | 0.417 | 14 | 0.476 |
| 06 | 0.604 | 15 | 0.472 |
| 07 | 0.628 | 16 | 0.517 |
| 08 | 0.572 | 17 | 0.553 |
| 09 | 0.661 | 18 | 0.556 |

本书采用主成分分析法对调研样本数据进行探索性因子分析。运用 SPSS24.0 软件分析，结果显示 $KMO$ 值为 0.849，Bartlett 球形检验显著性为 0.000（小于 0.001），近似卡方值为 3215.813，自由度为 153，表明适合做因子分析。进一步采用主成分分析法，选取最大正交旋转，基于特征值大于 1 进行因子抽取。因子分析结果为 4 个特征值大于 1 的因子累计贡献率为 70.390%，已超过 60% 的提取界限，说明这 4 个因子能够较好地代表测量题项的大多数信息。正式量表各题项初次因子载荷矩阵如表 4-8 所示。

表 4-8　正式量表各题项初次因子载荷矩阵

| 题项序号 | 文化体验 | 新奇体验 | 情感体验 | 社交体验 |
|---|---|---|---|---|
| 01 | 0.795 | 0.125 | 0.120 | 0.111 |
| 02 | 0.823 | 0.161 | 0.164 | 0.072 |
| 03 | 0.826 | 0.162 | 0.162 | 0.066 |

| 题项序号 | 文化体验 | 新奇体验 | 情感体验 | 社交体验 |
|---|---|---|---|---|
| 04 | 0.818 | 0.067 | 0.108 | 0.055 |
| 05 | 0.381 | 0.208 | 0.009 | 0.140 |
| 06 | 0.083 | 0.808 | 0.120 | 0.145 |
| 07 | 0.245 | 0.769 | 0.101 | 0.122 |
| 08 | 0.110 | 0.826 | 0.084 | 0.091 |
| 09 | 0.229 | 0.759 | 0.153 | 0.177 |
| 10 | 0.147 | 0.092 | 0.804 | 0.104 |
| 11 | 0.088 | 0.132 | 0.776 | 0.071 |
| 12 | 0.086 | 0.107 | 0.848 | 0.050 |
| 13 | 0.154 | 0.134 | 0.800 | 0.080 |
| 14 | 0.100 | 0.392 | 0.339 | 0.031 |
| 15 | 0.015 | 0.129 | 0.025 | 0.826 |
| 16 | 0.147 | 0.038 | 0.121 | 0.799 |
| 17 | 0.124 | 0.146 | 0.080 | 0.830 |
| 18 | 0.121 | 0.182 | 0.082 | 0.803 |

经探索性因子分析对题项进行剔除的三个基本原则：第一，若题项无应答率大于10%，表明不可靠，应当剔除；第二，旋转因子后因子载荷小于0.5或同时在两个因子上载荷均大于0.4的题项，应当剔除；第三，若一个因子中只包括一个题项（阳翼和卢泰宏，2007），应该剔除。基于以上原则，"05"和"14"旋转因子后的因子载荷小于0.5，予以删除。最终探索性因子分析的 $KMO$ 值为0.849，Bartlett 球形检验显著性为0.000（小于0.001），近似卡方值为3015.834，自由度为120。另外，各维度因子的信度值（Cronbach's $\alpha$）都处于 [0.850，0.867]，均高于标准的0.7（见表4-9）。综上，本书所开发的游客节庆体验量表具有良好的内部一致性和稳定性。

表4-9　正式量表修正后的探索性因子分析结果

| 维度 | 测量题项 | 因子载荷 | 均值 | 因子均值 | 特征值 | Cronbach's α |
|------|----------|----------|------|----------|--------|--------------|
| 文化体验 | 01 特色的地方文化 | 0.802 | 4.25 | 4.29 | 2.897 | 0.867 |
| | 02 地方文化的差异 | 0.820 | 4.27 | | | |
| | 03 地方文化的了解 | 0.832 | 4.27 | | | |
| | 04 传统文化的传承 | 0.820 | 4.35 | | | |
| 新奇体验 | 06 有趣的活动 | 0.781 | 3.82 | 3.61 | 2.799 | 0.852 |
| | 07 有创意的活动 | 0.790 | 3.72 | | | |
| | 08 现代时尚元素 | 0.843 | 3.52 | | | |
| | 09 有意想不到的发现 | 0.783 | 3.39 | | | |
| 情感体验 | 10 感受到惊喜 | 0.799 | 3.90 | 3.67 | 2.790 | 0.850 |
| | 11 感受到愉悦 | 0.778 | 3.65 | | | |
| | 12 感到放松 | 0.857 | 3.42 | | | |
| | 13 感受到节日气氛 | 0.807 | 3.72 | | | |
| 社交体验 | 15 互动的机会 | 0.829 | 3.49 | 3.42 | 2.776 | 0.854 |
| | 16 认识新朋友的机会 | 0.798 | 3.63 | | | |
| | 17 共度节日的机会 | 0.831 | 3.46 | | | |
| | 18 情感交流 | 0.807 | 3.09 | | | |

资料来源：作者整理。

### 5. 验证性因子分析

在用探索性因子分析完成量表的因子结构评估后，为进一步验证量表的可靠性和稳定性，本书利用 AMOS24.0 软件，以探索性因子分析所得的 4 因子模型为原始模型，利用最大似然法进行验证性因子分析，以提取出来的 4 因子作为潜在变量，16 个题项作为观察变量，由此构造路径模型，如图 4-4 所示。有学者指出，多维度的因子结构中因子之间的相关系数只要小于 1 就是可以接受的（魏遐和潘益昕，2012），从图中可以看出，因子之间最大的相关系数是 0.45，且没有交叉负荷或缺失路径的题项。

本书主要选取 CMIN（卡方）、DF（自由度）、$\chi^2/df$（卡方自由度之比）、RMR（均方根残差）、GFI（拟合优度指数）、CFI（比较拟合指数）、IFI（递增拟合指数）、NFI（非范拟合指数）、RMSEA（近似误差均方根）

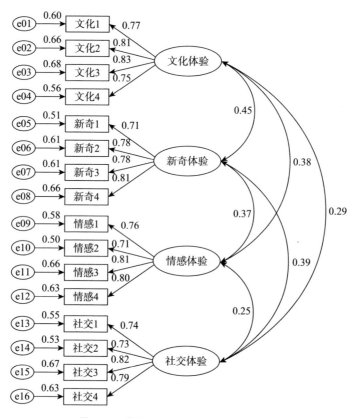

**图4-4 节庆体验验证性因子分析模型**

注：e01~e16表示验证性因子分析（CFA）中每个观测变量的测量误差或残差项。

拟合指标，具体如表4-10所示。

**表4-10 验证性因子分析的拟合指数**

| 类型 | CMIN | DF | $\chi^2/df$ | RMR | GFI | CFI | IFI | NFI | RMSEA |
|------|------|-----|--------|------|------|------|------|------|-------|
| 指数 | 200.999 | 98 | 2.051 | 0.025 | 0.939 | 0.965 | 0.965 | 0.934 | 0.052 |

从表4-10的拟合指数来看，$\chi^2/df=2.051$，远小于5，表示拟合效果较好；$RMR=0.025$，小于0.05，表明拟合效果很理想；$GFI$、$CFI$、$IFI$ 和 $NFI$ 均大于0.9，表明拟合效果良好；虽然 $RMSEA=0.052$ 大于0.05，但是有学者指出该指数值处于［0.05，0.08］表示模型拟合尚可（魏遐和潘益听，2012）。

6. 信效度检验

本书利用收敛效度和区分效度进一步检验量表的可靠性和稳定性。收敛效度用来检验测量题项与潜在变量的相关度，主要检查题项在其潜在变量上的因子载荷，通过因子载荷中提取的方差值以及因子的可靠性来进行评估。Hair 等人（2010）提出三个收敛效度的衡量标准：所有因子载荷应具有统计显著性，且因子载荷应大于等于 0.5；平均方差提取值（AVE）可以直接显示被潜在变量所解释的变异量有多少来自测量误差，AVE 越大相对误差就越小，建议 AVE 应该大于 0.5；组合信度（CR）能将测量误差纳入计算中，CR 大于 0.7 表示有较好的内部一致性，即该量表的题项始终能够测量潜在变量。各维度的因子载荷范围在 [0.71，0.83]，远高于 0.5 的临界值。经过计算，文化体验的 AVE 为 0.623，CR 为 0.868；新奇体验的 AVE 为 0.596，CR 为 0.855；情感体验的 AVE 为 0.591，CR 为 0.852；社交体验的 AVE 为 0.595，CR 为 0.855；各维度 AVE 均大于 0.5，CR 均大于 0.7。根据因子载荷、平均方差提取值和组合信度三个指标可以看出本书所开发的游客节庆体验量表具有较强的收敛效度。

区分效度用于检验潜在变量之间的差异性。本书采用 Hair 等人（2010）提出的区分效度检验方法，通过潜在变量 AVE 算术平方根与潜在变量之间的相关系数比较来检验潜在变量的区分效度，如表 4-11 所示，4 个潜在变量的相关系数处于 [0.247，0.448]，均小于各变量 AVE 算术平方根，结合以上"模型中的因子间相关系数低于可接受的标准值"验证模型，表明量表具有理想的区分效度。

表 4-11　潜在变量间的区分效度

| 因子 | 文化体验 | 新奇体验 | 情感体验 | 社交体验 |
|---|---|---|---|---|
| 文化体验 | 0.792 | | | |
| 新奇体验 | 0.448 | 0.772 | | |
| 情感体验 | 0.375 | 0.374 | 0.769 | |
| 社交体验 | 0.288 | 0.395 | 0.247 | 0.771 |

注：对角线左下方为相关系数矩阵，对角线上为各潜在变量的平均方差提取值的算术平方根（AVE 开平方）。

通过项目与总体量表之间的相关性分析、探索性因子分析而生成的初始量表能够有效测度节庆体验，拟合指数、信度效度等检验结果证明了模型在维度构思方面具有科学性。本书遵循量表开发的程序，顺利完成游客节庆体验量表开发和验证的工作。

# 三　本章小结

本章主要探索了节庆场景中的游客体验。基于互文性理论和符号学方法，对游客拍摄的图片进行分析，试图探讨组织者塑造的节庆场景下游客体验的要素，进一步对游客游记文本进行扎根理论分析。在此基础上，遵循量表开发的程序，试图建立节庆体验量表，研究主要得出以下结论。

基于巴尔特的明示符号和隐含符号的二级符号系统，本章利用互文性理论对图片进行符号学分析，用新的视角探究节庆体验。从明示符号分析的视角，可以将图片的视觉元素分为十大类：商贸展销、节目表演、美食小吃、参与人群、建筑设施、节庆氛围、辅助设施、人员服务、创意互动和安全保障，相较于组织者视角，节庆现场的参与人群和建筑设施是游客关注的独特内容。从隐含符号分析的视角，基于照片中符号的意义，对节庆体验进行分类，研究发现感受地方文化、寻找创新元素、沉浸于个人情感、增强社会互动是游客体验的主要内容，进而构建了节庆体验维度模型，文化体验对应新奇体验，情感体验对应社交体验，四类体验维度不是孤立存在，而是相互交织。例如，建立在地方文化之上的创新，让游客既感受到了文化的力量，也惊叹于新元素的加入。

为进一步探究符号互动下节庆体验的合理性，本章进行了节庆体验维度模型的验证，严格遵循量表开发的科学步骤，执行质性文本分析建立项目库、发展和纯化初始测项、正式调研、探索性因子分析、验证性因子分析和信效度检验6个步骤，开发了包含4个维度16个题项的游客节庆体验量表。具体而言，首先，基于节庆体验的整体框架，对游客游记文本进行扎根理论分析，结合文献回顾，建立了节庆体验的18个测量题项；随后，通过专家询问法发展和纯化初始测项；然后，在波罗诞和灯光节的节庆现场发放和收集 386 份有效调查问卷，运用 SPSS24.0 和 AMOS24.0 软件分别对问卷数据进行分析，完成探索性因子分析和验证性因子分析，形成节庆体验的 4 个维度 16 个题项的量表；最后，通过信效度检验进一步对量表的稳定性进行检验。结果表明，本书所开发的量表可以准确且有效地测量节庆体验，可以为后续研究提供理论和技术保障。

# 第五章

# 消费视角：节庆旅游吸引物的符号意义解读

"没有什么是一个符号，除非它被解释为一个符号"（Peirce，1932），符号不仅是人类的产物，也是人类主观性的客观化标志，只有通过解读行为，符号才有可能真正存在。游客经过与节庆场景各要素的互动，形成节庆体验，节庆体验会"激活"游客对符号意义的解读。游客不只注重节庆场景中的实体消费体验，还注重节庆旅游吸引物符号系统的意义消费，换言之，节庆旅游吸引物之所以对游客具有强烈的吸引力是因为其符号意义（周永广等，2011）。游客通常会选择能够体现价值追求、审美追求、个性特征、社会地位等符号价值的吸引物，当游客追求的符号价值与节庆场景所表征的符号价值刚好吻合，便可促进旅游活动的开展。

本章仍然采用皮尔斯三元符号框架，试图确定该框架中游客（解释者）如何解读节庆场景（再现体）并形成对节庆旅游吸引物的吸引力的解释项，即游客如何通过节庆旅游吸引物的符号消费理解节庆吸引力。本书通过参与式观察收集广府庙会的游客访谈资料，运用扎根理论结合 NVivo11.0 软件，试图探讨游客视角下节庆旅游吸引物的符号意义解读过程、解读产物，即节庆吸引力的内涵和内容以及内容之间的关系，构建模型并提出假设。在此基础上，通过网络平台收集参与节庆的游客的问卷数据，利用探索性因子分析、验证性因子分析和结构方程模型检验要素构成并验证假设是否成立。简言之，本章通过定性和定量结合的混合方法，致力于回答基于游客视角的符号意义解读产物是什么？解读产物由哪些内容构成？这些内容之间有何种关系？

# 一　节庆旅游吸引物符号系统的意义解读

## （一）研究思路

游客进入节庆场景中，通过视、听、味等多感官互动，产生初步的旅游体验或感受，由于仅仅是感官刺激，这种旅游体验仅建立在对节庆旅游吸引物的感性认识之上，满足游客的好奇和求新心理。因此，这种感官刺激不会过多涉及对事物本质的认识。张冠群（2020）指出游客的符号化消费在经历被动的感官刺激之后，会进入符号意义解读的认知建构阶段，游客开始解读节庆场景所蕴含的内涵与寓意，探寻符号的意义。对于节庆游客而言，在经历节庆场景的感官刺激后，会积极主动地探究组织者意图传递的节庆旅游吸引物的符号意义。节庆场景作为再现体一方面被节庆旅游吸引物这一对象所决定，另一方面又决定了游客对节庆吸引力的认识，节庆旅游吸引物间接决定游客如何理解节庆吸引力。如前所述，皮尔斯将解释项分为直接解释项、动力解释项和最终解释项，解释项可以直接理解为解释者经过符号解读得出的相关产物，而解释项的三分理论，意在说明解释者遵循"事物意义之感知（直接解释项）—符号的直接效力（动力解释项）—符号的最终效力（最终解释项）"的符号意义解释过程（赵星植，2019）。在节庆旅游吸引物符号系统中，游客通过间接观察，逐步解读以节庆场景表征的节庆旅游吸引物所传递的符号意义。因此，本书尝试运用质性研究方法，深入剖析游客对节庆旅游吸引物符号意义解读的过程，具体包含三个部分的内容：一是探讨游客对节庆旅游吸引物符号系统的意义解读，即游客对节庆吸引力内涵的解读；二是分析游客视角下节庆吸引力（解释项）的内容构成；三是试图构建节庆旅游吸引物的符号意义解读模型。

## （二）资料收集和处理

鉴于游客视角下节庆旅游吸引物的符号意义解读尚缺少全面、系统的研究，无法用既有理论来解释，本书仍然采用质性研究中的扎根理论对游客的访谈资料进行分析并构建理论框架。游客访谈资料收集于广府庙会举办期间，即 2019 年 2 月 19~25 日。为探究游客视角下的节庆旅游吸引物的符号意义解读过程，本书主要采用了参与式观察和深度访谈的方法收集游客的数据。为了便于深度访谈的开展，调研团队提前拟好访谈提纲，提纲主要内容包括如下问题。您为什么会来参加广府庙会？您参与了哪些活动？您觉得这些活动的吸引力体现在哪些方面？在广府庙会体验的过程中，您如何理解活动内容？您觉得设置这些活动的意图是什么？您觉得举办广府庙会有哪些重要意义？游览后您对哪些活动或者哪些元素印象深刻呢？以上问题仅作为提示之用。访谈由调研团队以一对一或多对一的形式进行，在实际访谈过程中根据受访对象参与活动的不同及时调整问题。调研团队尽量在不被外界过多干扰的环境中，营造较为轻松的交谈氛围，以提高研究资料的真实性和可信度。本书以目的抽样的原则最终选取了 44 位参与广府庙会活动的游客（见表 5-1），访谈时长在 20~40 分钟，并在得到受访者允许的情况下进行录音。访谈对象大部分来自广东省内，年龄大多数在 20~39 岁，较为符合 2018 年广府庙会游客统计数据。据联通大数据，2018 年广府庙会中 35 岁以下年轻用户占游客总量的 63%（邓毅富，2018）。本书共收集了 135289 字的访谈资料，并利用 NVivo11.0 软件对游客访谈资料进行编码，以便更好地对游客访谈资料进行扎根理论分析。

表 5-1　游客访谈样本概况

| 编号 | 性别 | 年龄 | 游客来源 | 编号 | 性别 | 年龄 | 游客来源 |
|------|------|------|----------|------|------|------|----------|
| Y1 | 女 | ≥50 岁 | 广东省内 | Y8 | 男 | 20~29 岁 | 广东省内 |
| Y2 | 男 | 40~49 岁 | 广东省内 | Y9 | 女 | 10~19 岁 | 广东省内 |
| Y3 | 女 | 20~29 岁 | 广东省内 | Y10 | 男 | ≥50 岁 | 广东省内 |
| Y4 | 男 | 30~39 岁 | 北京 | Y11 | 女 | 20~29 岁 | 广东省内 |
| Y5 | 男 | 10~19 岁 | 广东省内 | Y12 | 男 | 30~39 岁 | 广东省内 |
| Y6 | 女 | 20~29 岁 | 江西 | Y13 | 男 | 20~29 岁 | 广东省内 |
| Y7 | 女 | 20~29 岁 | 广东省内 | Y14 | 女 | 30~39 岁 | 山东 |

续表

| 编号 | 性别 | 年龄 | 游客来源 | 编号 | 性别 | 年龄 | 游客来源 |
|------|------|------|----------|------|------|------|----------|
| Y15 | 女 | 20~29 岁 | 广东省内 | Y30 | 男 | 20~29 岁 | 广东省内 |
| Y16 | 女 | 20~29 岁 | 广东省内 | Y31 | 女 | 20~29 岁 | 广东省内 |
| Y17 | 男 | 30~39 岁 | 广东省内 | Y32 | 女 | 30~39 岁 | 广东省内 |
| Y18 | 女 | 40~49 岁 | 广东省内 | Y33 | 男 | 30~39 岁 | 广东省内 |
| Y19 | 男 | 30~39 岁 | 广东省内 | Y34 | 男 | 20~29 岁 | 广东省内 |
| Y20 | 男 | 30~39 岁 | 广东省内 | Y35 | 男 | 30~39 岁 | 广东省内 |
| Y21 | 男 | 20~29 岁 | 广东省内 | Y36 | 男 | 20~29 岁 | 新疆 |
| Y22 | 女 | 20~29 岁 | 广东省内 | Y37 | 女 | 20~29 岁 | 广东省内 |
| Y23 | 女 | 20~29 岁 | 广东省内 | Y38 | 女 | 20~29 岁 | 广东省内 |
| Y24 | 女 | 20~29 岁 | 广西 | Y39 | 男 | 40~49 岁 | 黑龙江 |
| Y25 | 男 | 30~39 岁 | 广东省内 | Y40 | 女 | 20~29 岁 | 广东省内 |
| Y26 | 女 | 30~39 岁 | 浙江 | Y41 | 女 | 30~39 岁 | 广东省内 |
| Y27 | 男 | 20~29 岁 | 广东省内 | Y42 | 女 | 20~29 岁 | 江苏 |
| Y28 | 男 | 20~29 岁 | 俄罗斯 | Y43 | 男 | 20~29 岁 | 安徽 |
| Y29 | 男 | 20~29 岁 | 广东省内 | Y44 | 女 | 20~29 岁 | 黑龙江 |

## （三）研究的编码过程

编码分析遵循"开放式编码—主轴式编码—选择式编码"的过程，对访谈资料实施概念化和初始范畴化、主范畴发掘、核心范畴与主范畴的典型关系结构识别3个步骤。

### 1. 概念化与初始范畴化

开放式编码是对收集的原始资料进行分析，是将访谈资料反映的现象和相关概念不断打碎、比较、整理并重新组合的过程，是对访谈资料进行概念化和初始范畴化的过程。在这一过程中，要将游客的访谈资料进行逐字逐句的分析，加以逐级缩编，用初始概念和范畴准确反映资料内容，目的在于通过指认现象、界定概念和发现范畴，处理聚敛问题。为了提炼能够准确反映资料现象本质的概念和范畴，在分析过程中不断循环往复地在资料、概念和范畴之间考察。通过对参与广府庙会游客的访谈资料进行编码与范畴化分析，抽取了 265 个初始概念，数量较多且部分存在内容上的交叉，故对意义相近的概念进行合并，进一步对初始概念范畴化，最终从资料中抽象出 228 个初始概念和 30 个范畴。

具体而言，范畴 1（B1）喜庆热闹的节日氛围，反映游客在节庆现场感受到的喜庆热闹的氛围；范畴 2（B2）欢乐祥和的节庆氛围，反映游客沉浸在节庆氛围中感受到的愉悦祥和；范畴 3（B3）别具一格的节庆环境，反映游客观察到精心设计的现场装饰而感到节庆环境的特别之处；范畴 4（B4）主题鲜明的文化氛围，反映游客感受到组织者围绕主题而营造的文化氛围；范畴 5（B5）拉近彼此距离，反映游客通过参与活动感受到人与人之间的关系更近；范畴 6（B6）分享节日喜悦，反映游客与亲朋好友以及其他参与者一起在节庆现场分享节日的快乐心情；范畴 7（B7）共同参与互动活动，反映游客期望更多互动性和参与性更强的活动促进与他人的互动交流；范畴 8（B8）增进情感交流，反映游客通过与他人共同参与节庆活动而增进情感交流；范畴 9（B9）吉祥符号的美好寓意，反映游客看到吉祥物、纪念品、象征物等而感受到的美好寓意；范畴 10（B10）地方文化符号的内涵，反映游客看到工艺展示、历史遗址、地方民俗等而感受到地方文化气息；范畴 11（B11）地域文化符号的差异，反映游客将节庆现场接触的地方文化与家乡文化进行对比而感到的文化差异；范畴 12（B12）文化符号的传承发展，反映游客在接触到丰富多样的文化元素而感受到传统文化的传承和发展；范畴 13（B13）儿时记忆的怀旧符号，反映游客在接触到一些怀旧元素后而重温儿时记忆；范畴 14（B14）活动内容丰富，反映游客观看表演、观赏灯会等活动而感到活动内容丰富多彩；范畴 15（B15）活动形式多样，反映游客在参与多样的表演方式、互动活动而感到活动形式多样；范畴 16（B16）活动创意十足，反映游客接触到现代元素、创新节目而感到活动创意十足；范畴 17（B17）活动精彩纷呈，反映很多游客被活动吸引而感到活动精彩纷呈；范畴 18（B18）提供良好的设施和服务，反映组织人员现场的安排、协调和管理让游客体验到良好的服务；范畴 19（B19）活动安排合理，反映组织者场地的布置、活动内容的设置让游客觉得活动安排合理；范畴 20（B20）良好的治安环境，反映组织者对保安人员的安排和现场秩序的管理让游客觉得治安环境良好；

范畴 21（B21）认同地方文化，反映游客参与文化活动促进对地方文化的认同；范畴 22（B22）文化归属感，反映游客参与活动产生对节庆及其举办地的归属感；范畴 23（B23）唤起文化记忆，反映游客因共同的文化元素而唤起的文化记忆；范畴 24（B24）满足精神需求，反映游客参与多样节庆活动后而感到精神需求得到满足；范畴 25（B25）增强幸福感，反映游客在参与主题鲜明的活动后幸福感得到提升；范畴 26（B26）丰富精神生活，反映游客在节庆的时间、空间内身心放松而感到精神生活得到丰富；范畴 27（B27）增强社会包容性，反映游客感受当地居民的包容、热情而感到自身的社会包容性得到增强；范畴 28（B28）社交媒体体验分享，反映游客在参与节庆过程中拍摄许多照片并在微信等社交媒体上进行分享；范畴 29（B29）推荐意愿，反映游客认为广府庙会活动亮点多，进而推荐其他人来游玩；范畴 30（B30）节庆偏好，反映游客感到满意，甚至感到超出预期而表现出对广府庙会的喜爱。符号意义解读的开放式编码示例如表 5-2 所示。

表 5-2　符号意义解读的开放式编码示例

| 范畴 | 初始概念 | 访谈举例 |
|---|---|---|
| B1 喜庆热闹的节日氛围 | 节日氛围 | 今天过来主要是想体验一下这边的节日氛围（Y20） |
| | 热闹的氛围 | 我觉得这里过十五可能要比过除夕更热闹一些，这里过十五比在北京过除夕还要热闹（Y36） |
| | 地方过年风情 | 我这次来就是想体验一下广东这边过年的风情（Y36） |
| B2 欢乐祥和的节庆氛围 | 沉浸节庆氛围 | 令人沉浸在里面的那种氛围（Y37） |
| | 繁华盛世 | 我觉得繁华盛世的感觉应该很好（Y9） |
| | 愉悦的氛围 | 参与了两个印象深刻的活动，我觉得可以用"愉悦"这个词形容（Y44） |
| B3 别具一格的节庆环境 | 环境的营造 | 舞台还挺喜庆的，白天灯光效果不是很明显，放在晚上会更吸引人一些（Y36） |
| | 装饰的细微调整 | 有一些变化可能就是图案，今年是猪年嘛，可能有猪，有龙（Y5） |

| 范畴 | 初始概念 | 访谈举例 |
|---|---|---|
| B4 主题鲜明的文化氛围 | 街区历史文化浓厚 | 北京路的历史文化浓厚（Y12） |
| | 文化氛围浓厚 | 就是文化气氛很浓的，他们穿的衣服是汉服（Y39） |
| | 主题深刻 | 他们展示的关于一些主题的内容，比我想象的要立意新颖（Y44） |
| B5 拉近彼此距离 | 拉近彼此距离 | 虽然大家都不认识，但旁边那几张小桌子很能拉近彼此的距离（Y7） |
| | 邂逅 | 我们约在这一个时间和地点，可能从不同的地方来，偶尔擦肩而过（Y12） |
| B6 分享节日喜悦 | 分享过节喜悦 | 和亲朋好友一起过来，然后大家一起逛一逛，聊一聊，分享过节的一种喜悦（Y43） |
| | 分享快乐 | 享受和家人在一起的快乐（Y39） |
| | 相约过节 | 就给大家一个机会，相约一起去逛一下 |
| B7 共同参与互动活动 | 互动体验 | 我是第一次看现场版，这样会有一种参与感，这种互动体验会令人印象深刻（Y22） |
| | 与他人的互动交流 | 提供了本地人跟外来人接触和交流的机会（Y7） |
| | 建议增加互动活动 | 要是以后有一些互动性活动的话，会更好一点，而不是只是看看就过了（Y25） |
| B8 增进情感交流 | 陪同亲朋好友 | 好多带小朋友过来的，一家三口或者一家老少那种比较多（Y38） |
| | 情感交流 | 当然参加活动只是一个表面的形式，更深层次的是情感的交流（Y15） |
| | 提升亲密度 | 我觉得会增进跟亲朋好友的关系，提升我们的亲密度（Y43） |
| …… | …… | …… |
| B18 提供良好的设施和服务 | 基础设施齐全 | 有设计个人坐的地方，提升饮食服务的设施比较多，各方面都比较齐全（Y34） |
| | 指引清晰 | 各种标识标语都挺清晰的，比较方便（Y14） |
| | 志愿者提供服务 | 我觉得志愿者还是起到一定作用的，我看到了有路人去询问志愿者，还有在活动现场，你可以随处见到志愿者（Y44） |
| B19 活动安排合理 | 活动安排合理 | 有一些脱口秀、相声之类的表演，比如说北京路这边主要是摊位，我觉得活动方面安排比较合理（Y43） |
| | 布局合理 | 让我印象深刻的是它整个的一个布局很合理（Y43） |

续表

| 范畴 | 初始概念 | 访谈举例 |
|---|---|---|
| B20 良好的治安环境 | 治安有保障 | 因为我看到有公安的巡逻车和人员来维护秩序，因此我觉得治安方面还是有保障的（Y43） |
| | 现场秩序好 | 现场的秩序还是比较好的，感觉现场工作人员的秩序维护工作做得非常到位（Y23） |
| | 保安人员维护现场 | 刚才有一些人骑电动车经过，工作人员进行了疏导，并且那边也站着保安（Y36） |
| B21 认同地方文化 | 城市认同感 | 虽然陌生人之间不会有交流，但他们心里都会对这个城市产生一种认同（Y44） |
| | 文化认知满足感 | 它是一种精神上的满足，会觉得自己有一个精神上面的归属，是一种文化层面精神层面的认知满足感（Y44） |
| | 文化认同 | 通过节庆，我对广府文化有一定的认同感（Y24） |
| B22 文化归属感 | 归属感 | 让我在这边找到一定的归属感，唤起对家乡的一些记忆（Y32） |
| | 文化归属感 | 在广府庙会逛街、吃东西之类的琐碎记忆，还有一些开心的事情，也会让我对它有一定的归属感（Y25） |
| B23 唤起文化记忆 | 文化记忆 | 不管你是哪个年代的人，不管你的性别如何，语言能够代表一个地区、一代人，它是一种文化记忆（Y44） |
| | 文化自豪感 | 会对我们自己的文化有一种自豪感在里面 |
| …… | …… | …… |

注：仅列举部分初始概念。

2. 主范畴发掘

在完成概念化和初始范畴化的步骤之后，接下来是发现和建立范畴之间的逻辑关系，将各自独立的范畴联结在一起，发掘和发展主范畴。本书通过回溯原始访谈资料，不断分析和比较初始范畴化代表的意义，根据不同范畴之间的内在联结和逻辑脉络，对其进行重新归类，最终归纳了8个主范畴。分别为BB1（浓厚的节庆氛围）、BB2（和谐的人际互动）、BB3（鲜明的文化符号）、BB4（丰富的节庆活动）、BB5（节庆依赖）、BB6（节庆文化认同）、BB7（情感依恋）、BB8（节庆忠诚度）。这8个主范畴出现的频次分别为72次、43次、166次、119次、81次、18次、42次和42次；频率分别为12.3%、7.4%、28.5%、20.4%、13.9%、3.1%、7.2%和7.2%。具体而言，"喜庆热闹的节日氛围""欢乐祥和的节庆氛围""别具一格的

节庆环境""主题鲜明的文化氛围"构成游客感知的浓厚的节庆氛围;"拉
近彼此距离""分享节日喜悦""共同参与互动活动""增进情感交流"构成
游客感知的和谐的人际互动;"吉祥符号的美好寓意""地方文化符号的内
涵""地域文化符号的差异""文化符号的传承发展""儿时记忆的怀旧符
号"构成游客感知的鲜明的文化符号;"活动内容丰富""活动形式多样"
"活动创意十足""活动精彩纷呈"构成游客感知的丰富的节庆活动;"提供
良好的设施和服务""活动安排合理""良好的治安环境"构成游客的节庆
依赖;"认同地方文化""文化归属感""唤起文化记忆"构成游客的节庆文
化认同;"满足精神需求""增强幸福感""丰富精神生活""增强社会包容
性"构成游客对节庆的情感依恋;"社交媒体体验分享""推荐意愿""节庆偏
好"构成游客的节庆忠诚度。各个主范畴及其对应的范畴内涵如表5-3所示。

**表5-3 主范畴和对应范畴**

| 主范畴 | 对应范畴 | 初始概念 |
|---|---|---|
| BB1 浓厚的<br>节庆氛围 | 喜庆热闹的节日氛围 | 节日氛围、隆重、热闹的氛围、地方过年风情、喜庆的氛围 |
| | 欢乐祥和的节庆氛围 | 沉浸节庆氛围、繁华盛世、愉悦的氛围 |
| | 别具一格的节庆环境 | 环境的营造、节庆装饰、装饰的细微调整 |
| | 主题鲜明的文化氛围 | 街区历史文化浓厚、文化氛围浓厚、文化气息、主题深刻、主题鲜明 |
| BB2 和谐的<br>人际互动 | 拉近彼此距离 | 拉近彼此距离、邂逅 |
| | 分享节日喜悦 | 分享过节喜悦、分享快乐、相约过节 |
| | 共同参与互动活动 | 互动体验、文化交流的场所、与他人的互动交流、建议增加互动活动 |
| | 增进情感交流 | 陪同亲朋好友、亲子互动、情感交流、提升亲密度 |
| BB3 鲜明的<br>文化符号 | 吉祥符号的美好寓意 | 吉祥物、纪念品、千年cake、象征物 |
| | 地方文化符号的内涵 | 地方方言、地方工艺展示、地方民俗文化、广府文化内涵丰富、广府文化元素、了解传统文化、了解地方文化、体验当地习俗 |
| | 地域文化符号的差异 | 对比文化差异、多地方文化元素、多地域文化的融合、集中了解地方文化 |
| | 文化符号的传承发展 | 传承传统文化、弘扬传统文化、提升文化影响力、文化应体现时代发展趋势、艺术融入生活 |
| | 儿时记忆的怀旧符号 | 儿时的记忆、怀旧的感觉 |

续表

| 主范畴 | 对应范畴 | 初始概念 |
|---|---|---|
| BB4 丰富的<br>节庆活动 | 活动内容丰富 | 传统民俗表演、灯会、非遗之窗、活动丰富、美食丰富、木偶戏、戏曲联唱、巡游 |
| | 活动形式多样 | 打卡活动、多样化的表演形式、非遗的动态展示、形式多样、形式多样满足多样人群 |
| | 活动创意十足 | 表演新颖、传统文化之上的创新、活动现代感强、节目创新 |
| | 活动精彩纷呈 | 表演精彩、表演专业、活动质量、名家表演、展示内容精美 |
| BB5 节庆<br>依赖 | 提供良好的<br>设施和服务 | 环境布置、基础设施齐全、节目指引清晰、指引清晰、了解活动的途径、志愿者提供服务 |
| | 活动安排合理 | 布局合理、覆盖区域更广、活动安排合理、活动内容好 |
| | 良好的治安环境 | 保安人员维护现场、现场秩序好、治安环境好、治安有保障 |
| BB6 节庆<br>文化认同 | 认同地方文化 | 城市认同感、文化认同、文化认知满足感、喜欢城市文化 |
| | 文化归属感 | 城市归属感、归属感、文化归属感 |
| | 唤起文化记忆 | 文化记忆、文化自豪感 |
| BB7 情感<br>依恋 | 满足精神需求 | 满足精神需求、享受当下、休闲 |
| | 增强幸福感 | 幸福的理解、幸福感 |
| | 丰富精神生活 | 丰富人们文化生活、感到放松、节庆阈限体验、仪式感 |
| | 增强社会包容性 | 地方居民包容热情、亲切感、熟悉感、增强城市凝聚力 |
| BB8 节庆<br>忠诚度 | 社交媒体体验分享 | 拍照发朋友圈、拍摄照片、游记分享 |
| | 推荐意愿 | 推荐其他人游玩 |
| | 节庆偏好 | 超出预期、满意、炫耀 |

注：仅列举部分初始概念。

3. 核心范畴与主范畴的典型关系结构识别

在主范畴发展成熟后，还需要从主范畴中发掘核心范畴，反映现象的本质。因此，该阶段是在主范畴的基础上，系统地分析范畴与范畴之间的联系，进一步提炼和整合，从中选择核心范畴，建立核心范畴与主范畴及对应范畴的联结，并开发故事线以描绘游客的符号解读行为。故事线包含范畴之间的关系及其各种脉络条件，是主范畴的典型关系结构，开发故事线也就是形成和发展新的理论构架。

本书深入分析 8 个主范畴，对原始访谈资料进行反复比较，最终确定了"节庆旅游吸引物的符号意义解读"这一核心范畴。围绕这一核心范畴，故事线（见表5-4）可以描述为游客通过在节庆现场的体验解读节庆旅游吸引物的符号意义，在解读的过程中，游客首先形成对浓厚的节庆氛围、和谐的人际互动、鲜明的文化符号和丰富的节庆活动所构成的节庆吸引力感知，节庆吸引力感知会促使节庆依赖、节庆文化认同、情感依恋所构成的节庆依恋形成，换言之，游客的节庆吸引力感知是产生节庆依恋的心理原因，游客的节庆依恋最终增强游客的节庆忠诚行为意向，如社交媒体分享、推荐意愿等。

表5-4　主范畴的典型关系结构

| 典型关系结构 | 关系结构的内涵 |
| --- | --- |
| 节庆吸引力感知—节庆依赖 | 游客对节庆活动、氛围等节庆吸引力的感知影响其功能性依赖的形成 |
| 节庆吸引力感知—节庆文化认同 | 游客对节庆现场的文化符号、氛围等节庆吸引力的感知影响其节庆文化及其举办地文化的认同 |
| 节庆吸引力感知—情感依恋 | 游客对节庆的人际互动等节庆吸引力的感知会影响其幸福感、熟悉感等情感性依恋的形成 |
| 节庆依赖—节庆忠诚度 | 游客对节庆的功能性依赖影响其节庆忠诚行为意向的产生 |
| 节庆文化认同—节庆忠诚度 | 游客对节庆文化的认同感影响其节庆忠诚行为意向的产生 |
| 情感依恋—节庆忠诚度 | 游客对节庆的情感性依恋影响其节庆忠诚行为意向的产生 |

## 二　节庆旅游吸引物的符号意义解读模型

本书又对两位游客进行深度访谈，并对访谈资料文本做饱和度检验，没有发现新的范畴及范畴之间的关系，说明已经达到理论饱和。基于皮尔斯的符号学理论，结合"故事线"的脉络，构建节庆旅游吸引物的"节庆吸引力感知—节庆依恋—节庆忠诚度"符号意义解读模型，如图5-1所示。

皮尔斯认为解释项是解释者对符号进行感知、解释和反映的过程和结果，并发现每个符号都有三个解释项，直接解释项是通过符号简单呈现所传递出来的意义，如初见某人的感觉等；当解释者表现出喜欢或者不喜欢的时候，就转到动力解释项；解释者的符号解释不会终止于动力解释项，它会继续发展直至形成最终解释项（张彩霞，2015）。很明显，节庆旅游吸引物的符号系统中，节庆吸引力感知是游客对节庆场景中氛围、活动等的直接反应，是面对节庆旅游吸引物的直接感觉，构成游客的直接解释项；游客在感受节庆氛围、开展人际互动、感知文化符号、参与节庆活动之后，其思想会发生变化，从而产生对节庆旅游吸引物的情感、功能、认同上的依恋观念，节庆吸引力感知影响节庆依恋的形成，节庆依恋构成游客的动力解释项；节庆依恋会影响游客推荐意愿、体验分享等节庆忠诚行为意向的产生，这也是组织者进行符号生产意图产生的最终效力，即吸引游客的重复参与和更多潜在游客的参与，故节庆忠诚度构成游客的最终解释项。

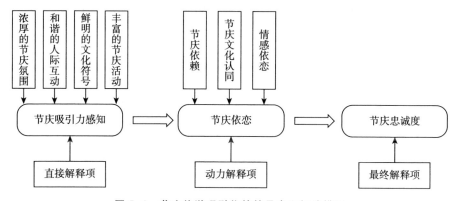

**图 5-1　节庆旅游吸引物的符号意义解读模型**

资料来源：作者整理。

## （一）直接解释项：节庆吸引力感知

从本质上看，节庆旅游消费是一种符号消费方式。对于游客而言，节庆旅游之所以具有强烈的吸引力，是因为节庆旅游本身的符号意义，游客是被那些象征性符号吸引而产生节庆旅游动机，进而在充满符号的世界中解读符号意义，游客的符号解读是符号过程中必不可少的环节。节庆游客在符号过程中扮演解释者的角色，游客在参与体验节庆活动后留下的整体感觉、印象，可视为游客对节庆旅游吸引物符号系统的直接解释项。直接解释项，又称感觉解释项、朴素解释项或询问解释项（皮尔斯，2014），对于任何具有情感和感觉的节庆游客来说，它是游客对节庆场景产生的最初感觉，这种感觉主要是由浓厚的节庆氛围、和谐的人际互动、鲜明的文化符号和丰富的节庆活动所构成的节庆吸引力感知。

浓厚的节庆氛围是指组织者通过布局、装饰、灯光等营造的能给游客带来强烈感觉的景象或情调，包括视觉和非视觉的元素。视觉元素主要通过布局、装饰、展台设计、舞台设备等物理环境吸引游客的注意力。广府庙会主要举办区域位于城市的传统街区，并通过在传统街区设计装饰点缀凸显浓厚的历史文化氛围；展台和舞台是进行工艺展示和演员表演的重要区域，为使活动达到最佳效果，广府庙会使用布景设备、音效设备围绕主题营造传统或现代的表演氛围。非视觉元素如照明、音乐、温度等也会影响感觉，广府庙会通过营造愉悦的氛围，确保游客获得积极的体验。Kotler（1973）认为无形氛围包含颜色、音量、气味等。广府庙会的现场氛围营造，以红色和黄色为主色调，能够引起游客喜庆、喜悦的心理，正如游客所描述的，"多采用这种红色的设计，就给人一种很喜庆的感觉，因为刚过春节，然后也临近元宵节，这种喜庆氛围会让人觉得心情都是愉悦的"（Y43）；合适音量的背景音乐容易让游客沉浸在节庆氛围之中并影响游客的心情；气味指物体散发的味道，主要表现为美食散发的食品气味、密封空间设计的香气、空气的清新气味等。这些视觉和非视觉的元素共同构成整体的节庆氛围。

和谐的人际互动是指在节庆特定的时间、空间中游客与他人进行面对面的直接互动。旅游一般包括三种类型的人际互动：游客与当地居民的互动、游客与服务人员的互动以及游客之间的互动。游客之间的互动又可以进一步分为群体内互动和群体间互动，前者是指与朋友家人之间的互动，后者指旅途中不熟悉的游客之间的互动（Huang & Hsu，2010）。节庆本质上是一种社会活动，它为人们提供了一种与他人互动和分享经验的机会。观看表演、参与互动等使游客在短时间内聚集在一起，让游客脱离平日的生活和工作状态，在节庆世界中获得临时的新角色，以平等身份进行互动交往。游客与亲朋好友相约节庆现场，可以感受到当地居民不同的生活方式，观看非遗传承人、演员等提供的独特节目内容。比如，演员会在表演过程中开展一些观众互动环节，以增强游客参与感；游客还可以期待与其他参与者的邂逅，结交新的朋友。游客在与他人的互动中，拉近彼此的距离，增加情感的交流。

鲜明的文化符号是指节庆中蕴含的文化内涵，是人们借以表达诉求、愿望、理想和追求的载体。节庆是目的地文化集中对外展示的舞台，是地方文化特色的缩影，有着极其丰富的文化元素，不能简单地用一种象征符号所代表。广府庙会组织者选用游客能够利用间接经验理解的吉祥符号、怀旧符号、文化符号，达到表达美好生活追求、弘扬和传承传统文化、唤起情感共鸣的目的。吉祥符号是游客对美好未来和万事万物希冀祝福的载体，存在于蕴含丰富吉祥寓意的艺术造型、象征物中，如风车、灯笼以及代表广府文化的鳌鱼吉祥物，其中鳌鱼吉祥物以可爱的外形和"独占鳌头"的吉祥寓意受到大众的喜爱，正如游客提到"刚刚说的鳌鱼，这种带有广东特色的象征物吸引了我的注意"（Y29）。这些吉祥符号承载着深厚的地方文化底蕴、折射出多彩的民俗文化，并寄托着人们对美好生活的追求和向往。怀旧符号是怀旧文化概念的物化形式和载体，广府庙会组织者选择一些经典的怀旧符号，如汉服、邮票等，表达特定的内涵，引起游客的心灵共鸣。当然，很多情况下，物质载体可能兼具吉祥符号、文化符号和怀旧符号多种属性，如舞龙舞狮表演，既能让游客感受到吉祥、尊贵，又勾起游客儿时的记忆。节庆往往被视为文化符号的集合体，仪式活动、传统工艺、传统建筑、饮食文化等都是广府庙会文化符号的重要组成部分，组织者通过对文化符号的打造让更多游客参与其中，让游客能够更加全面、立体地了解广府庙会，感受地方文化的魅力。游客也在感知文化符号的同时，不自觉地将目的地和客源地文化进行对比，文化符号的差异体现了节庆的独特之处。

"我们那边也有庙会，这边舞的南狮，那边舞的北狮，此外还有打铁花，整体架构差不多，但我们那边庙会这几年都没怎么办了"（Y14）。

"这边的小洋楼感觉很小资，而且这边的店面感觉旧一点，古色古香，我们是浙江那边的，我们那边店面设计更现代一点"（Y26）。

"因为我本身是北方人，所以对于南北方差异，尤其是饮食上其实是非常敏感的，广府美食非常能够代表广府文化"（Y44）。

丰富的节庆活动是指组织者为游客精心策划的内容丰富、形式多样的活动。从逻辑上来说，活动越丰富，越能满足游客需要，吸引力也会越大（Lee & Huang，2014）。对于参与广府庙会的游客而言，可以近距离观赏精美工艺、观看高品质的精彩演出、参与互动活动，是节庆吸引力的核心因素。游客所描述的活动包括传统民俗表演、灯会、美食、木偶戏、戏曲联唱、巡游等，44 位访谈游客中有 16 位都提到了"活动丰富"，如"首先忠佑广场的表演有很多种类，比如说刚才提到的木偶，还有爵士乐，一些选秀表演之类的，还有粤剧表演，然后动漫庙会上面也有经典的动画电影展播，还有喜剧节的喜剧"（Y23）；"内容比较丰富，我们来之前还以为只是很简单的那种游街活动，或者一些简单的美食活动，但是来之后发现广府庙会比我想象的更加充实，活动也更加多种多样"（Y24）。此外，多样的表演形式、动态演示等吸引和满足了不同年龄层次的游客。活动的创新创意能够满足游客求新、求异的心理需求，尤其是基于传统文化的创意，即以现代的方式传承传统文化，更容易吸引年轻游客的注意。因此，内容丰富、形式多样、创意十足的节庆活动，能让游客全方位了解节庆文化，形成独特的感受，从而增强游客的节庆吸引力感知。

## （二）动力解释项：节庆依恋

在游客开始对节庆旅游吸引物符号系统进行分析，并表现出喜欢或不喜欢的时候，就已经转到动力解释项了。动力解释项又称中间解释项，对于形成节庆吸引力感知的游客来说，动力解释项是游客结合间接经验形成的对节庆旅游吸引物符号系统更为清晰的解读，它是节庆场景产生并作用于游客的直接效力或实际效力，是游客对节庆产生的情感观念。节庆依恋主要由节庆依赖、节庆文化认同和情感依恋所构成。

　　节庆依赖是指游客对节庆功能的依恋，其程度高低取决于节庆的具体属性或设施能否满足游客的需求。多数游客认为广府庙会组织者提供了必要的设施和良好的服务。具体而言，组织者通过不同方式对活动进行宣传推广，让游客能够通过多种途径了解活动信息。本书利用 NVivo11.0 软件的矩阵编码功能，将已经编码的资料作为查询目标，将"游客年龄"和"了解活动途径"两个概念做交集进行查询，运行结果如表 5-5 所示。20~29 岁的游客了解节庆活动的途径最为多样，包括"路过刚好碰到""通过电视了解""通过户外广告了解""通过朋友推荐"和"通过网络了解"；19 岁及以下的游客主要通过朋友推荐；40 岁及以上的游客主要通过传统媒体，如电视和报纸，了解节庆活动信息。虽然不同年龄段游客了解信息的方式有所差异，但组织者多途径的宣传推广几乎覆盖了所有年龄群体，让更多的游客及时了解最新信息。此外，组织者还对活动场地进行合理布局、设立清晰指引，让游客能够快速、便捷地找到喜爱的活动；对节庆现场的工作人员和志愿者进行培训，以便对游客提出的问题做出积极回应，为游客提供专业和人性化的服务。与此同时，合理的活动安排和良好的治安环境也得到游客的认可。

**表 5-5　不同年龄段游客了解节庆活动的途径**

|  | 19 岁及以下 | 20~29 岁 | 30~39 岁 | 40~49 岁 | 50 岁及以上 |
|---|---|---|---|---|---|
| 路过刚好碰到 | 0 | 2 | 2 | 0 | 0 |
| 通过报纸了解 | 0 | 0 | 0 | 0 | 2 |
| 通过电视了解 | 0 | 6 | 0 | 2 | 0 |
| 通过户外广告了解 | 0 | 2 | 0 | 0 | 0 |
| 通过朋友推荐 | 2 | 12 | 2 | 0 | 0 |
| 通过网络了解 | 0 | 12 | 0 | 0 | 0 |

资料来源：利用 NVivo11.0 软件的矩阵编码功能运行结果整理。

　　节庆文化认同是指游客对节庆所属文化特征产生归属感，从而获得文化身份定位的社会心理过程。节庆文化是以文化活动、产品、服务和氛围为表征，以地方民俗、价值取向和审美情趣为深层内涵，以特定时间、地点为时空布局，围绕特定主题的社会文化现象（范建华，2011），节庆本身的文化特质使其在促进游客文化认同中具有先天的优势。游客的节庆文化认同主要表现在对地方文化的认同和文化的归属感两个方面。广府庙会是以广府文化为核心承载物，利用自身独特的文化特征吸引游客，并促进文化的传承和发展。节庆旅游本身具有较强的地域性，游客参与节庆的主要目的是体验和了解不同的地域文化，促进不同文化之间的交流，在了解不同文化价值后增强文化认知满足感，从而产生地方文化认同感。正如游客所描述的，"第一个是它的社会文化价值，比如说手工艺品会让购买者以及制作它的人产生一种精神上的满足，是一种精神层面的认知满足感"（Y44）。节庆给游客提供了深入感受和体验文化活动的机会，游客通过体验将文化认知转变为自我感知的一部分，以此获得自我归属感。"广府庙会给大家提供了这样一个机会，大家可以一起坐在观众席，观看大家都有文化记忆，或者想去了解的一些东西。即使陌生人之间不会有交流，他们心里也会对这个节庆和城市产生一种认同或归属感，从而提升城市整体的凝聚力"（Y44）。

节庆是精神生产活动的产物，承载着人们的情感寄托和精神信仰，具有丰富的文化内涵和地域特征（范建华，2011），能够满足游客的精神需求，促进情感依恋的产生。情感依恋是指游客与节庆的情感连接。游客对节庆的情感依恋主要表现在满足精神需求、增强幸福感、丰富精神生活以及增强社会包容性。节庆活动创造了一个提供阈限体验的特定时间、空间，游客更容易沉浸其中，忘却生活的琐事，放松和休整身心，获得欢乐、和谐和幸福的旅游体验。这种幸福感主要指游客基于节庆体验而产生的欣喜愉悦的主观情绪，有游客表示节庆的特定时间、空间明显区别于日常生活，容易带给他们幸福感，"广府庙会存在的意义在于它能够让我们在元宵节这样一个年后的节日里，继续体验年味和仪式感，让我感觉到有一种仪式感的幸福"（Y24）。广府庙会丰富了游客的文化娱乐生活，提供了人与人交流的平台，加强了游客与当地居民的联结，加之广州这座城市与生俱来的包容性，拉近了游客与节庆的距离，增强了游客对不同文化、不同生活方式的社会包容度。

## （三）最终解释项：节庆忠诚度

符号的解释不会终止于动力解释项，原因在于动力解释项注重的是单一具体的事例，具体的事例体现的是符号的过去和现在，无法体现符号的未来，符号是不断运动的，它还会继续向前发展，直至产生最终解释项。如果说动力解释项描述的是符号对游客心智所产生的实际具体效果，那么最终解释项描述的是符号在得到充分发展后对游客心智产生的完整符号效果，它体现了一种将来的趋势或倾向（张彩霞，2015）。当游客对节庆旅游吸引物表现出忠诚行为意向时，就转换到最终解释项。最终解释项又称结果解释项、规范解释项或终极解释项，它作为一种作用，会决定符号解释者的某些行为习惯（皮尔斯，2014）。对于参与节庆的游客来说，最终解释项是游客充分理解节庆旅游吸引物的符号意义之后，对接下来行为的综合影响效果，表现为游客在参与节庆后，对节庆做出的社交媒体体验分享、推荐意愿等节庆忠诚意向行为。

借鉴 Lovelock（2001）对客户忠诚度的概念界定，本书将节庆忠诚度定义为游客愿意重复多次参与节庆活动，并自愿向周围的人推荐该节庆的行为意向。虽然 Oliver（1999）认为忠诚度由认知忠诚、情感忠诚、意向忠诚、行为忠诚所构成，但多数对游客忠诚度的研究更偏重意向忠诚，广府庙会的游客忠诚行为意向主要表现在体验分享和推荐意愿两个方面。随着社会媒体的快速发展，游客越来越倾向于使用微信、微博、抖音、小红书等社交媒体来记录和分享旅游活动的各个环节。根据中国互联网络信息中心 2020 年 4 月发布的《中国互联网络发展状况统计报告》，截至 2020 年 3 月，我国网民规模已达 9.04 亿人，较 2018 年底增加 7508 万人，微信朋友圈使用率为 85.1%，较 2018 年底上升 1.7 个百分点。朋友圈是一种新型的信息传播方式，游客在朋友圈通过文字、图片、视频等多样化的分享方式，更容易获得人们的信任（聂晶，2019）。很多游客都明确表示会通过发朋友圈的方式分享节庆体验。

"我发了一条朋友圈，将在东山口还有广府庙会主会场拍的一些图片进行了分享，希望大家能来广府庙会"（Y23）。

"我分享的内容是体育馆的巡演。我录了一群可爱的鸭子走路的片段，觉得这个挺搞笑的，就把它发到朋友圈了"（Y24）。

"我可能会以朋友圈的方式进行分享，因为现在大学生如果参加一个节庆活动，或者去景区旅游的话，都会选择在朋友圈跟身边的朋友来分享"（Y43）。

这种自发形成的社会媒体体验分享行为，不仅记录了游客的符号消费过程，还给游客提供了把节庆旅游经历分享给他人的机会，也是表达推荐意愿的重要方式。节庆旅游的推荐意愿是游客在体验节庆活动后对节庆做出的综合评价及向他人推荐意愿的高低。相较于其他形式的节庆宣传而言，游客对节庆的正面口碑传播不需要任何费用，可信度高且效果更好（聂晶，2019），有利于吸引更多潜在的节庆游客。游客持续不断地参与是节庆吸引力的体现方式之一，也是组织者打造节庆旅游吸引物的最终目的。

## （四）符号意义解读："节庆吸引力感知—节庆依恋—节庆忠诚度"模型

皮尔斯提出的解释项有助于分析节庆旅游吸引物符号感知的实际过程，以及对游客思想和情感产生的身心效应，有助于更好地洞察节庆组织者（符号生产者）和游客（符号解释者）的关系。直接解释项、动力解释项和最终解释项的划分则体现了解释者对符号意义解读的深入过程。在节庆旅游吸引物符号系统中，直接解释项是节庆场景自我呈现的意义，是游客置身于节庆现场产生的一种直观感受；在直观感受的基础上，游客对它做出分析而产生的情感观念即为动力解释项；游客对节庆场景的情感解释引导符号过程继续向前发展，直至最终解释项的产生。理论上，这个理解的过程可能是漫长的，但在现实的节庆活动中，游客有明显的开始和结束节庆旅游的行为，故本书将游客参与节庆活动后产生的忠诚行为意向界定为最终解释项。基于此，本书构建了"节庆吸引力感知—节庆依恋—节庆忠诚度"的理论模型。

游客的节庆吸引力感知会影响节庆依恋的产生。节庆吸引力是一个综合性概念，当节庆旅游吸引物传递的符号意义与游客所解读的符号价值刚好吻合时，游客的节庆吸引力感知就越强。组织者竭尽全力通过装饰、布局等营造喜庆、热闹、欢乐的节庆氛围，通过大量的互动活动创造游客与他人互动的机会，通过塑造多样的文化元素让游客感受地域文化和传统文化的魅力，通过活动的合理安排让游客感受节庆的丰富多彩，当游客解读出组织者意欲传递的符号意义时，节庆依恋就在无形中产生了，"庙会的文化活动非常丰富，老家那边就很传统，不像这里的庙会这么多玩的、吃的。大家都很喜欢这样的节日氛围，在这里也可以有一种文化归属感"（Y24）。因此，游客的节庆吸引力感知越强，形成节庆依恋的可能性就越大。

游客的节庆依恋会影响节庆忠诚度。游客对节庆的功能依赖、文化认同和情感依恋越强，体验分享和推荐意愿就越强。从表面上来看，组织者利用对节庆场景的塑造来吸引游客，实际上是通过节庆场景传递节庆的独特性有意识地培育游客的依恋情感。游客一旦表现出对节庆的情感联结，就有很大可能形成节庆忠诚度，"我去了广府庙会的东湖艺术展览，认为这个展览的内容很好，很新颖，也会发一个朋友圈分享这个展览内容或者一些在美食区拍的照片"（Y44）。节庆依赖、节庆文化认同和情感依恋这三种情感观念相互补充、相互配合，共同作用于游客的节庆忠诚度，促使游客形成体验分享、推荐意愿等行为意向。

综上所述，基于皮尔斯的符号学思想，利用扎根理论的方法对游客的访谈资料进行分析，构建了"节庆吸引力感知—节庆依恋—节庆忠诚度"的理论模型。为进一步验证该理论模型，本书结合相关文献，提出研究假设，并利用问卷调查、统计分析等方法进行路径检验。

# 三 节庆吸引力感知、节庆依恋与节庆忠诚度的关系

## （一）研究假设和理论模型

基于前面构建的"节庆吸引力感知—节庆依恋—节庆忠诚度"理论模型，本书结合相关文献采用因子分析进一步验证节庆吸引力感知和节庆依恋的维度构成，并利用结构方程模型，探讨节庆吸引力感知、节庆依恋和节庆忠诚度之间的关系。

### 1. 节庆吸引力感知和节庆依恋的关系

尽管节庆吸引力感知和节庆依恋能够有效地解决现实中多项管理问题，但基本没有相关实证研究验证二者之间的关系。节庆吸引力是能满足游客的利益感知和认知价值的总和，而节庆依恋描述的是人与节庆的情感联结。以往研究较为关注旅游目的地吸引力和地方依恋两个概念，并建立二者之间的关系，如 Lee（2001）认为旅游目的地吸引力是地方依恋的前因变量，二者之间存在正向的因果关系。节庆是地方的社会象征，它不仅提供了游客体验场所，也提供了传承和保护地方象征元素（如历史和习俗）和意义的机会（Lau & Li，2015）。Cheng 等人（2013）指出目的地通过提供高质量的娱乐活动或保护历史文化的方式吸引游客，增强游客对地方的依恋。Xu 和 Zhang（2016）以中国历史名城杭州为例，发现旅游目的地吸引力对游客地方依恋有显著影响，其中地方节庆是旅游目的地吸引力的重要构成要素。在节庆旅游中，组织者为游客提供具有地方特色的独特环境，营造浓厚的节庆氛围，并在该氛围中展示鲜明的文化符号，设置身临其境的节庆活动，加强游客之间的互动，使游客沉浸在这样的环境中，获得积极的情感体验。Lee 和 Chang（2016）研究发现情感体验促进了游客地方认同的形成。这些研究都间接表明，当游客被节庆的特征所吸引时，他们会对节庆举办地形成依恋和认同。如此，节庆常常被视为提高旅游目的地吸引力的工具，能够促进游客节庆依恋的形成。邱宏亮（2017）

以杭州西溪花朝节为例，探讨了节庆意象、节庆依恋和节庆游客环境责任态度与节庆游客环境责任行为的关系，其中节庆依恋包括节庆依赖和节庆认同。Tsaur 等人（2019）认为具有高吸引力的节庆能够激发游客认识、了解和学习地方文化的热情，并与当地居民互动，从而促使游客获得较高的文化认同度和节日认知度，并且节庆吸引力是节庆依恋的驱动力。基于此，本书提出如下假设。

H1a：浓厚的节庆氛围对节庆依赖存在显著正向影响。

H1b：和谐的人际互动对节庆依赖存在显著正向影响。

H1c：鲜明的文化符号对节庆依赖存在显著正向影响。

H1d：丰富的节庆活动对节庆依赖存在显著正向影响。

H2a：浓厚的节庆氛围对节庆文化认同存在显著正向影响。

H2b：和谐的人际互动对节庆文化认同存在显著正向影响。

H2c：鲜明的文化符号对节庆文化认同存在显著正向影响。

H2d：丰富的节庆活动对节庆文化认同存在显著正向影响。

H3a：浓厚的节庆氛围对情感依恋存在显著正向影响。

H3b：和谐的人际互动对情感依恋存在显著正向影响。

H3c：鲜明的文化符号对情感依恋存在显著正向影响。

H3d：丰富的节庆活动对情感依恋存在显著正向影响。

2. 节庆依恋对节庆忠诚度的影响

既有研究较多关注地方依恋和旅游目的地忠诚度的关系，基本没有相关实证研究验证节庆依恋与节庆忠诚度的关系。Lee 等人（2007）将地方依恋用于衡量游客对美国国家森林公园的忠诚度，并发现地方依恋与忠诚意向关联程度高且正相关。同样地，Yuksel 等人（2010）也证实了地方依恋是旅游目的地忠诚度的先决条件，地方依恋的三个维度（地方依赖、情感依恋和地方认同）直接影响认知和情感忠诚，并通过旅游目的地总体满意度间接影响意向忠诚。Lee 等人（2012）将地方依恋划分为社会联结/地方认同和地方依赖两个维度，结果显示地方依恋在节庆满意度和旅游目的地忠诚度之间起中介作用，社会联结/地方认同对重返意愿有很强的正向影响。以上研究都表明地方依恋正向影响目的地忠诚度。蔡礼彬和李雯钰

（2020）以青岛国际啤酒节为例，分析了节庆参与者形成文化认同的四个阶段，并通过问卷调查分析发现，节庆参与者充分感知节庆文化内涵并形成文化认同，会进一步正向影响重游和向他人推荐等行为意向。然而，节庆依恋与节庆忠诚度的关系有待进一步检验。基于此，本书提出如下假设。

H4：节庆依赖对节庆忠诚度有显著正向影响。

H5：节庆文化认同对节庆忠诚度有显著正向影响。

H6：情感依恋对节庆忠诚度有显著正向影响。

综上所述，理论模型和假设关系如图 5-2 所示，该模型将节庆吸引力感知作为节庆依恋的前因变量，通过节庆吸引力感知和节庆依恋来预测游客的节庆忠诚度，对包含所有可能关系的完整模型进行分析，本书对以下假设进行检验。

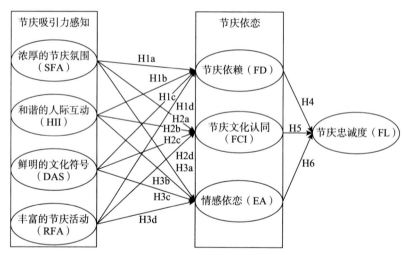

图 5-2 "节庆吸引力感知—节庆依恋—节庆忠诚度"理论模型和假设关系

（二）量表设计

基于扎根理论的编码结果，在收集国内外有关节庆吸引力（动机）、地方（节庆）依恋的相关研究并询问专家的基础上，本书设计了调查问卷题项。

在已有研究中，节庆吸引力常常作为节庆动机的衡量指标之一。

Kruger 和 Saayman（2012）以南非的艺术节为例，将参与节庆的动机分为逃避、新奇、节庆属性、节庆吸引力和社交化。Kruger 和 Saayman（2018）又以爵士音乐节为例，探讨游客行为意向和参与动机之间的关系，将参与动机划分为节庆吸引力、乐趣和爵士乐的欣赏、社交化以及旅行和放松。Tsaur 等人（2019）以中国台湾平溪天灯节为例，将影响节庆依恋的前因变量分为文化探索、新奇探寻、享乐、节庆吸引力。本书结合前文扎根理论的结果，并借鉴已有研究成果（见表5-6），最终得到17个节庆吸引力测量题项（见附录2）。

表 5-6　节庆吸引力的相关研究

| 研究者 | 发表时间 | 测量题项 |
|---|---|---|
| Kruger 和 Saayman | 2012 年 | 它是离我最近的节庆<br>它是一项年度承诺<br>它对我的孩子有好处 |
| Kruger 和 Saayman | 2018 年 | 参加这样的音乐节是我生活方式的一部分<br>它是一项年度承诺<br>这是一次物有所值的经历<br>为了接触不同的爵士乐流派<br>为了聆听/支持我最喜欢的爵士艺术家<br>为了参加这个激动人心的活动<br>因为音乐节融合许多本地和国际爵士艺术家<br>为了逃离繁忙的环境 |
| Tsaur 等 | 2019 年 | 为了参与特别活动<br>为了欣赏新奇事物<br>为了感受节日氛围<br>为了感受独特的气氛<br>我听说该节庆很有趣 |

资料来源：作者根据文献资料整理。

　　节庆依恋的概念主要借鉴地方依恋，地方依恋是人地情感研究中的重要概念，是人文地理学深入探讨的研究领域。地方依恋是一个复杂多维的概念，其多维性在许多研究中得到体现。地方依恋的维度构成会因研究对象、研究视角、研究区域、研究主题的不同而呈现差异。传统上，地方依恋包含地方依赖和地方认同两个维度。有学者将情感依恋纳入其中，如

Yuksel 等人（2010）探讨了地方依恋对顾客满意和忠诚意向的影响，其中地方依恋包括地方认同、情感依恋和地方依赖。Ramkissoon 等人（2013）以国家公园为研究对象，确定地方依恋包含地方依赖、地方认同、情感依恋和社会联结四个维度。Tsaur 等人（2019）在事件依恋的基础上提出节庆依恋，将节庆依恋定义为游客通过体验节庆的功能知识、情感联系和象征性表达而建立的与节庆之间的关系。本书结合前文扎根理论的结果，并借鉴以上研究成果（见表 5-7），最终得到 10 个节庆依恋的测量题项（见附录 2）。

表 5-7　地方（节庆）依恋的相关研究

| 研究者 | 研究情境 | 依恋维度 | 测量题项 |
|---|---|---|---|
| Yuksel 等 | 度假小镇 | 地方依赖 | 对于我喜欢的活动，这里提供的设施是最好的<br>对于我喜欢做的事情，这里提供的环境和设施是最好的<br>相比于其他目的地，我更喜欢这里及其环境 |
| | | 地方认同 | 我觉得这里是我的一部分<br>我强烈认同这个地方<br>游览这里能说明我是谁 |
| | | 情感依恋 | 这里对我来说很重要<br>我很喜欢这里<br>我对这里有强烈的归属感 |
| Ramkissoon 等 | 国家公园 | 地方依赖 | 对于我喜欢做的事，这里提供的环境和设施是最好的<br>对于我最喜欢的活动，这里提供的设施是最好的<br>相比于其他地方，我更喜欢游览这里 |
| | | 地方认同 | 我很认同这里<br>我觉得这里是我的一部分<br>游览这里能说明我是谁 |
| | | 情感依恋 | 我非常喜欢这里<br>我对这里有强烈的归属感<br>这里对我意义重大 |
| | | 社会联结 | 相比其他地方，我的许多朋友/家人更喜欢这里<br>如果我停止游览这里，我将失去与许多朋友的联系<br>如果我要前往其他设施，我的朋友/家人会感到失望 |

续表

| 研究者 | 研究情境 | 依恋维度 | 测量题项 |
|--------|----------|----------|----------|
| Tsaur 等 | 节庆 | 节庆依恋 | 我对该节庆有很多了解<br>与其他活动相比，我认为自己是节庆专家<br>如果要我把所知道的关于该节庆的一切都列出来，这张单子会很长<br>该节庆对我来说很重要<br>与其他节庆相比，该节庆对我来说很重要<br>参加该节庆能够说明我是谁<br>参加该节庆可以让我对自己的性格有大致的了解<br>参加该节庆告诉我一些事情 |

资料来源：作者根据文献资料整理。

对于节庆忠诚度，结合访谈资料并借鉴 Yoon 等人（2010）对节庆忠诚度的测量方法和 Lee 等人（2012）对目的地忠诚度的测量方法，使用 5 个题项来测量（见附录 2）。基于此，本书设计的调查问卷包括 3 个部分，第一部分是询问受访者有没有参与外地节庆的经历，为甄别问题，如果参与本地节庆将结束答题，如果参与外地节庆则要求填写节庆名称及节庆举办地；第二部分是受访者的人口统计学特征，包含性别、年龄、学历、教育程度、职业等基本信息；第三部分是受访者关于"节庆吸引力感知""节庆依恋""节庆忠诚度"的测量题项，该部分的测量均采用李克特五点式量表的形式，询问受访者对每一个题项的同意程度，1 点表示"非常不赞同"，5 点表示"非常赞同"。

### （三）数据收集与基本描述

鉴于当前已有诸多研究采用电子问卷形式收集数据，本次调研主要通过电子问卷形式进行数据的收集，只要做好数据的防偏措施，确保数据的信效度，电子问卷数据分析结果将和实地调研结论一致。本次调研主要通过"问卷星"调研网站（https://www.wjx.cn/）制作线上问卷，并由研究者在微信、QQ 等社交媒体上发放，以"滚雪球"和目的抽样的形式收集问卷。为防止问卷出现偏差问题，本书采取了以下措施：在正式发放问卷之前，先进行了 40 份左右的预测试，排除题项表述不清或题项顺序安排不合理的问题；承诺所有数据信息仅用作学术研究，并要求受访者按自己的真实想法填写；发放问卷时向受访者表示，如按要求填写，将奖励 2 元红包。问卷收集时间为 2020 年 7 月 31 日至 2020 年 8 月 6 日，为期七天，共收到 422 份问卷。正式问卷回收之后，检查问卷内容并对无效问卷进行剔除，剔除的原则包括参与本地节庆活动的问卷、填写问卷时长少于 180 秒、答案出现一定规律性、问卷的所有回答完全一致。出现以上任一情况，则将其视为无效问卷。本书中的待估算参数数量为 32 个、按照样本量应为待估算参数数量的 10 倍以上的原则（Bentler & Chou，1987），本书样本量应大于 320 个。通过网络调查共获得数据完整的有效问卷 375 份，有效率为 88.86%，满足样本量需求。

1. 游客人口统计学特征

从被调查者的人口统计学特征来看，在性别方面，男性 167 人，占总数的 44.5%，女性 208 人，占总数的 55.5%，男女比例相当，不会因为性别比例失调造成结果片面；在年龄结构方面，19 岁及以下占 7.5%，20～29 岁占 66.9%，30～39 岁占 19.5%，40～49 岁占 3.2%，50 岁及以上占 2.9%；在受教育程度方面，初中及以下占 1.3%，高中/中专/技校占 3.5%，大专/本科占 72.0%，硕士及以上占 23.2%，体现了本次问卷调查人群受教育程度较高；在职业方面，政府机关/事业单位职工占 10.4%，企业职工 19.7%，文教科技人员占 8.8%，自由职业者占 9.6%，学生占比最高，为 51.5%，可能是因在校学生在网络平台活跃度高，更愿意参与调研；在税前月收入方面，2000 元及以下的占 41.9%，2001～5000 元的占 21.6%，5001～10000 元的占 21.9%，10001～15000 元的占 9.9%，15000 元以上的占 4.8%；在出行方式方面，独自一人出行的占 9.3%，与家人一起出行的占 36.5%，而与同事/朋友/同学/情侣一起出行的占 53.3%，远超独自一人出行的样本人群；在参加次数方面，第一次参加节庆的占 53.9%，第二次的占 20.5%；三次及以上的占 25.6%（见表 5-8）。总体而言，样本的人口统计学特征具有一定的代表性。游客参与的节庆包括冰雪节、灯光节、泼水节、旅游文化节、美食节、干巴节、啤酒节、光影节等，节庆丰富多样，分布于黑龙江、云南、陕西、澳门等地区。

表 5-8 调查样本人口统计学特征（$N = 375$）

单位：人，%

| 项目 | | 数量 | 占比 |
|---|---|---|---|
| 性别 | 男 | 167 | 44.5 |
| | 女 | 208 | 55.5 |
| 年龄结构 | 19 岁及以下 | 28 | 7.5 |
| | 20~29 岁 | 251 | 66.9 |
| | 30~39 岁 | 73 | 19.5 |
| | 40~49 岁 | 12 | 3.2 |
| | 50 岁及以上 | 11 | 2.9 |
| 受教育程度 | 初中及以下 | 5 | 1.3 |
| | 高中/中专/技校 | 13 | 3.5 |
| | 大专/本科 | 270 | 72.0 |
| | 硕士及以上 | 87 | 23.2 |
| 职业 | 政府机关/事业单位职工 | 39 | 10.4 |
| | 企业职工 | 74 | 19.7 |
| | 学生 | 193 | 51.5 |
| | 文教科技人员 | 33 | 8.8 |
| | 自由职业者 | 36 | 9.6 |
| 税前月收入 | 2000 元及以下 | 157 | 41.9 |
| | 2001~5000 元 | 81 | 21.6 |
| | 5001~10000 元 | 82 | 21.9 |
| | 10001~15000 元 | 37 | 9.9 |
| | 15000 元以上 | 18 | 4.8 |
| 出行方式 | 独自一人 | 35 | 9.3 |
| | 与家人一起 | 137 | 36.5 |
| | 与同事/朋友/同学/情侣一起 | 200 | 53.3 |
| | 其他 | 3 | 0.8 |
| 参加次数 | 第一次 | 202 | 53.9 |
| | 第二次 | 77 | 20.5 |
| | 第三次及以上 | 96 | 25.6 |

2. 样本的正态检验

在进行因子分析和结构模型分析之前，需要对观测变量的正态性进行检验。使用SPSS24.0软件对各测量题项进行正态检验，偏度和峰度分析结果显示测量题项的偏度系数在［−1.419，−0.453］，均小于3，峰度系数在［−0.961，2.355］，均小于10，参照Kline（1998）提出的正态分布检验标准，数据符合正态分布的假定（见表5−9）。

表5−9　样本的描述性统计（$N = 375$）

| 题项 | 均值统计 | 标准差统计 | 偏度 | | 峰度 | |
|---|---|---|---|---|---|---|
| | | | 统计量 | 标准误 | 统计量 | 标准误 |
| SFA1 | 3.99 | 0.843 | −0.652 | 0.126 | 0.369 | 0.251 |
| SFA2 | 3.89 | 0.903 | −0.652 | 0.126 | 0.363 | 0.251 |
| SFA3 | 3.80 | 0.974 | −0.598 | 0.126 | 0.082 | 0.251 |
| SFA4 | 4.01 | 0.885 | −0.840 | 0.126 | 0.821 | 0.251 |
| HII1 | 3.95 | 0.878 | −0.713 | 0.126 | 0.532 | 0.251 |
| HII2 | 4.09 | 0.843 | −0.986 | 0.126 | 1.373 | 0.251 |
| HII3 | 4.14 | 0.857 | −1.141 | 0.126 | 1.880 | 0.251 |
| HII4 | 4.06 | 0.887 | −0.934 | 0.126 | 0.986 | 0.251 |
| DAS1 | 4.03 | 0.910 | −0.994 | 0.126 | 1.169 | 0.251 |
| DAS2 | 4.06 | 0.935 | −1.085 | 0.126 | 1.343 | 0.251 |
| DAS3 | 4.03 | 0.946 | −1.088 | 0.126 | 1.337 | 0.251 |
| DAS4 | 4.00 | 0.963 | −1.016 | 0.126 | −0.961 | 0.251 |
| DAS5 | 3.79 | 1.049 | −0.693 | 0.126 | 0.044 | 0.251 |
| RFA1 | 4.11 | 0.934 | −1.379 | 0.126 | 2.355 | 0.251 |
| RFA2 | 4.10 | 0.932 | −1.364 | 0.126 | 2.327 | 0.251 |
| RFA3 | 4.21 | 0.923 | −1.419 | 0.126 | 2.277 | 0.251 |
| RFA4 | 4.07 | 0.924 | −1.106 | 0.126 | 1.398 | 0.251 |
| FD1 | 3.87 | 0.854 | −0.628 | 0.126 | 0.694 | 0.251 |
| FD2 | 3.88 | 0.875 | −0.553 | 0.126 | 0.176 | 0.251 |
| FD3 | 3.97 | 0.911 | −1.028 | 0.126 | 1.415 | 0.251 |
| FCI1 | 4.09 | 0.814 | −1.070 | 0.126 | 1.918 | 0.251 |
| FCI2 | 3.90 | 0.919 | −0.586 | 0.126 | 0.139 | 0.251 |
| FCI3 | 3.96 | 0.947 | −0.875 | 0.126 | 0.636 | 0.251 |
| EA1 | 4.01 | 0.794 | −0.653 | 0.126 | 0.733 | 0.251 |
| EA2 | 4.01 | 0.846 | −0.781 | 0.126 | 1.017 | 0.251 |

| 题项 | 均值统计 | 标准差统计 | 偏度 | | 峰度 | |
|---|---|---|---|---|---|---|
| | | | 统计量 | 标准误 | 统计量 | 标准误 |
| EA3 | 4.06 | 0.838 | −1.136 | 0.126 | 2.256 | 0.251 |
| EA4 | 4.07 | 0.805 | −0.714 | 0.126 | 0.704 | 0.251 |
| FL1 | 3.90 | 0.887 | −0.757 | 0.126 | 0.665 | 0.251 |
| FL2 | 3.97 | 0.883 | −0.861 | 0.126 | 0.902 | 0.251 |
| FL3 | 3.95 | 0.931 | −0.959 | 0.126 | 1.007 | 0.251 |
| FL4 | 3.80 | 0.889 | −0.453 | 0.126 | 0.073 | 0.251 |
| FL5 | 3.93 | 0.853 | −0.689 | 0.126 | 0.684 | 0.251 |

## （四）节庆吸引力感知的因子分析

本书对节庆吸引力感知分别进行探索性因子分析和验证性因子分析。首先运用 SPSS24.0 软件，采用主成分分析法和方差最大化正交旋转，提取节庆吸引力感知的构成因子，结果如表 5-10 所示。探索性因子分析结果显示，*KMO* 值为 0.912，Bartlett 球形检验显著性为 0.000（小于 0.001），近似卡方值为 4148.328，自由度为 136，表明适合做因子分析。进一步以特征值大于 1 作为因子提取的标准，对节庆吸引力感知的 17 个测量题项进行探索性因子分析，最终提取 4 个因子，累计贡献率为 73.086%，超过 60% 的提取界限，说明这 4 个因子能够较好地代表测量题项的大多数信息。然而，题项"该节庆可以让我感受文化符号的传承发展"旋转因子后的因子载荷小于 0.5，予以删除。最终探索性因子分析的 *KMO* 值为 0.911，Bartlett 球形检验显著性为 0.000（小于 0.001），近似卡方值为 4057.197，自由度为 120。另外，各维度因子的信度值（Cronbach's α）处于 [0.888，0.907]，均高于标准的 0.7，表明 4 因子模型具有较高的内部一致性。

为了进一步验证上述结构的合理性，本书利用 AMOS24.0 统计软件进行验证性因子分析，结果表明 4 因子模型的总体拟合情况如下：$\chi^2/df = 2.244$，*GFI* 为 0.931，*CFI* 为 0.970，*IFI* 为 0.970，*RMSEA* 为 0.058，各指标均达到理想的水平。① 从内在拟合质量来看（见表 5-10），各个测项在相应维度上的标准化因子载荷为 0.781~0.873，均在 $p<0.001$ 水平上通过显著性检验。各维度的 CR 均高于 0.7，AVE 均高于 0.5，表明各维度具有良好的收敛效度。区分效度可以通过比较 AVE 的算术平方根与各变量的相关系数进行检验（见附件 6 表 1），节庆吸引力感知各维度相关系数介于 [0.256，0.358]，节庆吸引力感知各维度 AVE 的算术平方根介于 [0.816，0.843]，均大于各变量相关系数，因而节庆吸引力感知各维度具有理想的区分效度。

表 5-10　节庆吸引力感知的因子分析成分矩阵

| 维度 | 测量指标 | 探索性因子分析 | | | 验证性因子分析 | | |
|------|---------|------|------|------|------|------|------|
| | | 载荷 | 特征值 | 解释方差 | 载荷 | CR | AVE |
| 浓厚的节庆氛围 | | | 1.672 | 0.191 | | 0.894 | 0.679 |
| SFA1 | 具有喜庆热闹的节日氛围 | 0.781 | | | 0.816 | | |
| SFA2 | 具有欢乐祥和的节庆氛围 | 0.851 | | | 0.851 | | |
| SFA3 | 具有主题鲜明的文化氛围 | 0.818 | | | 0.781 | | |
| SFA4 | 营造出别具一格的节庆环境 | 0.804 | | | 0.847 | | |
| 和谐的人际互动 | | | 1.455 | 0.186 | | 0.889 | 0.666 |
| HII1 | 拉近我与他人的距离 | 0.829 | | | 0.857 | | |
| HII2 | 让我能与他人分享节日喜悦 | 0.731 | | | 0.797 | | |
| HII3 | 让我能与他人共同参与互动活动 | 0.800 | | | 0.815 | | |
| HII4 | 增进我与他人的情感交流 | 0.821 | | | 0.794 | | |
| 鲜明的文化符号 | | | 1.535 | 0.189 | | 0.889 | 0.666 |
| DAS1 | 感受吉祥符号的美好寓意 | 0.795 | | | 0.813 | | |
| DAS2 | 感悟地方文化符号的内涵 | 0.846 | | | 0.837 | | |
| DAS3 | 感受地域文化符号的差异 | 0.832 | | | 0.833 | | |
| DAS4 | 感受儿时记忆的怀旧符号 | 0.749 | | | 0.781 | | |
| 丰富的节庆活动 | | | 7.551 | 0.197 | | 0.907 | 0.710 |
| RFA1 | 内容丰富 | 0.825 | | | 0.873 | | |

---

① $\chi^2/df$ 是卡方与自由度的比值，通常用于评估模型的拟合优度。GFI 是拟合优度指数，用于衡量模型对数据的解释程度。CFI 是比较拟合指数，用于比较假设模型与独立模型（即变量之间没有关系的模型）的拟合程度。IFI 是递增拟合指数，用于评估模型相对于独立模型的改进程度。RMSEA 是近似误差均方根，用于衡量模型与数据的近似拟合程度。RMR 是均方根残差，用于衡量观测数据的协方差矩阵与模型预测的协方差矩阵之间的差异。

| 维度 | 测量指标 | 探索性因子分析 | | | 验证性因子分析 | | |
|------|----------|------|--------|------------|------|-----|-----|
| | | 载荷 | 特征值 | 解释方差 | 载荷 | CR | AVE |
| RFA2 | 形式多样 | 0.805 | | | 0.852 | | |
| RFA3 | 创意十足 | 0.819 | | | 0.829 | | |
| RFA4 | 精彩纷呈 | 0.809 | | | 0.816 | | |

## （五）节庆依恋的因子分析

本书对节庆依恋分别进行了探索性因子分析和验证性因子分析。运用SPSS24.0软件，采用主成分分析法和方差最大化正交旋转，提取节庆依恋的构成因子，结果如表5-11所示。探索性因子分析结果显示，$KMO$ 值为0.871，Bartlett 球形检验显著性为 0.000（小于 0.001），近似卡方值为2078.994，自由度为 45，表明适合做因子分析。进一步以特征值大于1作为因子提取的标准，对节庆依恋的 10 个测量题项进行探索性因子分析，最终提取 3 个因子，累计贡献率为 76.147%，超过 60% 的提取界限，说明这 3 个因子能够较好地代表测量题项的大多数信息。另外，各维度因子的信度值（Cronbach's $\alpha$）处于 [0.856，0.877]，均高于标准的 0.7，表示 3 因子模型具有较高的内部一致性。

为了进一步验证上述结构的合理性，本书利用 AMOS24.0 统计软件，进行验证性因子分析，3 因子模型的总体拟合情况如下：$\chi^2/df = 1.762$，$GFI$ 为 0.971，$CFI$ 为 0.988，$IFI$ 为 0.988，$RMSEA$ 为 0.045，各指标均达到理想的水平。从内在拟合质量来看（见表 5-11），各个测项在相应维度上的标准化因子载荷为 0.705~0.873，均在 $p < 0.001$ 水平上通过显著性检验。各维度的 $CR$ 均高于 0.7，$AVE$ 均高于 0.5，表明各维度具有良好的收敛效度。区分效度可以通过比较 $AVE$ 的算术平方根与各变量的相关系数进行检验（见附件6表2），节庆依恋各维度相关系数介于 [0.527，0.600]，节庆依恋各维度 $AVE$ 的算术平方根介于 [0.787，0.841]，均大于各变量相关系数，因而节庆依恋各维度具有理想的区分效度。

表 5-11 节庆依恋的因子分析成分矩阵

| 维度 | 测量指标 | 探索性因子分析 | | | 验证性因子分析 | | |
|---|---|---|---|---|---|---|---|
| | | 载荷 | 特征值 | 解释方差 | 载荷 | CR | AVE |
| 节庆依赖 | | | 1.240 | 0.235 | | 0.856 | 0.666 |
| FD1 | 提供很好的设施和服务 | 0.827 | | | 0.849 | | |
| FD2 | 活动安排合理 | 0.807 | | | 0.783 | | |
| FD3 | 创造良好的治安环境 | 0.874 | | | 0.814 | | |
| 节庆文化认同 | | | 1.349 | 0.245 | | 0.880 | 0.708 |
| FCI1 | 我认同地方文化 | 0.820 | | | 0.799 | | |
| FCI2 | 我产生文化归属感 | 0.837 | | | 0.873 | | |
| FCI3 | 唤起我的文化记忆 | 0.874 | | | 0.851 | | |
| 情感依恋 | | | 5.026 | 0.285 | | 0.866 | 0.619 |
| EA1 | 满足我的精神需求 | 0.801 | | | 0.792 | | |
| EA2 | 增强我的幸福感 | 0.820 | | | 0.835 | | |
| EA3 | 丰富我的精神生活 | 0.812 | | | 0.810 | | |
| EA4 | 增强我的社会包容性 | 0.756 | | | 0.705 | | |

## （六）结构方程检验分析

为了进一步探讨节庆吸引力感知、节庆依恋和节庆忠诚度之间的因果关系，本书利用结构方程模型进行验证，并采用 AMOS24.0 统计软件中的极大似然估计法进行参数估计和模型拟合度的检验。运行结果显示，所有观察变量的标准化载荷取值介于 [0.71，0.87]，所有观察指标的 $t$ 检验值都在 0.01 水平上显著，说明观察变量能够很好地解释相应的潜变量，模型适配指标良好。在整体适配度方面，绝对适配度指数 $\chi^2/df$ 为 1.912（小于 3）、RMR 为 0.032（小于 0.05）、RMSEA 为 0.049（小于 0.08），增值适配度指数 NFI 为 0.905、IFI 为 0.953、CFI 为 0.952 分别，均大于 0.9，简约适配度指数 PGFI 为 0.731，大于 0.5，结合其他适配度指标，说明模型拟合度可以接受。验证路径如图 5-3 所示，路径关系检验结果如表 5-12 所示。

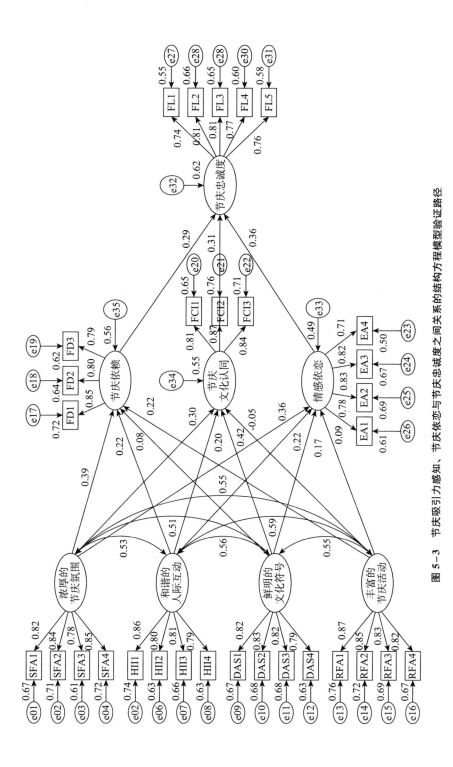

图 5-3　节庆吸引力感知、节庆依恋与节庆忠诚度之间关系的结构方程模型验证路径

表 5-12　路径关系检验结果

| 研究假设 | 路径关系 | 标准化路径系数（$t$） | 检验结果 |
|---|---|---|---|
| H1a | 浓厚的节庆氛围→节庆依赖 | 0.392***（6.411） | 接受 |
| H1b | 和谐的人际互动→节庆依赖 | 0.216***（3.416） | 接受 |
| H1c | 鲜明的文化符号→节庆依赖 | 0.077（1.287） | 拒绝 |
| H1d | 丰富的节庆活动→节庆依赖 | 0.219***（3.493） | 接受 |
| H2a | 浓厚的节庆氛围→节庆文化认同 | 0.299***（4.968） | 接受 |
| H2b | 和谐的人际互动→节庆文化认同 | 0.203*（3.222） | 接受 |
| H2c | 鲜明的文化符号→节庆文化认同 | 0.423***（6.656） | 接受 |
| H2d | 丰富的节庆活动→节庆文化认同 | -0.051（-0.822） | 拒绝 |
| H3a | 浓厚的节庆氛围→情感依恋 | 0.359***（5.629） | 接受 |
| H3b | 和谐的人际互动→情感依恋 | 0.223***（3.388） | 接受 |
| H3c | 鲜明的文化符号→情感依恋 | 0.174*（2.760） | 接受 |
| H3d | 丰富的节庆活动→情感依恋 | 0.095（1.460） | 拒绝 |
| H4 | 节庆依赖→节庆忠诚度 | 0.291***（5.105） | 接受 |
| H5 | 节庆文化认同→节庆忠诚度 | 0.308***（5.521） | 接受 |
| H6 | 情感依恋→节庆忠诚度 | 0.358***（6.156） | 接受 |

注：* 代表 $p<0.05$，** 代表 $p<0.01$，*** 代表 $p<0.001$。

从模型的检验结果来看，15 个假设中有 12 个得到验证，假设 H1c、H2d 和 H3d 未得到支持。检验结果可以从以下几个方面进行概括和分析。

第一，节庆吸引力感知的 4 个不同维度影响节庆依赖的路径并不相同。H1a 说明浓厚的节庆氛围感知对节庆依赖的影响，分析结果表明浓厚的节庆氛围感知显著正向影响节庆依赖（标准化路径系数为 0.392，$t$ 值为 6.411，$p<0.001$），说明游客感知到的节庆氛围越浓厚，越能产生对节庆功能上的依赖，H1a 得到证实。H1b 说明和谐的人际互动感知对节庆依赖的影响，分析结果表明和谐的人际互动感知显著正向影响节庆依赖（标准化路径系数为 0.216，$t$ 值为 3.416，$p<0.001$），说明游客感知到的人际互动越和谐，越能产生对节庆功能上的依赖，H1b 得到证实。H1c 说明鲜明的文化符号感知对节庆依赖的影响，$p$ 值大于 0.05，$t$ 值小于 1.96，H1c 不成立，说明鲜明的文化符号感知对节庆依赖没有显著影响，其原因可能

是游客在人际互动中感受到的是人与人的关系，并不在意人与物（设施等）之间的关系建立。H1d 说明丰富的节庆活动感知对节庆依赖的影响，分析结果表明丰富的节庆活动感知显著正向影响节庆依赖（标准化路径系数为 0.219，$t$ 值为 3.493，$p<0.001$），说明游客感知到的节庆活动越丰富，越能产生对节庆功能上的依赖，H1d 得到证实。

第二，节庆吸引力感知的 4 个不同维度影响节庆文化认同的路径并不相同。H2a 说明浓厚的节庆氛围感知对节庆文化认同的影响，分析结果表明浓厚的节庆氛围感知显著正向影响节庆文化认同（标准化路径系数为 0.299，$t$ 值为 4.968，$p<0.001$），说明游客感知到的节庆氛围越浓厚，越能产生对节庆文化上的认同，H2a 得到证实。H2b 说明和谐的人际互动感知对节庆文化认同的影响，分析结果表明和谐的人际互动感知显著正向影响节庆文化认同（标准化路径系数为 0.203，$t$ 值为 3.222，$p<0.05$），说明游客感知到的人际互动越和谐，越能产生对节庆文化上的认同，H2b 得到证实。H2c 说明鲜明的文化符号感知对节庆文化认同的影响，分析结果表明鲜明的文化符号感知显著正向影响节庆文化认同（标准化路径系数为 0.423，$t$ 值为 6.656，$p<0.001$），说明游客感知到的文化符号越鲜明，越能产生对节庆文化上的认同，H2c 得到证实。H2d 说明丰富的节庆活动感知对节庆文化认同的影响，$p$ 值大于 0.05，$t$ 值小于 1.96，H2d 不成立，说明丰富的节庆活动感知对节庆文化认同没有显著影响，其原因可能是节庆活动文化元素多样，既有当地文化，也有外地文化，既有国内文化，也有国外文化，让游客对节庆文化的定位和认同感不太强烈；也可能是游客感受节庆的丰富内容时，仅关注了其趣味性和娱乐性，忽略了活动的文化内涵。

第三，节庆吸引力感知的 4 个不同维度影响情感依恋的路径并不相同。H3a 说明浓厚的节庆氛围感知对情感依恋的影响，分析结果表明浓厚的节庆氛围感知显著正向影响情感依恋（标准化路径系数为 0.359，$t$ 值为 5.629，$p<0.001$），说明游客感知到的节庆氛围越浓厚，越能产生对节庆情感上的依恋，H3a 得到证实。H3b 说明和谐的人际互动感知对情感依恋的影响，分析结果表明和谐的人际互动感知显著正向影响情感依恋（标准

化路径系数为 0.223，$t$ 值为 3.388，$p<0.001$），说明游客感知到的人际互动越和谐，越能产生对节庆情感上的依恋，H3b 得到证实。H3c 说明鲜明的文化符号感知对情感依恋的影响，分析结果表明鲜明的文化符号感知显著正向影响情感依恋（标准化路径系数为 0.174，$t$ 值为 2.760，$p<0.05$），说明游客感知到的文化符号越鲜明，越能产生对节庆情感上的依恋，H3c 得到证实。H3d 说明丰富的节庆活动感知对情感依恋的影响，$p$ 值大于 0.05，$t$ 值小于 1.96，H3d 不成立，说明丰富的节庆活动感知对情感依恋没有显著影响，可能的原因是一些游客在节庆现场主要以观赏为主，接触时间过短，即便感知到有丰富多样的节庆活动，也不会对情感依恋造成显著的影响。

第四，节庆依恋对节庆忠诚度有正向的显著影响。H4 说明节庆依赖对节庆忠诚度的影响，分析结果表明节庆依赖显著正向影响忠诚度（标准化路径系数为 0.291，$t$ 值为 5.105，$p<0.001$），说明游客对节庆功能越依赖，忠诚度就越高，H4 得到证实。H5 说明节庆文化认同对节庆忠诚度的影响，分析结果表明节庆文化认同显著正向影响节庆忠诚度（标准化路径系数为 0.308，$t$ 值为 5.521，$p<0.001$），说明游客对节庆文化越认同，忠诚度就越高，H5 得到证实。H6 说明情感依恋对节庆忠诚度的影响，分析结果表明情感依恋显著正向影响节庆忠诚度（标准化路径系数为 0.358，$t$ 值为 6.156，$p<0.001$），说明游客对节庆情感上越依恋，忠诚度就越高，即再次参与和向他人推荐的意愿就越强烈，H6 得到证实。因此，节庆组织者要想吸引更多游客参与节庆，就要采取措施在功能上、文化认同上和情感上建立节庆与游客的依恋关系。

# 四　本章小结

本章采用定性与定量研究相结合的方法，从游客符号消费的角度，探讨了节庆旅游吸引物符号系统的意义解读，结合第三章和第四章的内容，形成完整的节庆旅游吸引物"符号生产—符号互动—符号消费"的符号建构过程。研究主要得出以下结论。

基于皮尔斯的符号学理论，符号解释者通过再现体的解读理解符号生产者意图传递的符号意义。为探讨节庆旅游吸引物的符号解读过程，本书采用扎根理论的方法，对游客的访谈资料进行了质性分析，通过对访谈资料概念化和初始范畴化、主范畴的发掘、核心范畴与主范畴的典型关系结构识别，提炼了 228 个初始概念、30 个范畴和 8 个主范畴，构建了基于符号解读的"节庆吸引力感知—节庆依恋—节庆忠诚度"的节庆旅游吸引物符号解读模型。节庆吸引力感知是直接解释项，是游客对符号的直接反应；节庆依恋是动力解释项，是游客对符号做出的进一步解读；节庆忠诚度是最终解释项，是符号得到充分发展后对游客产生的一种作用。游客对节庆旅游吸引物符号系统的解读是一个不断深入的过程，节庆吸引力感知会促进节庆依恋的产生，而节庆依恋又会促进节庆忠诚度的形成。

基于节庆旅游吸引物的符号意义解读模型，本章对国内外节庆吸引力（动机）、地方（节庆）依恋研究相关成果进行梳理，探索并验证节庆吸引力、节庆依恋的概念维度构成，并运用结构方程模型对三者的关系进行实证分析。具体而言，首先，构建了一个包含 4 个维度 16 个题项的节庆吸引力量表，4 个维度分别为浓厚的节庆氛围、和谐的人际互动、鲜明的文化符号和丰富的节庆活动；其次，构建了一个包含 3 个维度 10 个题项的节庆依恋量表，3 个维度分别为节庆依赖、节庆文化认同和情感依恋，以上结果可为节庆吸引力、节庆依恋的维度构成和量表开发的相关研究提供参考；最后，探讨了"节庆吸引力感知—节庆依恋—节庆忠诚度"之间的逻辑关系，研究发现，节庆吸引力感知中浓厚的节庆氛围、和谐的人际互动、丰富的节庆活动正向影响节庆依赖，节庆吸引力感知中浓厚的节庆氛围、和谐的人际互动、鲜明的文化符号正向影响节庆文化认同和情感依恋，节庆依赖、节庆文化认同和情感依恋均正向影响节庆忠诚度。本书的研究在节庆理论构建上具有探索性意义，也丰富了节庆旅游游客认知、情感和意向行为的研究。

# 第六章
# 研究结论与管理启示

真正的人类符号不体现在它的一律性上，而体现在它的多面性上，它不是僵硬呆板的，而是灵活多变的（卡西尔，2013）。相较于景观型旅游吸引物，节庆旅游吸引物的符号系统更加灵活多变，这正是其魅力所在。符号魅力不仅体现为符号本身，还体现在符号代表的意义上。节庆组织者根据自身的主观能动性塑造客观的节庆场景并赋予其意义，游客根据对节庆场景的现场体验，解读组织者意图传递的意义内涵，并积极参与节庆旅游吸引物的符号建构。皮尔斯的符号学理论有助于理解组织者和游客之间的意义传递过程。因此，本书立足于皮尔斯的符号学理论，以广州广府庙会为例，通过扎根理论、互文性理论、符号学方法等探讨了节庆旅游吸引物的符号建构过程。本章旨在总结前文的研究结论，形成节庆旅游吸引物的符号建构模型，并讨论相应的研究贡献，最后提出节庆旅游开发和管理启示。

## 一　主要结论

索绪尔和皮尔斯同为现代符号学的奠基者，相比较而言，皮尔斯的符号学理论应用范围更宽泛。皮尔斯认为在一定情况下，一切事物都有可能成为符号，而一个完整意义上的符号由对象、再现体和解释项三部分共同构成，符号的意义来源于三部分之间的关系，即对象和再现体构成的表征关系、再现体和解释项构成的意指关系、对象和解释项构成的间接意义传递关系。本书收集组织者和游客的数据，试图用皮尔斯的符号学理论，基于"符号生产—符号互动—符号消费"的思路，剖析节庆旅游吸引物符号系统中，节庆旅游吸引物与节庆场景的表征关系，节庆场景和游客节庆吸引力之间的意指关系，以及节庆旅游吸引物意图传递给游客意义的间接关系，构建组织者和游客共同参与的节庆旅游吸引物符号建构模型，形成以下几点结论。

第一，符号生产阶段，节庆组织者秉承吸引力理念，经由组织策划，塑造体验式场景。

节庆是地方文化的重要表征，是极具地方特色的文化符号。无论是现代节庆还是传统节庆，都是在特定时空围绕主题集中展现地方文化符号元素的集合，相应地，节庆可被看成各种符号的系统整合。蓬勃发展的节庆旅游，使节庆成为近年来发展最快的旅游吸引物之一，节庆旅游吸引物向游客提供了展示地方非物质文化遗产、民族背景和文化景观的机会，其吸引力来源于活动的独特性。节庆组织者符号生产的目的就是将节庆旅游吸引物的吸引力变成可感知、可体验的物质载体，并让这种客观的独特性转化成游客体验的独特性。

可将广府庙会的发展分为初创与探索的起步阶段、承接与调整的规范阶段、成熟与创新的稳固阶段。广府庙会随着组织者的思路和社会发展变化而改变，表现为节庆理念由适应需求向创造需求转变，节庆主体的举办模式由政府包揽向政府主导多方参与转变，节庆内容由观赏性主导向参与性主导转变，这种转变让节庆旅游吸引物每次呈现的符号都不完全相同。为探究节庆旅游吸引物符号生产过程，本书基于扎根理论对组织者的会议记录和访谈资料进行分析。研究发现，符号生产阶段，节庆组织者基于对节庆旅游吸引物的吸引力的理解，组织和管理符号生产所需的各种资源，坚持弘扬传统文化、注重文化创新、紧跟国家战略、顺应时代潮流等策划理念，塑造了包含安全保障、节目表演、创意互动、美食小吃、商贸展销、人员服务、辅助设施和节庆氛围的节庆场景。该场景浓缩了地方文化内涵并以游客期待的方式呈现出来，灵活多样、可塑性强，可不断为游客提供具有吸引力的节庆体验。

由此，节庆组织者通过策划、组织、管理完成节庆旅游吸引物的表征过程，也就是组织者基于节庆旅游吸引物的吸引力的理解，塑造节庆场景的过程，使节庆旅游吸引物能以游客可感知、可体验的方式呈现出来。

第二，符号互动阶段，游客置身于节庆场景之中，与符号开展互动，形成文化、新奇、社交和情感体验。

组织者利用仪式、氛围、服务、互动活动等塑造富有吸引力的节庆场景，还无法使节庆成为旅游吸引物，只有当游客感受到节庆吸引力，并从不同地方前来参与节庆活动时，节庆才成为节庆旅游吸引物。当游客在充斥着符号的节庆场景中，暂时性超越日常时间、空间，获得阈限体验，进行人与人、人与物的互动时，组织者塑造的节庆场景才发挥其承载吸引力意义的作用。

本书基于互文性理论，采用巴尔特明示符号和隐含符号的二级符号系统对游客拍摄的图片进行分析。从明示符号分析的视角，将图片内容分为商贸展销、节目表演、美食小吃、参与人群、建筑设施、节庆氛围、辅助设施、人员服务、创意互动和安全保障。相较于组织者塑造的节庆场景要素，游客还关注参与人群和建筑设施，说明游客不仅简单地参与节庆场景，还与其他参与者一起成为节庆场景中的构成部分。此外，节庆与举办地之间的关系密不可分，游客会关注节庆本身，也会通过周围的建筑设施了解地方特色。如此，游客在节庆场景的符号互动中，对节庆场景要素表现出较高的接受程度，不仅被动地接受组织者塑造的节庆场景要素，还主动创出新的要素，而这种主动创造过程让游客形成文化、新奇、情感和社交的现场体验。本书遵循量表开发的步骤，通过问卷调查、探索性和因子分析验证性因子分析、信效度检验，对节庆旅游体验维度模型的合理性进行验证。这些体验不仅构成了游客"阅读"节庆场景的基础，也为游客对节庆旅游吸引物符号的意义解读做好铺垫。

第三，符号消费阶段，游客遵循"节庆吸引力感知—节庆依恋—节庆忠诚度"的过程进行符号解读。

节庆旅游消费不仅是节庆场景中的物质消费，还是以物质消费为载体满足心理需求的符号价值消费。当游客开始探索和理解节庆场景背后的含义和寓意对其进行深度解码时，便转到符号意义解读阶段。在这个阶段，节庆游客利用间接经验理解所关注符号的真正意义，试图探究节庆吸引力的内涵。随着节庆体验的进一步深入，游客主动赋予节庆场景符号意义，逐步形成对节庆吸引力的理解，获得符号消费的意义。

本书基于皮尔斯的解释项三分理论（直接解释项、动力解释项、最终解释项），说明了游客对符号意义的解读是一个层层深入的动态过程。通过对游客访谈资料的分析，发现游客在解读节庆场景的过程中，首先形成对符号的直接反应，节庆吸引力感知（直接解释项）由浓厚的节庆氛围、和谐的人际互动、鲜明的文化符号和丰富的节庆活动所组成；其次，这种感知会对游客产生实际效果，使游客产生功能上、文化认同上和情感上的节庆依恋，节庆依恋（动力解释项）提供了衡量和评判节庆场景的标准；最后，随着理解的不断深入，节庆场景会对游客心智产生完整的符号效果，表现出一种对节庆忠诚的未来倾向。由此构建"节庆吸引力感知—节庆依恋—节庆忠诚度"的节庆旅游吸引物符号意义解读模型。为验证该模型，结合文献开发量表并提出假设，通过结构方程模型对假设进行检验，证实了节庆吸引力感知中浓厚的节庆氛围、和谐的人际互动和丰富的节庆活动对节庆依恋有积极的贡献，节庆依恋会正向影响节庆忠诚度。

第四，节庆旅游吸引物的符号建构由符号生产、符号互动、符号消费三个阶段所构成。

节庆旅游吸引物的符号建构主要由三个阶段构成，一是节庆组织者的符号生产过程；二是游客的符号互动过程；三是游客的符号消费过程。在第一个阶段中，节庆组织者确定了节庆旅游吸引物系统中吸引力的重要地位，力图吸引游客参与。节庆组织者基于社会价值和理想，如紧跟国家战略、顺应时代潮流等，以及对游客期待的理解，深入挖掘地方特色，塑造独具特色的节庆场景并赋予其意义。节庆组织者把节庆有意塑造成承载意义、价值和想象的独特吸引物，从而使节庆从相似的旅游吸引物中脱颖而出，成为独特的、充满意义的旅游吸引物。在第二个阶段中，游客通过在场体验"阅读"节庆场景，游客的身体和节庆场景进行符号互动。在第三个阶段中，游客对节庆场景进行符号意义解读，即生产新的符号，它是由再现体在游客心中发展的解释项，是一个发展得更为充分的符号。以上三个阶段形成了一个完整的节庆旅游吸引物符号建构系统，该系统是开放的，会随着节庆活动的周期性举办，通过组织者和游客的互动，获得反馈并及时调整，进而继续发展（见图6-1）。

事实上，组织者和游客在节庆旅游吸引物符号建构中发挥着不同的作用。组织者将节庆旅游吸引物的吸引力特征浓缩化和具体化，以节庆场景的形式呈现，吸引游客参与互动，游客则基于自身的理解，将这些高度浓缩化和具体化的节庆场景复原和延伸成节庆吸引力体系，完成意义的传递。然而，由于组织者和游客在吸引力理解上的偏差，意义传递会无法避免地出现偏差，组织者认为节庆吸引力包含活动多样性、文化独特性、内容创新性、主题鲜明性、活动仪式感和节日幸福感，而游客通过节庆体验，形成节庆吸引力感知，逐渐建立与节庆的情感联系，最终对节庆产生忠诚行为意向。若组织者能够积极获得游客反馈，倾听游客声音，以游客接受和喜欢的方式呈现节庆吸引力，并引导游客深度参与，可在一定程度上减少偏差，使节庆成为旅游吸引物并持续发展。

## 二 研究贡献

第一，本书的贡献主要为将皮尔斯的符号学理论引入节庆旅游研究，用于讨论节庆活动的实践。本书运用皮尔斯的符号学理论解释节庆旅游吸引物的符号建构过程，以实证性研究对理论做进一步探索，将符号学理论拓展到节庆活动中节庆吸引力的意义传递视角，提出节庆旅游吸引物符号建构模型，解释节庆旅游吸引物符号系统中组织者的符号生产、游客的符号互动和游客的符号消费构成的建构过程。这一理论模型的提出，不仅拓展了皮尔斯符号学理论在节庆旅游学科的实践，也从节庆研究的角度对符号学理论进行了一定程度的深化。

皮尔斯是实用主义的奠基人和现代符号学理论的先驱，被誉为美国历史上最多才的学者。皮尔斯的学术思想遍及哲学、数学、现象学、符号学等学科，主要以信件、笔记、草稿的方式留存，大多并未正式出版或发表。这些手稿主题较为散乱，一些表述也在不断发生变化，这给皮尔斯思

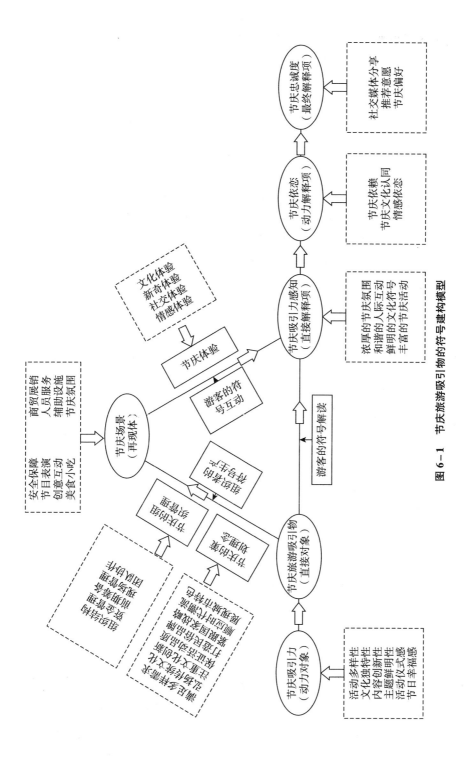

图 6-1　节庆旅游吸引物的符号建构模型

想的传播带来巨大的困难。好在学者从未停止对皮尔斯思想的研究和传播，不少学者将其经典的符号学思想运用于旅游研究（MacCannell，2008；Metro-Roland，2009）、市场营销研究等。然而，符号学运用于旅游研究主要聚焦于景观型旅游吸引物，尚未关注节庆旅游吸引物，同时，受 MacCannell 旅游吸引力三元模型的影响，既有研究更为关注代表旅游客体的标志，如明信片（Markwick，2001）、宣传手册（Ateljevic & Doorne，2002）等，忽略了对旅游客体本身的研究。然而，节庆旅游吸引物与景观型旅游吸引物的不同之处在于，节庆旅游吸引物的可塑性更强。因而，节庆旅游吸引物符号建构过程中客观属性和符号属性二者的生成是相互缠绕的，组织者塑造客观属性（节庆场景）的过程，其实也是赋予其符号属性的过程。因此，本书尝试性引入皮尔斯的符号学理论来讨论和理解节庆旅游吸引物，研究节庆旅游吸引物的形成过程，拓展了符号学理论研究的边界。

第二，本书对节庆旅游吸引物符号建构研究进行了尝试，并在符号学的实证研究方面做出了进一步的探索。首先，相关学者运用皮尔斯的符号学理论探讨旅游现象时，主要关注旅游宣传文本，如 MacCannell（2008）构建的"景观—标志—旅游者"的旅游吸引力三元模型，Echtner（1999）构建的"目的地—旅游广告—潜在旅游者"的旅游营销符号三角模型。而本书将符号学的研究对象动态化，将研究对象从相对静止的广告宣传扩展到处于动态变化的节庆旅游现象中。节庆本身具有旅游吸引物的属性，是地方文化的集中体现。在探索节庆旅游吸引物符号建构过程时，本书以皮尔斯的符号学理论作为指导，构建以节庆场景为载体，组织者和游客进行意义传递的模型。通过对节庆活动中的节庆场景塑造、游客体验和解读的研究，探讨节庆旅游吸引物的符号生产、互动和消费过程。同时，本书创新性地提出核心理论观点，即节庆旅游吸引物的符号建构是一个组织者和游客共同参与的过程，这一发现也从节庆旅游领域为皮尔斯的符号学理论提供了新的理解方式。以节庆场景为载体连接组织者和游客进行意义传递，这一结论也为节庆的组织管理提供了可行的实践方向。其次，以往的旅游符号解读研究大多停留在符号感知的层面，然而，符号解读不是到感知层面便戛然而止，而是一个层层深入的动态过程。本书以皮尔斯的"直接解释项—动力解释项—最终解释项"的解释项三分理论为基础，构建了"节庆吸引力感知—节庆依恋—节庆忠诚度"的游客符号意义解读模型。节庆旅游远比观光旅游带给游客的印象更深刻，原因在于节庆旅游具有较高的参与性，让游客更愿意主动参与对节庆旅游吸引物符号系统的意义解读，且解读的过程不是停留在对符号载体的感知上，而是深入理解符号意义。此外，在符号建构中引入组织者和游客两个主体，验证了多个主体参与旅游符号建构（Soica，2016），也证实了游客不是被动的接受者，而是节庆活动的主动创造者（Giovanardi et al.，2014）。

第三，开发并验证节庆吸引力的量表，更准确地描述游客的节庆吸引力感知，提出节庆吸引力感知、节庆依恋和节庆忠诚度的关系模型，建立了节庆吸引力感知影响节庆依恋进而影响节庆忠诚度的递进机制。首先，通过混合研究的方法，确定了节庆吸引力感知的四个维度（浓厚的节庆氛围、和谐的人际互动、鲜明的文化符号和丰富的节庆活动），并开发了节庆吸引力量表。虽然以往研究普遍认识到了节庆吸引力在节庆动机和目的地吸引力构成维度中的重要性，但本书通过概念化节庆吸引力的显著维度，为现有文献增添新的见解。节庆吸引力不同于节庆动机，节庆吸引力更强调节庆本身，如节庆氛围、节庆活动等对游客的拉动作用，而节庆动机则受到推动和拉动的双重影响（Kruger & Saayman，2019），不仅会被节庆的特性所拉动，也受游客自身无形的驱动因素（如社交动机）所推动。节庆吸引力也不能用目的地吸引力完全替代，节庆吸引力更突出对节庆氛围、人际互动等无形要素的感知，而目的地吸引力则更突出自然环境、人文景点、基础设施等有形要素的感知（Xu & Zhang，2016）。本书研究表明，节庆氛围和人际互动的无形要素是吸引游客的重要元素，而无形要素需要通过文化符号和节庆活动的有形要素体现出来，说明游客较为注重在有形环境中与他人的情感交流，期望借由节庆活动和文化符号满足自身的情感需求。其次，以往的研究较为关注目的地吸引力和目的地依恋（Reitsamer et al.，2016）、目的地依恋和目的地忠诚度（Yuksel et al.，2010）的关系。本书认为节庆依恋由节庆依赖、节庆文化认同和情感依恋所构成，并建立了节庆吸引力、节庆依恋和节庆忠诚度三者之间的关系，发现浓厚的节庆氛围、和谐的人际互动、丰富的节庆活动对节庆依赖有积极的贡献，浓厚的节庆氛围、和谐的人际互动、鲜明的文化符号均正向影响节庆文化认同和情感依恋，说明游客在节庆环境中感知到节庆热闹、和谐的氛围会产生对节庆的情感联结，感知到鲜明的文化符号和节庆活动的质量也会促进游客对节庆文化的了解，进而对节庆产生情感联结。与此同时，游客的节庆依恋正向影响节庆忠诚度，证实了依恋与忠诚度（Yuksel et al.，2010）的观点在节庆研究背景下同样成立。

## 三　管理启示

本书不仅丰富了符号学研究的相关理论，也给节庆旅游吸引物的开发和管理带来应用方面的启示。具体有以下几个方面。

第一，现阶段对于节庆作为旅游吸引物的打造和开发，未进行系统性的知识总结。本书研究组织者视角下的节庆旅游吸引物符号生产，搜集了从初创期起的历届广府庙会的资料，对节庆作为旅游吸引物的发展过程进行梳理，对节庆组织者策划和塑造节庆场景、组织和管理节庆活动进行介绍和系统分析，为业界节庆旅游吸引物的开发和管理提供了可借鉴的参考。节庆组织者在对节庆吸引力深入理解的基础上，应该建立完善的组织结构、鼓励团队协作、开展前期筹备、进行资金管理、做好现场管理，秉承满足多样需求、弘扬传统文化、注重文化创新、保证活动品质、打造民俗品牌、紧跟国家战略、顺应时代潮流和展现城市特色的策划理念，塑造富有吸引力的节庆场景，包括全力保障节庆安全、安排多样节目表演、设计创意互动项目、提供特色美食小吃、组织举办商贸展销、提供及时人员服务、切实完善配套设施、塑造热闹节庆氛围，从而增强游客的体验感，吸引游客参与。

第二，对游客符号互动过程的了解，也有益于节庆活动组织者对节庆场景的设计。根据本书研究结论可知，游客积极主动参与节庆活动，让自身成为节庆场景的一部分，通过与其他节庆参与者的互动提升节庆体验，促进其对符号意义的解读。组织者应注重多种互动活动的设计，鼓励游客与其他参与者进行有益的互动。合理的空间布局，如精心规划的舞台、休息区和服务区，可以为游客提供可进入且便于互动的共享空间，让游客与亲友之间、游客与表演者之间、游客与销售人员之间、游客与游客之间有更多的互动环节，增强游客的社交体验。相较于组织者视角的节庆场景，游客视角的节庆场景还包括当地的建筑设施，说明在游客心目中，节庆应体现地方文化特色。在广州这座拥有丰富文化遗产的城市中，节庆活动的场景设计应注重展示地方文化特色，目的地管理者和节庆组织者在选择节庆举办地点时，应综合考虑节庆主题与周边历史环境的协调性。例如，结合广州老城区的传统建筑风貌，通过节庆活动展示这些建筑的文化价值，同时引入现代元素，展现"老城市新活动"的理念。这样的融合不仅能够促进传统文化的传承，也能满足现代游客的审美需求。此外，从游客拍摄的参与人群的图片可以感受到现场人流量较大，拍摄效果不佳，建议组织者通过现场管理进行人流引导，开设一些最佳拍摄角度的区域，供游客轮流拍照记录下参与体验的过程，成为展示广州文化和城市活力的窗口。

第三，游客对节庆旅游吸引物符号意义的解读，给节庆的组织管理带来启发。从实践的角度，本书的发现有助于节庆组织者为游客营造具有地方特色的节庆氛围，以增强游客的节庆吸引力感知，同时提高游客对节庆在功能、文化认同和情感上的依恋。开发的节庆吸引力量表，为增强游客感知提供了详细的指引。节庆组织者可深入挖掘目的地文化特色以及传统仪式活动，通过展示装饰、仪式和饮食的文化符号，组织多样的节庆活动，增强游客的参与互动，从而营造热闹、祥和的节庆氛围。同时，组织者应及时了解节庆游客的体验效果，在现场通过人员讲解、信息发布等方式帮助游客了解文化活动的内涵，帮助游客的符号意义解读过程更加顺畅，从而培育游客对节庆的情感联结。实证结果表明，节庆依恋对节庆忠诚度发挥着至关重要的驱动作用，节庆组织者应想方设法提升游客对节庆在情感上的依恋、功能上的依赖和文化上的认同。

第四，运用符号理论研究节庆旅游吸引物，揭示了节庆活动的符号生产和消费过程中意义的生成、传递、解读的全过程，明确了组织者对节庆吸引力的理解和符号化在节庆活动中的重要性，帮助节庆组织者更好地理解节庆场景的符号生产和消费，有助于指导组织者打造节庆旅游吸引物。对比组织者和游客对节庆吸引力理解的差异可以看到，目的地管理者和节庆组织者不可一味地基于自身理解打造节庆旅游吸引物，而要保持组织者和游客之间良好的沟通，共同努力，建立节庆场景符号生产和消费的传递系统，这样才能有效避免意义传递过程出现丢失、曲解等问题。同时，进一步提高游客在打造节庆旅游吸引物过程中的参与度和积极性，节庆组织者应在坚持节庆目标的同时，积极收集游客反馈，深入理解游客的真实想法，以游客更易接受和理解的方式呈现活动内容，促进节庆旅游的健康、持续发展。

# 参考文献

保继刚，楚义芳．旅游地理学 ［M］.北京：高等教育出版社，1993：52.

鲍彩莲．大连节庆旅游的发展对策探析 ［J］.中国商贸，2011（28）：
28-29.

蔡礼彬，李雯钰．节庆活动中参与者的文化认同建构——以青岛国际啤酒
节为例 ［J］.山东社会科学，2020，34（7）：94-101.

查尔斯·桑德斯·皮尔斯．皮尔斯：论符号 ［M］.赵星植译．成都：四川
大学出版社，2014：34-37，166.

陈岗，黄震方．旅游景观形成与演变机制的符号学解释——兼议符号学视
角下的旅游城市化与旅游商业化现象 ［J］.人文地理，2010，25（5）：
124-127.

陈岗．杭州西湖文化景观的语言符号叙事——基于景区营销、文化传播与
旅游体验文本的比较研究 ［J］.杭州师范大学学报（社会科学版），
2015，37（2）：121-127.

陈岗．旅游吸引物符号的三种形态及其研究展望 ［J］.旅游科学，2013，27
（3）：26-36.

陈岗．旅游吸引物符号的双层表意结构与体验真实性研究 ［J］.人文地理，
2012，27（2）：50-55.

陈岗．旅游者符号实践初探——以杭州西湖"西子"诗词为例 ［J］.人文
地理，2015，30（5）：153-158.

陈素平，成慕敦．浅析少数民族节庆旅游开发 ［J］.开发研究，2004，20
（2）：96-97.

陈文君．节庆旅游与文化旅游商品开发 ［J］.广州大学学报（社会科学

版)，2002，1（4）：51-54.

陈月明. 商品符号与符号消费［J］. 浙江社会科学，2006，22（6）：137-141+150.

陈泽泓. 杂说广州城隍爷［J］. 粤海风，2013，17（4）：15-19.

戴光全，保继刚. 城市节庆活动的整合与可持续发展——以昆明市为例［J］. 地域研究与开发，2007，26（4）：58-61.

戴光全，保继刚. 西方事件及事件旅游研究的概念、内容、方法与启发（上）［J］. 旅游学刊，2003，18（5）：26-34.

戴光全，陈欣. 旅游者摄影心理初探——基于旅游照片的内容分析［J］. 旅游学刊，2009，24（7）：71-77.

戴光全，张洁，孙欢. 节事活动的新常态［J］. 旅游学刊，2015，30（1）：3-5.

单菲菲，刘承宇. 民族旅游村寨语言景观调查研究——基于社会符号学与文化资本理论视角［J］. 广西民族研究，2016，39（6）：153-161.

但红燕. 民族文化旅游商品的符号消费本质及价值体现——以羌族为例［J］. 社会科学家，2011（4）：76-79.

邓明艳. 培育节庆活动 营销西部旅游目的地［J］. 旅游学刊，2002，17（6）：32-35.

邓小艳. 符号消费背景下非物质文化遗产旅游开发的路径选择［J］. 广西社会科学，2010（4）：38-41.

邓毅博，陈毓芬，郑束蕾，等. 基于认知实验的旅游网络地图点状符号设计［J］. 测绘科学技术学报，2013，30（1）：99-103.

邓毅富. 既有老广味又能赶潮流 广府庙会"越活越年轻"［EB/OL］.（2018-03-09）［2025-2-27］. https：//www. sohu. com/a/225173379_119778.

邓源，李竹芳，东美红. 激活城市记忆，复苏城市品牌——广州北京路商业街区品牌研究［J］. 装饰，2016，59（2）：78-79.

邓昭华，王世福，赵渺希. 新媒体的规划公众参与和前瞻——以广州大佛寺扩建工程事件为例［J］. 城市规划，2014，38（7）：84-90.

丁尔苏 . 符号与意义［M］. 南京：南京大学出版社，2012：55.

董培海，李庆雷，李伟 . 旅游吸引物的符号化研究［J］. 广西民族研究，2016，39（6）：163-169.

董培海，李伟 . 西方旅游研究中的符号学线索解析［J］. 旅游学刊，2016，31（11）：128-137.

段超 . 符号学视角下的旅游吸引物系统构建［J］. 普洱学院学报，2014，30（1）：38-43.

恩斯特·卡西尔 . 人论：人类文化哲学导引［M］. 甘阳译 . 上海：上海译文出版社，2013：62.

范建华 . 论节庆文化与节庆产业［J］. 学术探索，2011，19（2）：99-105.

风笑天 . 社会学研究方法［M］. 北京：中国人民大学出版社，2001：229-235.

高飞，董培海，李伟 . 边境旅游吸引物的符号学解读［J］. 云南师范大学学报（哲学社会科学版），2019，51（4）：99-107.

桂榕，吕宛青 . 符号表征与主客同位景观：民族文化旅游空间的一种后现代性——以"彝人古镇"为例［J］. 旅游科学，2013，27（3）：37-49.

郭鸿 . 索绪尔语言符号学与皮尔斯符号学两大理论系统的要点——兼论对语言符号任意性的置疑和对索绪尔的挑战［J］. 外语研究，2004，21（4）：1-5.

郭柯堂 . 网友：广府庙会缺"广府味"［EB/OL］.（2012-02-08）［2024-12-31］. http://fashion.ifeng.com/news/detail_2012_02/08/12360293_0.shtml.

郭胜 . 旅游节庆的策划和市场化运作［J］. 北京第二外国语学院学报，2005，27（3）：111-114.

国际财经报道 . 慕尼黑啤酒节开幕 拉动当地旅游经济发展或"入账"达13亿欧元［EB/OL］.（2018-09-23）［2024-12-31］. https://baijia-hao.baidu.com/s? id=1612408694188073524.

何彪，谢灯明，朱连心，等 . 免税购物游客感知价值的量表开发与实证检验［J］. 旅游学刊，2020，35（4）：120-132.

何海威，钱海忠，李永胜，等．二维码在纸质旅游地图符号设计中的应用 ［J］．辽宁工程技术大学学报（自然科学版），2014，33（10）：1393-1397．

何兰萍．波德里亚论被消费的休闲［J］．自然辩证法研究，2002，18（9）：68-71．

何平．专家建议："广府庙会"应改叫"广府诞"［EB/OL］．（2012-04-27）［2024-12-31］．https：//news．ifeng．com/c/7fc0stUht9j．

洪静，赵磊．山东省节庆旅游资源开发研究［J］．理论学刊，2013（12）：106-109．

黄妙杰．基于非遗资源开发的城市品牌建设路径探析——以广府庙会活动运作为例［J］．当代经济，2019，36（9）：25-27．

黄蓉，阚如良，陈楼．旅游景区标识系统的个性化实现路径研究——以三峡车溪民俗旅游区为例［J］．资源开发与市场，2014，30（5）：614-616．

黄艳．旅游景区英文标识语的符号功能缺失分析——以桂林七星景区为例［J］．社会科学家，2013，28（8）：96-98．

贾英．基于符号学理论的旅游景区品牌塑造研究［D］．西安：陕西师范大学，2009．

贾一诺．文旅融合背景下的节庆旅游发展［J］．学术前沿，2019（18）：108-111．

江波，郑红花．基于旅游目的地八要素的服务质量评价模型构建研究［J］．商业研究，2007，50（8）：148-153．

蒋媛．西安地域性视觉符号在旅游纪念品包装设计中的应用［J］．包装工程，2017，38（4）：234-238．

琚胜利，陶卓民．国内外旅游纪念品研究进展［J］．南京师大学报（自然科学版），2015（1）：137-146．

卡哈尔·吾甫尔．新疆少数民族节庆开发与乡村旅游发展研究——以开发"诺鲁孜节"为例［J］．商场现代化，2006（20）：194-196．

匡翼云．场域视角下传统节庆旅游的可持续性探讨——以四川凉山彝族火

把节为例 [J].农村经济,2018 (4):88-92.

况红玲.从传统庙会谈当代发展庙会民俗文化旅游——以四川庙会民俗旅游资源开发为例 [J].中华文化论坛,2012,4 (4):128-132.

兰林友.小黄山畲族风情村:符号盗用、表述真实与文化消费 [J].中央民族大学学报 (哲学社会科学版),2008,35 (6):34-42.

李丹,等.7 天吸引 600 万人次参与 广府庙会文化品牌是如何炼成的? [EB/OL].网易,2018-3-12 [2024-7-4].https://www.163.com/dy/article/DCMQK9840525CTN1.html.

李会云,陈谨,张位中.符号学在旅游主题景观设计中的应用 [J].西南民族大学学报 (人文社会科学版),2011,32 (5):139-142.

李靖.印象 "泼水节":交织于国家、地方、民间仪式中的少数民族节庆旅游 [J].民俗研究,2014,30 (1):45-57.

李倩倩,王青竹.旅游体验视角下的庙会开发探析 [J].山西广播电视大学学报,2019,24 (1):109-112.

李文勇,张汉鹏.本真视角的少数民族旅游文化符号舞台化研究 [J].人文地理,2012,27 (3):34-38.

李祗辉.韩国文化旅游节庆政策分析及启示 [J].理论月刊,2013 (7):181-184.

梁凤莲.从广府庙会看新创民俗的文化价值与地方政府的角色作用 [J].广东行政学院学报,2017,29 (3):92-96.

梁雅明.河洛文化在旅游创意产品设计中的符号运用 [J].包装工程,2014,35 (24):129-132.

梁与舟.民俗节庆对地方认同构建的影响因素研究——以成都大庙会为例 [J].西部皮革,2019,41 (7):103-104.

林清清,保继刚.茶王树的诉说:作为旅游吸引物被建构的过程及其折射的环境变迁 [J].旅游学刊,2015,30 (8):77-87.

刘彬,阚兴龙,陈忠暖.旅游消费空间的建构与游客感知——以拉萨玛吉阿米餐厅为例 [J].世界地理研究,2016,25 (3):151-161.

刘博,朱竑.新创民俗节庆对地方认同的影响研究:基于广府庙会的结构

方程模型分析 [J].旅游论坛,2015(4):19-25,30.

刘丹萍,保继刚.窥视欲、影像记忆与自我认同——西方学界关于旅游者摄影行为研究之透视 [J].旅游学刊,2006a,21(4):88-93.

刘丹萍,保继刚.旅游者"符号性消费"行为之思考——由"雅虎中国"的一项调查说起 [J].旅游科学,2006b,20(1):28-33.

刘丹萍.旅游凝视:从福柯到厄里 [J].旅游学刊,2007,22(6):91-95.

刘俊,成天婵.地方节庆变迁的权力机制研究——以广东巽寮妈祖文化旅游节为例 [J].地理科学,2017,37(8):1276-1287.

刘梦柯.文旅融合背景下庙会资源旅游开发研究——以四川省洪雅县五月台会为例 [J].重庆科技学院学报(社会科学版),2020(2):101-105.

刘茜."波罗诞"2月13日为正诞 宋代成有规模庙会 [EB/OL].(2014-03-17)[2024-12-31].https://www.chinanews.com.cn/cul/2014/03-17/5956554.shtml.

吕群超,谢新丽,郑立文,等.文化视角下旅游节庆产品系统开发研究——以宁德太姥山文化旅游节为例 [J].资源开发与市场,2010,26(3):283-285.

MacCannell D.旅游者:休闲阶层新论 [M].张晓萍等,译.桂林:广西师范大学出版社,2008:45-55.

罗光华.大连旅游吸引力的影响因素及其创新研究 [J].哈尔滨商业大学学报(社会科学版),2008,26(3):109-112+122.

罗秋菊,陈可耀.基于扎根理论的民营会展企业成长路径研究——以广州光亚展览公司为例 [J].旅游学刊,2011,26(7):71-79.

罗媞.创意经济时代旅游吉祥物功能认知与价值实现探析 [J].资源开发与市场,2013,29(11):1224-1227.

罗越富.旅游资源概念新视角 [J].产业与科技论坛,2009,8(4):59-60.

罗中玺,袁凤琴.区域民族旅游节庆策略研究——以贵州省铜仁地区节庆为例 [J].贵州民族研究,2010,31(4):75-79.

罗竹风．汉语大词典第七卷［M］.上海：汉语大词典出版社，1988：694.

马翀炜．文化符号的建构与解读——关于哈尼族民俗旅游开发的人类学考察［J］.民族研究，2006（5）：61-69.

马海燕，金范宇，张玉玮．旅游开发背景下的清真寺景观符号建构——江苏菱塘回族乡的调查研究［J］.湖北民族学院学报（哲学社会科学版），2017，35（5）：73-78.

马凌，保继刚．感知价值视角下的传统节庆旅游体验——以西双版纳傣族泼水节为例［J］.地理研究，2012，31（2）：269-278.

马凌．节庆旅游中的阈限体验：日常世界与旅游世界——以西双版纳傣族泼水节为例［J］.学术研究，2010（11）：94-99，126.

马凌．社会学视角下的旅游吸引物及其建构［J］.旅游学刊，2009，24（3）：69-73.

马佩佩．广州国际灯光节的运作模式研究［J］.广东职业技术教育与研究，2019，10（6）：188-191.

马秋穗．符号想象与表征：消费理论视阈下的古镇景观生产［J］.社会科学家，2010，25（10）：85-87，94.

马晓京．旅游商品消费的文化人类学解读［J］.中南民族大学学报（人文社会科学版），2005，25（4）：58-61.

聂晶．"微信朋友圈"旅行分享对旅游目的地形象和旅游意向的影响［J］.广东农工商职业技术学院学报，2019，35（4）：63-68.

彭丹．旅游符号学的理论述评和研究内容［J］.旅游科学，2014，28（5）：79-94.

彭燕，王慧，李良杰．江西节庆旅游产品的深度开发构思［J］.企业经济，2013（12）：138-141.

齐琦，禹然．成都道观造像卡通设计在旅游纪念品中的应用［J］.包装工程，2015，36（18）：144-147.

秦丹．旅游人类学视域下内蒙古民族节庆旅游研究［J］.贵州民族研究，2017，38（11）：177-180.

邱宏亮．旅游节庆意象、节庆依恋、节庆游客环境责任态度与行为——以杭州西溪花朝节为例 [J].浙江社会科学，2017（2）：84-94.

佘升翔，费勇安，田云章，等.旅游消费者情绪量表的维度及检验 [J].
统计与决策，2019，35（05）：36-40.

盛佳.从结构主义到后结构主义：论罗兰·巴特对视觉图像的符号学分析
[D].成都：西南交通大学，2013.

舒伯阳，黄猛.体验链条产业化：旅游吸引物构建的一种系统方法——基
于新疆博尔塔拉温泉县的个案研究 [J].人文地理，2013，28（4）：
108-113.

孙九霞，陈冬婕.事件重构文化符号的人类学解读——以"西关小姐"评
选活动为例 [J].旅游学刊，2009，24（11）：57-63.

孙九霞.节日符号在民族旅游开发中的运用及问题 [J].中南民族大学学
报（人文社会科学版），2003，23（6）：134-137.

覃肆灵.西双版纳泼水节旅游总收入超21亿元 [N].中国新闻周刊，2023.

唐丽.巴文化传统符号与旅游工艺品设计的融合 [J].装饰，2014（7）：
129-130.

童明.互文性 [J].外国文学，2015，36（3）：86-102+159.

万雪芹，安塔娜.基于消费者感知体验的文化旅游符号消费分析——以西
安大雁塔文化旅游体验设计为例 [J].前沿，2011（5）：21-24.

汪子文，邓建伟，高嵩.感知价值视角下体育节庆旅游体验研究——以潍
坊国际风筝会为例 [J].山东体育学院学报，2014（3）：22-27.

王冬慧，张雨刚，林辰宣.韩国汉江庆典节庆旅游与民俗体育耦合实证研
究 [J].山东体育科技，2020，42（1）：26-30.

王海鸥.旅游吸引力分析及理论模型 [J].科学·经济·社会，2003，21
（4）：44-47.

王华.广州国际灯光节迎十周年 累计观展人次超6300万 [EB/OL].
（2020-11-05）[2024-12-31].https：//news.sina.cn/2020-11-05/de-
tail-iiznctkc9747187.d.html？page=2.

王华威.浅论河南非物质文化遗产旅游开发的策略——以浚县正月古庙会
为个案 [J].安阳师范学院学报，2010（3）：136-140.

王辉，徐红罡，廖倩华．外地游客在广州的美食旅游参与及美食形象感知研究［J］．旅游论坛，2016，9（6）：23-31．

王君怡，林岚，高华，等．大学生旅游地图空间符号认知的群体差异研究——基于眼动实验数据分析［J］．旅游学刊，2016，31（3）：97-105．

王克群．广府文化的特点及其影响［J］．广州社会主义学院学报，2011，9（2）：80-82．

王铭玉．符号的互文性与解析符号学——克里斯蒂娃符号学研究［J］．求是学刊，2011，38（3）：17-26．

王宁，刘丹萍，马凌，等．旅游社会学［M］．天津：南开大学出版社，2008：43-50，162-177．

王宁．代表性还是典型性——个案的属性与个案研究方法的逻辑基础［J］．社会学研究，2002，17（5）：123-125．

王宁．试论旅游吸引物的三重属性［J］．旅游学刊，1997，12（3）：55．

王屏．旅行社出游平面广告文案创作研究：文化符码与主题诠释［J］．企业经济，2009（11）：89-92．

王素洁，齐善鸿．消费主义与中国公民出境旅游高消费行为探析［J］．旅游学刊，2005，20（6）：39-44．

王子新，樊中红．河北旅游节庆发展浅析［J］．河北大学学报（哲学社会科学版），2003，28（3）：126-129．

魏遐，潘益听．湿地公园游客体验价值量表的开发方法——以杭州西溪湿地公园为例［J］．地理研究，2012，31（6）：1121-1131．

吴必虎．区域旅游规划原理［M］．北京：中国旅游出版社，2001：205．

吴晋峰．旅游吸引物、旅游资源、旅游产品和旅游体验概念辨析［J］．经济管理，2014，36（8）：126-136．

吴晓山．少数民族传统节庆旅游中重游者行为研究［J］．贵州民族研究，2013，33（6）：151-154．

吴兴帜．舞蹈类"非遗"旅游符号化消费边界研究——以基诺族大鼓舞为例［J］．北京舞蹈学院学报，2017（6）：72-77．

吴增红，陈毓芬．河南省旅游地图网站的设计与实现［J］．测绘科学，2008，33（1）：232-234.

夏锦萍．江西旅游推广广告的多模态话语分析［J］．包装工程，2014，34（3）：244-246.

夏心愉．"非常新加坡"——从新加坡旅游宣传文本看国家整体认同的建构［J］．新闻大学，2008（3）：138-144.

肖红艳．我国节庆旅游发展现状及对策探讨［J］．未来与发展，2011，34（9）：24-27.

谢彦君，彭丹．旅游、旅游体验和符号——对相关研究的一个评述［J］．旅游科学，2005，25（6）：1-6.

胥兴安，田里．对旅游吸引物、旅游产品、旅游资源和旅游业关系的思考［J］．中国集体经济，2008（Z2）：134-135.

许滢．谈城市公共空间节庆装饰艺术构成要素［J］．艺海，2014，57（10）：100-101.

颜麒，张邱汉琴，杨韫．旅游节庆节目编排质量的探索研究与实例验证［J］．旅游学刊，2011，26（2）：82-88.

阳翼，卢泰宏．中国独生代价值观系统的研究：一个量表的开发与检验［J］．营销科学学报，2007，3（3）：104-114.

杨阿莉，高亚芳．后现代语境下符号化旅游消费解读与审视［J］．内蒙古社会科学（汉文版），2015，36（1）：106-110.

杨超．基于因子分析的庙会旅游游客感知评价体系——以河南淮阳太昊陵庙会为例［J］．河南科技大学学报（社会科学版），2015，33（1）：8-11.

杨宏斌．适应需求还是创造需求——对星巴克成功的分析［J］．职业时空，2006，12（15）：36.

杨建鹏，丁玲辉．西藏乡村旅游与民族节庆和藏族传统体育文化融合发展研究［J］．西藏民族大学学报（人文社会科学版），2016，37（1）：46-50.

杨洋，李吉鑫，崔子杰，等．节事吸引力感知维度研究［J］．旅游学刊，

2019, 34（6）：85-95.

杨洋．马鞍山节庆旅游可行性初探［J］．社会科学家，2005（S1）：442-443.

杨振之，邹积艺．旅游的"符号化"与符号化旅游——对旅游及旅游开发的符号学审视［J］．旅游学刊，2006，21（5）：75-79.

约翰·W.克雷斯威尔．质性研究技能三十项［M］．王锡苓，译．上海：格致出版社，2018：196-202.

约翰·W.克雷斯维尔，薇姬·L.查克．混合方法研究：设计与实施［M］．游宇，译．重庆：重庆大学出版社，2017：27-35.

约翰·厄里，乔纳斯·拉森．游客的凝视（第三版）［M］．黄宛瑜，译．上海：格致出版社，2016：1-35.

约翰·厄里．游客凝视［M］．杨慧等，译．桂林：广西师范大学出版社，2009：25-26.

B.约瑟夫·派恩，詹姆斯H.吉尔摩．体验经济［M］．夏业良等，译．北京：机械工业出版社，2002：37-38.

张勃．建构时代的中国节日建设［J］．民俗研究，2015，31（1）：62-73.

张彩霞．皮尔斯符号理论研究［D］．济南：山东大学，2015.

张长伟，李广全．开封集市庙会旅游开发研究［J］．合作经济与科技，2018（6）：12-15.

张朝枝，马凌，王晓晓，等．符号化的"原真"与遗产地商业化——基于乌镇、周庄的案例研究［J］．旅游科学，2008，22（5）：59-66.

张翠晶．泰山东岳庙会游客旅游感知调查研究［J］．中国商贸，2010（28）：174-175.

张冠群．旅游地符号感知水平与旅游体验的耦合关系研究［J］．旅游研究，2020，12（4）：1-10.

张宏丽．节庆、旅游节庆和节庆旅游概念辨析［J］．信阳师范学院学报（哲学社会科学版），2008，28（6）：63-66，75.

张进福．旅游吸引物属性之辨［J］．旅游学刊，2020，35（2）：134-146.

张军占．九华山庙会保护与开发研究［J］．池州学院学报，2016，30（4）：

70-73.

张琳，尹欢．注入山西符号的旅游纪念品设计［J］．包装工程，2015，36
  （8）：76-78.

张若阳．基于微信朋友圈旅游照片分析的游客旅游感知研究方法［J］．旅
  游导刊，2017，1（5）：100-106.

张涛，李玺，温慧君．民俗节庆原真性对游客体验的影响研究——以那达
  慕为例［J］．干旱区资源与环境，2019，33（6）：192-197.

张涛．美食节感知质量及提升策略研究［J］．旅游学刊，2010，25（12）：
  58-62.

张渭．道家、道教文化在旅游节庆开发中的应用研究［J］．中国人口·资
  源与环境，2010（S1）：72-75.

张骁鸣，陈晓莹．传统节日的符号学研究：框架重构与案例试析［J］．旅
  游学刊，2017，32（11）：26-40.

张骁鸣，王骏川．节庆形象概念的皮尔士符号学分析——广州"波罗诞"
  案例［J］．旅游学刊，2018，33（10）：97-106.

赵世瑜．明清时期江南庙会与华北庙会的几点比较［J］．史学集刊，1995
  （1）：40-46.

赵星植．论皮尔斯符号学中的"对象"问题［J］．中国外语，2016，13
  （2）：48-53.

赵星植．论意义三分之形成：回顾皮尔斯与维尔比的讨论［J］．符号与传
  媒，2019，12（2）：68-82.

赵星植．皮尔斯与传播符号学［M］．成都：四川大学出版社，2017：34-35，
  55-56，58-63.

赵毅衡．符号学［M］．南京：南京大学出版社，2016：1.

赵玉燕．旅游吸引物符号建构的人类学解析——以"神秘湘西"、"神秘文
  化"为例［J］．广西民族研究，2011，26（2）：184-189.

郑全全，赵力，谢天．社会心理学研究方法［M］．北京：北京师范大学出
  版社，2010：123-133.

钟蕾，李杨．天津旅游纪念品设计开发研究［J］．民族艺术，2011，27

（3）：118-121.

周永广，张金金，周婷婷. 符号学视角下的旅游体验研究 ——西溪湿地的 个案分析 [J].人文地理，2011，26（4）：115-120.

周永振. 基于符号特征的内蒙古旅游纪念品系列化设计 [J].包装工程， 2010，31（18）：52-55.

周勇. 我国节庆盛事活动发展回顾与未来展望 [J].旅游学刊，2009，24 （1）：5-6.

Alfaro M J M. Intertextuality：origins and development of the concept [J].Atlantis, 1996, 18 (1/2)：268-285.

Alvarado-Sizzo I, Propin Frejomil E, Sánchez Crispín Á. Religious tourism in southern Mexico：regional scopes of the festival of the Immaculate Conception [J].Geoforum, 2017, 83 (7)：14-25.

Andriotis K, Mavrič M. Postcard mobility：going beyond image and text [J]. Annals of tourism research, 2013, 40：18-39.

Ateljevic I, Doorne S. Representing New Zealand：tourism imagery and ideology [J].Annals of tourism research, 2002, 29 (3)：648-667.

Axelsen M, Swan T. Designing festival experiences to influence visitor perceptions：the case of a wine and food festival [J].Journal of travel research, 2010, 49 (4)：436-450.

Baker J. The role of the environment in marketing services：the consumer perspective. 1986. In Czepeial J A, Congram C A, Shananhan J (Eds.), The services challenges：integrating for competitive advantage [M].Chicago, IL：American Marketing Association, 1987：79-84.

Barthes R. Mythologies [M].New York, NY：The Noonday Press, 1972：112-113.

Bentler P M, Chou C P. Practical issues in structural modeling [J].Sociological methods & research 1987, 16 (1)：78-117.

Bitner M J. Servicescapes：the impact of physical surroundings on customers and employees [J].Journal of marketing, 1992, 56 (2)：69-82.

Bourdeau L, Coster L D, Paradis S. Measuring satisfaction among festivalgoers: differences between tourists and residents as visitors to a music festival in an urban environment [J]. International journal of arts management, 2001, 3 (2): 40-50.

Bowcher W L, Liang J Y. Chinese tourist site entry tickets: intersemiotic complementarity in an ecosocial process [J]. Social semiotics, 2013, 23 (3): 385-408.

Bres K D, Davis J. Celebrating group and place identity: a case study of a new regional festival [J]. Tourism geographies, 2001, 3 (3): 326-337.

Bruwer J. Service quality perception and satisfaction: buying behaviour prediction in an Australian festivalscape [J]. International journal of tourism research, 2014, 16 (1): 76-86.

Chandler D. Semiotics: the basics [M]. London, UK: Routledge, 2007: 29, 31.

Charmaz K. Grounded theory methods in social justice research. In Denzin N K, Lincoln Y S (Eds.), The sage handbook of qualitative research [M]. 4th edition. Los Angeles, C A: Sage, 2011: 359-380.

Chen G. The tourist semiotic practice: is the marker authentic? [J]. Annals of tourism research, 2015, 53 (2): 101-104.

Cheng T M, Wu H C, Huang L M. The influence of place attachment on the relationship between destination attractiveness and environmentally responsible behavior for island tourism in Penghu, Taiwan [J]. Journal of sustainable tourism, 2013, 21 (8): 1166-1187.

Chirieleison C, Montrone A, Scrucca L. Measuring the impact of a profit-oriented event on tourism: the Eurochocolate festival in Perugia, Italy [J]. Tourism economics, 2013, 19 (6): 1411-1428.

Choi Y, Lee W S, Lee C-K, et al. Valuation of mudflats in nature-based tourism: inclusion of perceived value of festival experiences [J]. Tourism economics, 2015, 21 (4): 833-851.

Cohen E. Primitive and remote: hill tribe trekking in Thailand [J]. Annals of tourism research, 1989, 16 (1): 30-61.

Cole S T, Chancellor H C. Examining the festival attributes that impact visitor experience, satisfaction and re-visit intention [J]. Journal of vacation marketing, 2009, 15 (4): 323-333.

Crompton J L, McKay S L. Motives of visitors attending festival events [J]. Annals of tourism research, 1997, 24 (2): 425-439.

Crotty M. The foundations of social research: meaning and perspective in the research process [M]. London, UK: sage, 1998: 2-4.

Culler J. The semiotics of tourism [J]. The American journal of semiotics, 1981, 1 (1): 127-140.

Davis J S. Representing place: "Deserted Isles" and the reproduction of Bikini Atoll [J]. Annals of the association of American geographers, 2005, 95 (3): 607-625.

Deluca K M, Demo A T. Imaging nature: Watkins, Yosemite, and the birth of environmentalism [J]. Critical studies in media communication, 2000, 17 (3): 241-260.

Dinhopl A, Gretzel U. Selfie-taking as touristic looking [J]. Annals of tourism research, 2016, 57: 126-139.

Echtner C M. The semiotic paradigm: implications for tourism research [J]. Tourism management, 1999, 20 (1): 47-57.

Eco U. A Theory of semiotics [M]. Bloomington, IL: Indiana University Press, 1976: 68-69.

Eco U. Peirce's notion of the interpretant [M]. MLN, 1976, 91 (6): 1457-1472.

Falassi A. Time out of time: essays on festival [M]. Albuquerque, NM: University of New Mexico Press, 1987: 1-18.

Felsenstein D, Fleischer A. Local festivals and tourism promotion: the role of public assistance and visitor expenditure [J]. Journal of travel research,

2003, 41 (4): 385-392.

Ferenčík M. Im/politeness on the move: a study of regulatory discourse practices in Slovakia's centre of tourism [J]. Journal of pragmatics, 2018, 134: 183-198.

Fong L H N, Lam L W, Law R. How locus of control shapes intention to reuse mobile apps for making hotel reservations: evidence from Chinese consumers [J]. Tourism management, 2017, 61: 331-342.

Friedman A, Thellefsen M. Concept theory and semiotics in knowledge organization [J]. Journal of documentation, 2011, 67 (4): 644-674.

Frost W, Laing J. Avoiding burnout: the succession planning, governance and resourcing of rural tourism festivals [J]. Journal of sustainable tourism, 2015, 23 (8-9): 1298-1317.

Frow J. Time and commodity culture: essays in cultural theory and postmodernity [M]. Oxford, UK: Clarendon Press, 1997: 64-101.

Fry R W. Becoming a "True Blues Fan": blues tourism and performances of the King Biscuit Blues festival [J]. Tourist studies, 2014, 14 (1): 66-85.

Getz D, Andersson T, Carlsen J. Festival management studies: developing a framework and priorities for comparative and cross-cultural research [J]. International journal of event and festival management, 2010, 1 (1): 29-59.

Getz D, Page S J. Event studies: theory, research and policy for planned events [M]. 4th edition. London, UK: Routledge, 2020: 165-167, 514.

Getz D. Festivals and special events. In Khan M A, Olsen M D, Var T (Eds.), Encyclopedia of hospitality and tourism [M]. New York, NY: Van Nostrand Reinhold, 1993: 789-810.

Getz D. The nature and scope of festival studies [J]. International journal of event management research, 2010, 5 (1): 1-46.

Geus S D, Richards G, Toepoel V. Conceptualisation and operationalisation of event and festival experiences: creation of an event experience scale [J].

Scandinavian journal of hospitality and tourism, 2015, 16 (3): 274-296.

Giovanardi M, Lucarelli A, Decosta P L E. Co-performing tourism places: the "Pink Night" festival [J]. Annals of tourism research, 2014, 44: 102-115.

Gligorijevic J. World music festivals and tourism: a case study of Serbia's Guca trumpet festival [J]. International journal of cultural policy, 2014, 20 (2): 139-154.

Goeldner C, Ritchie B. Tourism principles, practices, philosophies [M]. 12th edition. New York: Wiley, 2011: 173-175.

Goh R B H. The lord of the rings and New Zealand: fantasy pilgrimages, imaginative transnationalism and the semiotics of the (ir)real [J]. Social semiotics, 2014, 24 (3): 263-282.

Graburn N H H. The anthropology of tourism [J]. Annals of tourism research, 1983, 10 (1): 9-33.

Grappi S, Montanari F. The role of social identification and hedonism in affecting tourist re-patronizing behaviours: the case of an Italian festival [J]. Tourism management, 2011, 32 (5): 1128-1140.

Gunn C. Tourism planning: basics, concepts, cases [M]. 2nd edition. New York, NY: Taylor and Francis, 1988: 41-42.

Gupta S, Vajic M. The contextual and dialectical nature of experiences [M]. In Fitzsimmons J, Fitzsimmons M (Eds.), New service development. Thousand Oaks, CA: Sage, 1999: 33-51.

Hair J F, Black W, Babin B J, et al. Multivariate data analysis: a global perspective [M]. 7th ed. New Jersey: Pearson, 2010: 646-671.

Hardwick C S, . Semiotic and significs: the correspondence between Charles S. Peirce and Victoria Lady Welby [M]. Bloomington IL: Indiana University Press, 1977: 111.

Herrero L C, Sanz J Á, Bedate A, et al. Who pays more for a cultural festival, tourists or locals? A certainty analysis of a contingent valuation application

[J]. International journal of tourism research, 2012, 14 (5): 495-512.

Herrero L C, Sanz J á, Devesa M. Measuring the economic value and social viability of a cultural festival as a tourism prototype [J]. Tourism economics, 2011, 17 (3): 639-653.

Huang J, Hsu C H C. The impact of customer-to-customer interaction on cruise experience and vacation satisfaction [J]. Journal of travel research, 2010, 49 (1): 79-92.

Hunter W C. The good souvenir: representations of Okinawa and Kinmen islands in Asia [J]. Journal of sustainable tourism, 2012, 20 (1): 81-99.

Hunter W C. The social construction of tourism online destination image: a comparative semiotic analysis of the visual representation of Seoul [J]. Tourism management, 2016, 54: 221-229.

Hutchison A, Johnston L H, Breckon J D. Using QSR - NVivo to facilitate the development of a grounded theory project: an account of a worked example [J]. International journal of social research methodology, 2010, 13 (4): 283-302.

Hu Y, Ritchie J R B. Measuring destination attractiveness: a contextual approach [J]. Journal of travel research, 1993, 32 (2): 25-34.

Jin X, Weber K, Bauer T. Impact of clusters on exhibition destination attractiveness: evidence from Mainland China [J]. Tourism management, 2012, 33 (6): 1429-1439.

Järlehed J. Ideological framing of vernacular type choices in the Galician and Basque semiotic landscape [J]. Social semiotics, 2015, 25 (2): 165-199.

Jung T, Ineson E M, Kim M, et al. Influence of festival attribute qualities on slow food tourists' experience, satisfaction level and revisit intention [J]. Journal of vacation marketing, 2015, 21 (3): 277-288.

Kay P. Cross-cultural research issues in developing international tourist markets for cultural events [J]. Event management, 2004, 8 (4): 191-202.

Kim H, Richardson S L. Motion picture impacts on destination images [J]. Annals of tourism research, 2003, 30 (1): 216-237.

Kim H B. Perceived attractiveness of Korean destinations [J]. Annals of tourism research, 1998, 25 (2): 340-361.

Kim J. From commodity production to sign production: a triple triangle model for Marx's semiotics and Peirce's economics [J]. Semiotica, 2000, 132 (1-2): 75-100.

Kim T S. Three faces of Chinese modernity: nationalism, globalization, and science [J]. Social semiotics, 2011, 21 (5): 683-697.

Kline R B. Principal and practice of structural equation modeling [M]. New York, NY: The Guilford Press, 1998: 166.

Knudsen B T. Thanatourism: witnessing difficult pasts [J]. Tourist studies, 2011, 11 (1): 55-72.

Kotler P. Atmospherics as a marketing tool [J]. Journal of retailing, 1973, 49 (4): 48-64.

Kress G, Leeuwen T V. Reading images: the grammar of visual design [M]. London, UK: Routledge, 2006: 15.

Kruger M, Saayman M. 'All that jazz': the relationship between music festival visitors' motives and behavioural intentions [J]. Current issues in tourism, 2019, 22 (19): 2399-2414.

Kruger M, Saayman M. When do festinos decide to attend an arts festival? An analysis of the Innibos National Arts Festival [J]. Journal of travel & tourism marketing, 2012, 29 (2): 147-162.

Lau C Y L, Li Y. Producing a sense of meaningful place: evidence from a cultural festival in Hong Kong [J]. Journal of tourism and cultural change, 2015, 13 (1): 56-77.

Lau R W K. Semiotics, objectivism & tourism: an anticritique [J]. Annals of tourism research, 2014, 44: 283-286.

Lee C C. Predicting tourist attachment to destinations [J]. Annals of tourism research, 2001, 28 (1): 229-232.

Lee C F, Huang H I. The attractiveness of Taiwan as a bicycle tourism destina-tion: a supply-side approach [J]. Asia pacific journal of tourism research, 2014, 19 (3): 273-299.

Lee C F, Ou W M, Huang H-I. A study of destination attractiveness through do-mestic Visitors' perspectives: the case of Taiwan's hot springs tourism sector [J]. Asia pacific journal of tourism research, 2009, 14 (1): 17-38.

Lee J, Graefe A R, Burns R C. Examining the antecedents of destination loyalty in a forest setting [J]. Leisure sciences, 2007, 29 (5): 463-481.

Lee J, Kyle G, Scott D S. The mediating effect of place attachment on the rela-tionship between festival satisfaction and loyalty to the festival hosting desti-nation [J]. Journal of travel research, 2012, 51 (6): 754-767.

Lee K-Y, Lee H. Traditional costume experience at a cultural heritage festival [J]. Tourism management perspectives, 2019, 32 (1): 1-13.

Lee T H, Chang P S. Examining the relationships among festivalscape, experi-ences, and identity: evidence from two Taiwanese aboriginal festivals [J]. Leisure studies, 2016, 36 (4): 1-15.

Lee T H, Fu C J, Chang P S. The support of attendees for tourism development: evidence from religious festivals, Taiwan [J]. Tourism geographies, 2015, 17 (2): 223-243.

Lee Y K, Lee C K, Lee S K, et al. Festivalscapes and patrons' emotions, satis-faction, and loyalty [J]. Journal of business research, 2008, 61 (1): 56-64.

Lee Y-K. Impact of government policy and environment quality on visitor loyalty to Taiwan music festivals: moderating effects of revisit reason and occupa-tion type [J]. Tourism management, 2016, 53: 187-196.

Leiper N. Tourist attraction systems [J]. Annals of tourism research, 1990, 17 (3): 367-384.

Leone M. Longing for the past: a semiotic reading of the role of nostalgia in present-day consumption trends [J]. Social semiotics, 2014, 25 (1): 1-15.

Leotta A. "This isn't a movie…it's a tourism ad for Australia": the Dundee campaign and the semiotics of audiovisual tourism promotion [J]. Tourist studies, 2019, 20 (2): 203-221.

Levi-strauss C. Structural anthropology [M]. Harmondsworth, UK: Basic Books, 1974: 91.

Lew A. A framework of tourist attraction research [J]. Annals of tourism research, 1987, 14 (4): 553-575.

Lian T, Yu C. Representation of online image of tourist destination: a content analysis of Huangshan [J]. Asiapacific journal of tourism research, 2017, 22 (10): 1063-1082.

Lovelock C. Service marketing: People, technology, strategy [M]. 4th ed. Upper Saddle River, NJ: Prentice Hall, 2001: 151.

MacCannell D. The ego factor in tourism [J]. Journal of consumer research, 2002, 29 (1): 146-151.

Ma L, Lew A A. Historical and geographical context in festival tourism development [J]. Journal of heritage tourism, 2012, 7 (1): 13-31.

Manthiou A, Lee S A, Tang L R, et al. The experience economy approach to festival marketing: vivid memory and attendee loyalty [J]. Journal of services marketing, 2014, 28 (1): 22-35.

Markwick M. Postcards from malta: image, consumption, context [J]. Annals of tourism research, 2001, 28 (2): 417-438.

Mason C W. The Banff Indian Days tourism festivals [J]. Annals of tourism research, 2015, 53 (3): 77-95.

Mason M C, Paggiaro A. Investigating the role of festivalscape in culinary tourism: the case of food and wine events [J]. Tourism management, 2012, 33 (6): 1329-1336.

Matteucci X, Gnoth J. Elaborating on grounded theory in tourism research [J]. Annals of tourism research, 2017, 65: 49-59.

Mckercher B, Mei W S, Tse T S M. Areshort duration cultural festivals tourist attractions? [J]. Journal of sustainable tourism, 2006, 14 (1): 55−66.

Medina-Muñoz D R, Medina-Muñoz R D. The attractiveness of wellness destinations: an importance-performance-satisfaction approach [J]. International journal of tourism research, 2014, 16 (6): 521−533.

Metro-Roland M. Interpreting meaning: an application of Peircean semiotics to tourism [J]. Tourism geographies, 2009, 11 (2): 270−279.

Metro-Roland M M. Tourists, signs and the city: the semiotics of culture in an urban landscape [M]. Kalamazoo, MI: Ashgate Publishing Company, 2011: 3−5.

Moore A. Rosanzerusu is Los Angeles: an anthropological inquiry of Japanese tourists [J]. Annals of tourism research, 1985, 12 (4): 619−643.

Morgan M. What makes a good festival? Understanding the event experience [J]. Event management, 2008, 12 (2): 81−93.

Ness S A. Tourism-terrorism: the landscaping of consumption and the darker side of place [J]. American ethnologist, 2005, 32 (1): 118−140.

Neves J M O. The attractiveness of Portugal as a tourist destination, by mature domestic travellers [J]. World review of entrepreneurship, management and sustainable development, 2012, 8 (1): 37−52.

Nordvall A, Pettersson R, Svensson B, et al. Designing events for social interaction [J]. Event management, 2014, 18 (2): 127−140.

Noy C. Articulating spaces: inscribing spaces and (im) mobilities in an Israeli commemorative visitor book [J]. Social semiotics, 2011, 21 (2): 155−173.

Oliver R. Whence consumer loyalty [J]. Journal of marketing, 1999, 63: 33−44.

Ommundsen W. Strictly Australian: tourism and ethnic diversity [J]. Social semiotics, 1999, 9 (1): 39−48.

O'Sullivan D, Jackson M J. Festival tourism: a contributor to sustainable local economic development? [J]. Journal of sustainable tourism, 2002, 10 (4): 325-342.

Parasecoli F. Savoring semiotics: food in intercultural communication [J]. Social semiotics, 2011, 21 (5): 645-663.

Pearce P. Analysing tourist attractions [J]. Journal oftourism studies, 1991, 2 (1): 46-55.

Pearce P L. Thesocial psychology of tourist behaviour [M]. Oxford, UK: Pergamon Press, 1982: 12-14.

Peirce C S. Collected papers, Vol. 2: Elements of logic [M]. Cambridge, MA: Harvard University Press, 1932: 208; 228; 308.

Peirce C S. Collected papers, vol. 5: Pragmatism and pragmaticism [M]. Cambridge, MA: Harvard University Press, 1934: 228, 349, 478, 484.

Petr C. Tourist apprehension of heritage: a semiotic approach to behavior patterns [J]. International journal of arts management, 2002, 4 (2): 25-38.

Pine B J, Gilmore J H. The experience economy: work is theatre and every business is a stage [M]. Boston, MA: Harvard Business School Press, 1999: 1-5.

Prentice R, Andersen V. Festival as creative destination [J]. Annals of tourism research, 2003, 30 (1): 7-30.

Quinn B. Problematising 'festival tourism': arts festivals and sustainable development in Ireland [J]. Journal of sustainable tourism, 2006, 14 (3): 288-306.

Rakić T, Chambers D. Innovative techniques in tourism research: an exploration of visual methods and academic film making [J]. International journal of tourism research, 2010, 12 (4): 379-389.

Ramkissoon H, Smith L D G, Weiler B. Testing the dimensionality of place attachment and its relationships with place satisfaction and pro-environmental behaviours: a structural equation modelling approach [J]. Tourism management, 2013, 36: 552-566.

Reitsamer B F, Brunner-Sperdin A, Stokburger-Sauer N E. Destination attractiveness and destination attachment: the mediating role of tourists' attitude [J]. Tourism management perspectives, 2016, 19 (A): 93–101.

Richards G. Tourism attraction systems: exploring cultural behavior [J]. Annals of tourism research, 2002, 29 (4): 1048–1064.

Ryan C, Gu H. Constructionism and culture in research: understandings of the fourth buddhist festival, Wutaishan, China [J]. Tourism management, 2010, 31 (2): 167–178.

Saldanha A. Music tourism and factions of bodies in Goa [J]. Tourist studies, 2002, 2 (1): 43–62.

Saussure F d. Course ingeneral linguistics [M]. London, UK: Duckworth, 1983: 121.

Semrad K J, Rivera M. Advancing the 5E's in festival experience for the Gen Y framework in the context of eWOM [J]. Journal of destination marketing & management, 2016 (7): 58–67.

Shin H. Cultural festivals and regional identities in South Korea [J]. Environment and planning D: society and space, 2004, 22 (4): 619–632.

Shostack G L. Breaking free from product marketing [J]. Journal of marketing, 1977, 41 (2): 73–80.

Smith L J. Dictionary of concepts in recreation and leisure studies [M]. Westport, NE: Greenwood Press, 1990: 128.

Soica S. Tourism as practice of making meaning [J]. Annals of tourism research, 2016, 43 (9): 96–110.

South Australia Tourism Commission. Planning special events and festivals [M]. Adelaide, SA: The Commission, 1997: 2.

Stokowski P A. The smile index: symbolizing people and place in Colorado's casino gaming towns [J]. Tourism geographies, 2011, 13 (1): 21–44.

Sultana S, Haque A, Momen A, et al. Factors affecting the attractiveness of medical tourism destination: an empirical study on India-review article

[J]. Iranian journal of public health, 2014, 43 (7): 867-876.

Sun H, Wu S, Li Y, et al. Tourist-to-tourist interaction at festivals: agrounded theory approach [J]. Sustainability, 2019, 11 (15): 1-15.

Suntikul W, Dorji U. Local perspectives on the impact of tourism on religious festivals in Bhutan [J]. Asia pacific journal of tourism research, 2015, 21 (7): 741-762.

Sun Z, Luo W. Gendered construction of Macau casino: a social semiotic analysis of tourism brochures [J]. Leisure studies, 2016, 35 (5): 509-533.

Tanford S, Jung S. Festival attributes and perceptions: a meta-analysis of relationships with satisfaction and loyalty [J]. Tourism management, 2017, 61: 209-220.

Thurlow C, Jaworski A. Elite mobilities: the semiotic landscapes of luxury and privilege [J]. Social semiotics, 2012, 22 (4): 487-516.

Tinsley H E, Hinson J, Tinsley D, et al. Attributes of leisure and work experiences [J]. Journal of counseling psychology, 1993, 40 (4): 447-455.

Trauer B, Ryan C. Destination image, romance and place experience: an application of intimacy theory in tourism [J]. Tourism management, 2005, 26 (4): 481-491.

Tresidder R. What no pasties!? Reading the cornish tourism brochure [J]. Journal of travel & tourism marketing, 2010, 27 (6): 596-611.

Tsaur S H, Wang Y C, Liu C R, et al. Festival attachment: antecedents and effects on place attachment and place loyalty [J]. International journal of event and festival management, 2019, 10 (1): 17-33.

Tung V W S, Ritchie J R B. Exploring the essence of memorable tourism experiences [J]. Annals of tourism research, 2011, 38 (4): 1367-1386.

Turner V. "Liminality and communitas" in the ritual process: structure and anti-sturcture [M]. Chicago, IL: Aldine Publishing, 1969: 94-113.

Umberson D, Hughes M. The impact of physical attractiveness on achievement and psychological well-being [J]. Social psychology quarterly, 1987, 50

(3): 227-236.

Uzzell D. An alternative structuralist approach to the psychology of tourism marketing [J]. Annals of tourism research, 1984, 11 (1): 79-99.

White L. Imagining the nation: signifiers of national capital status in Washington, DC and Canberra [J]. Current issues in tourism, 2012, 15 (1-2): 121-135.

White M D, Marsh E E. Content analysis: a flexible methodology [J]. Library trends, 2006, 55 (1): 22-45.

Wilson J, Arshed N, Shaw E, et al. Expanding the domain of festival research: a review and research agenda [J]. International journal of management reviews, 2017, 19 (2): 195-213.

Xu J, Chan A. Service experience and package tours [J]. Asia pacific journal of tourism research, 2010, 15 (2): 177-194.

Xu Z, Zhang J. Antecedents and consequences of place attachment: a comparison of Chinese and Western urban tourists in Hangzhou, China [J]. Journal of destination marketing & management, 2016, 5 (2): 86-96.

Ye Z, Jeon H Y. Chinese city brands and semiotic image scales: a tourism perspective [J]. Social semiotics, 2023, 33 (1): 1-24.

Yoon Y S, Lee J S, Lee C K. Measuring festival quality and value affecting visitors' satisfaction and loyalty using a structural approach [J]. International aljournal of hospitality management, 2010, 29 (2): 335-342.

Yuksel A, Yuksel F, Bilim Y. Destination attachment: effects on customer satisfaction and cognitive, affective and conative loyalty [J]. Tourism management, 2010, 31 (2): 274-284.

# 附　录

## 附录1　游客节庆体验量表

尊敬的女士/先生：

您好！我们是旅游管理专业的博士研究生，正从事有关节庆活动的学术研究，此项调查旨在了解您参与节庆的体验情况。调查采用匿名方式，结果仅用于学术研究，问卷填写需要10分钟左右的时间。请根据自己的真实想法作答，衷心感谢您！

### 第一部分：您的节庆体验

| 一、下列有关文化体验的描述，请在对应的选项上打√ | 非常不赞同 | 不赞同 | 一般 | 赞同 | 非常赞同 |
|---|---|---|---|---|---|
| 01 参加节庆使我体验到特色的地方文化 | | | | | |
| 02 参加节庆使我感受到地方文化的差异 | | | | | |
| 03 参加节庆使我增进对地方文化的了解 | | | | | |
| 04 参加节庆使我感受到传统文化的传承 | | | | | |
| 05 参加节庆使我感受到城市文化的魅力 | | | | | |
| 二、下列有关新奇体验的描述，请在对应的选项上打√ | 非常不赞同 | 不赞同 | 一般 | 赞同 | 非常赞同 |
| 06 参加节庆使我体验到有趣的活动 | | | | | |
| 07 参加节庆使我体验到有创意的活动 | | | | | |
| 08 参与节庆使我感受到现代时尚元素 | | | | | |
| 09 参加节庆使我有意想不到的发现 | | | | | |

续表

| 三、下列有关情感体验的描述，请在对应的选项上打√ | 非常不赞同 | 不赞同 | 一般 | 赞同 | 非常赞同 |
|---|---|---|---|---|---|
| 10 参加节庆使我感受到惊喜 | | | | | |
| 11 参加节庆使我感受到愉悦 | | | | | |
| 12 参加节庆令我感到放松 | | | | | |
| 13 参加节庆使我感受到节日气氛 | | | | | |
| 14 参加节庆使我感受到生活的美好 | | | | | |
| 四、下列有关社交体验的描述，请在对应的选项上打√ | 非常不赞同 | 不赞同 | 一般 | 赞同 | 非常赞同 |
| 15 参加节庆给我与他人互动的机会 | | | | | |
| 16 参与节庆给我认识新朋友的机会 | | | | | |
| 17 参与节庆给我与他人共度节日的机会 | | | | | |
| 18 参与节庆增进我与他人的情感交流 | | | | | |

## 第二部分：基本信息

1. 您的性别：□男　　□女

2. 您的年龄：□19 岁及以下　□20～29 岁　□30～39 岁　□ 40～49 岁　□50 岁及以上

3. 您的受教育程度：□初中及以下　□高中/中专/技校　□大专/本科　□硕士及以上

4. 您的职业：□政府机关/事业单位职工　□企业职工　□学生 □文教科技人员　□其他

5. 您的税前月收入：□2000 元及以下　□2001～5000 元　□5001～10000 元　□10000 元以上

6. 您是：□当地居民　□省内游客　□外地游客

7. 您此次出行方式：□独自一人　□与家人一起　□与同事/朋友/同学/情侣一起　其他，请注明_____

8. 您是第几次参加该节庆：□第一次　□第二次　□第三次及以上

**问卷至此结束，再次感谢您的帮助，祝您生活愉快！**

# 附录2　节庆吸引力的问卷调查

尊敬的女士/先生：

您好！我们是华南理工大学旅游管理专业的博士研究生，正从事有关节庆活动的学术研究，此项调查旨在了解您对于节庆吸引力的感知情况。调查采用匿名方式，结果仅用于学术研究，问卷填写时间在 10 分钟左右。请根据自己的真实想法作答，衷心感谢您！

说明：节庆包括现代节庆（如灯光节）和传统节庆（如泼水节）。

## 第一部分：节庆信息

1. 您最近一次以游客身份参与的节庆名称＿＿＿＿＿＿＿＿＿

（注：游客身份是指参与常住地之外的节庆活动，参与常住地的节庆活动不包括在内。）

2. 该节庆是在

□本地（终止答题）　　　　　　□外地（继续答题）

3. 该节庆所在＿＿＿＿＿省/自治区/直辖市/特别行政区

**请根据所填节庆对以下内容进行作答**

## 第二部分：基本信息

1. 您的性别：□男　□女

2. 您的年龄：□19 岁及以下　□20～29 岁　□30～39 岁　□ 40～49 岁　□50 岁及以上

3. 您的受教育程度：□初中及以下　□高中/中专/技校　□大专/本科　□硕士及以上

4. 您的职业：□政府机关/事业单位职工　□企业职工　□学生　□文教科技人员　□自由职业者

5. 您的税前月收入：□2000 元及以下　□2001～5000 元　□5001～10000 元　□10001～15000 元　□15000 元以上

6. 您参与该节庆的出行方式：□独自一人　□与家人一起　□与同事/朋友/同学/情侣一起　其他，请注明_____

7. 您是第几次参与该节庆：□第一次　□第二次　□第三次及以上

## 第三部分：节庆吸引力

| 下列有关节庆吸引力（1）的描述，请在对应的选项上打√ | 非常不赞同 | 不赞同 | 一般 | 赞同 | 非常赞同 |
| --- | --- | --- | --- | --- | --- |
| 01 该节庆具有喜庆热闹的节日氛围 | | | | | |
| 02 该节庆具有欢乐祥和的节庆氛围 | | | | | |
| 03 该节庆具有主题鲜明的文化氛围 | | | | | |
| 04 该节庆营造出别具一格的节庆环境 | | | | | |
| 下列有关节庆吸引力（2）的描述，请在对应的选项上打√ | 非常不赞同 | 不赞同 | 一般 | 赞同 | 非常赞同 |
| 05 参与该节庆，拉近我与他人的距离 | | | | | |
| 06 参与该节庆，让我能与他人分享节日喜悦 | | | | | |
| 07 参与该节庆，让我能与他人共同参与互动活动 | | | | | |
| 08 参与该节庆，增进我与他人的情感交流 | | | | | |
| 下列有关节庆吸引力（3）的描述，请在对应的选项上打√ | 非常不赞同 | 不赞同 | 一般 | 赞同 | 非常赞同 |
| 09 该节庆可以让我感受吉祥符号的美好寓意 | | | | | |
| 10 该节庆可以让我感悟地方文化符号的内涵 | | | | | |
| 11 该节庆可以让我感受地域文化符号的差异 | | | | | |
| 12 该节庆可以让我感受儿时记忆的怀旧符号 | | | | | |
| 13 该节庆可以让我感受文化符号的传承发展 | | | | | |
| 下列有关节庆吸引力（4）的描述，请在对应的选项上打√ | 非常不赞同 | 不赞同 | 一般 | 赞同 | 非常赞同 |
| 14 该节庆活动内容丰富 | | | | | |
| 15 该节庆活动形式多样 | | | | | |
| 16 该节庆活动创意十足 | | | | | |
| 17 该节庆活动精彩纷呈 | | | | | |

续表

| 下列有关节庆依赖的描述，请在对应的选项上打√ | 非常<br>不赞同 | 不赞同 | 一般 | 赞同 | 非常<br>赞同 |
|---|---|---|---|---|---|
| 18 该节庆提供很好的设施和服务 | | | | | |
| 19 该节庆活动安排合理 | | | | | |
| 20 该节庆创造良好的治安环境 | | | | | |
| 下列有关节庆文化认同的描述，请在对应的选项上打√ | 非常<br>不赞同 | 不赞同 | 一般 | 赞同 | 非常<br>赞同 |
| 21 参与该节庆，让我认同地方文化 | | | | | |
| 22 参与该节庆，让我产生文化归属感 | | | | | |
| 23 参与该节庆，唤起我的文化记忆 | | | | | |
| 下列有关情感依恋的描述，请在对应的选项上打√ | 非常<br>不赞同 | 不赞同 | 一般 | 赞同 | 非常<br>赞同 |
| 24 该节庆满足我的精神需求 | | | | | |
| 25 该节庆增强我的幸福感 | | | | | |
| 26 该节庆丰富我的精神生活 | | | | | |
| 27 该节庆增强我的社会包容性 | | | | | |
| 下列有关节庆忠诚度的描述，请在对应的选项上打√ | 非常<br>不赞同 | 不赞同 | 一般 | 赞同 | 非常<br>赞同 |
| 28 我会推荐其他人来参与该节庆 | | | | | |
| 29 如果可能的话，我会再次参加该节庆 | | | | | |
| 30 相比于其他节庆，我更喜欢该节庆 | | | | | |
| 31 相比于其他节庆，该节庆是最令人愉悦的 | | | | | |
| 32 相比于其他节庆，该节庆提供最好的娱乐休闲 | | | | | |

**问卷至此结束，再次感谢您的帮助，祝您生活愉快！**

# 附录3 访谈提纲

## 一 针对节庆组织者的访谈提纲

1. 您是什么时候与广府庙会结缘的？当时的情况如何？

2. 您参加过几届广府庙会的工作？具体负责哪部分工作？能否具体谈谈在广府庙会中，您所负责工作的流程？

3. （如果参加过多届）您是否负责的是同一个项目的工作？（如果是同一个项目的工作的话，每届有什么不同的感受吗？）

4. 您觉得如何能保证成功完成您所负责的广府庙会工作项目？怎么样算是比较理想的状态？

5. 您在工作中是否碰到过突发情况，如果碰到突发情况一般如何处理？

6. 请您介绍一下广府庙会的发展历程，并重点介绍一下影响广府庙会发展历程的里程碑事件？

7. 在多年的发展历程中，哪些是您一直坚持的元素和理念？

8. 您希望广府庙会向参与者传递怎样的文化理念？

9. 广府庙会已成功吸引了来自世界不同地区的游客，成为备受人们喜爱的节庆活动，您认为广府庙会能够取得如此成就的关键因素是什么？

10. 请您介绍一下广府庙会未来的发展目标、发展方向。您期望广府庙会成为什么样的节庆活动？

11. 广府庙会组委会是承办该活动的主要单位，您认为组委会目前举办广府庙会这一活动具备哪些核心能力、资源？

12. 您认为目前广府庙会的发展情况如何？与其他区域的民俗活动（如波罗诞、乞巧节）相比有什么不同？

13. 广府庙会主办方希望将之打造成为民众喜爱的民俗活动，您认为广府庙会主要的市场定位和策划理念是什么？

14. 您希望广府庙会产生哪些社会效应？通过何种方式实现？

15. 您觉得广府庙会所带来的效应和预期一致吗？组织策划的广府庙会与参与者的期待一致吗？

16. 您认为广府庙会的吸引力主要体现在哪些方面？其吸引力通过何种方式呈现？它是如何成功吸引众多民众参与的？

17. 在参加广府庙会工作的过程中，您有什么样的感受？广府庙会给您带来了哪些收获？

18. 您觉得广府庙会还可以朝着哪个方向努力？您能描述一下您理想中的广府庙会的样子吗？

## 二　针对节庆游客的访谈提纲

1. 您这是第几次参加广府庙会了？跟谁一起来的？

2. 您为什么会来参加广府庙会？

3. 您觉得这次广府庙会怎么样？和您来之前的期望有什么不一样？

4. 您参与了哪些活动？您觉得这些活动的吸引力体现在哪些方面？

5. 您会用哪些词来描述广府庙会？

6. 您觉得什么是广府文化？您觉得广府庙会在哪些方面能够体现广府文化？

7. 您觉得广府庙会在弘扬广府文化方面做得怎么样？发挥了什么作用？

8. 您在现场有品尝过一些特色小吃吗？您觉得广府庙会上的美食产品多吗？这些美食的特点是什么？

9. 在广府庙会体验的过程中，您如何理解活动内容？您觉得设置这些活动的意图是什么？

10. 您觉得举办广府庙会有哪些重要意义（如刺激消费、提升广府文化影响、保护民俗传承、增进亲友感情）？会不会成为广府文化的一张新名片？

11. 您参加广府庙会有什么样的感受（天气、活动、氛围、组织管理）？对广府庙会有什么认识（建筑、基础设施、环境、布置、卫生、治安）？

12. 广府庙会的主题"广府庙会，幸福相约"您听说过吗？您觉得这个活动体现什么样的主题？

13. 您认为广府庙会是否真实体现了老广州的文化特色？您认为广府庙会哪些方面体现了广府文化特色？

14. 您是否在广府庙会拍照留念过？哪些地方成为您拍照的场所？可以分享一下拍照时的心理感受吗？

15. 您觉得广府庙会的文化氛围是怎么样的？您对它的一系列活动有什么认识或看法？

16. 在广府庙会体验的过程中，您如何理解活动内容？您觉得设置这些活动的意图是什么？

17. 您觉得广府庙会的活动丰富吗？丰富体现在哪些方面？还可以在哪些地方进行改善调整？

18. 游览后您对哪些活动或者哪些元素印象深刻呢？

# 附录4　旅游管理专业专家评估题项

| 题项 | 专家1 | 专家2 | 专家3 | 专家4 | 专家5 | 专家6 | 结果 |
|---|---|---|---|---|---|---|---|
| 01 参加节庆使我体验到特色的地方文化 | ① | ① | ① | ① | ① | ① | 保留 |
| 02 参加节庆使我感受到地方文化的差异 | ① | ① | ① | ② | ① | ① | 保留 |
| 03 参加节庆使我增进对地方文化的了解 | ① | ① | ① | ① | ① | ① | 保留 |
| 04 参加节庆使我感受到传统文化的传承 | ② | ② | ② | ② | ① | ② | 保留 |
| 05 参与节庆使我感受到城市文化的魅力 | ② | ② | ① | ① | ① | ① | 保留 |
| 06 参与节庆使我学习到很多文化知识 | ③ | ③ | ③ | ① | ③ | ③ | 删除 |
| 07 参加节庆使我体验到有趣的活动 | ① | ① | ① | ① | ① | ① | 保留 |
| 08 参加节庆使我体验到有创意的活动 | ① | ① | ① | ① | ① | ① | 保留 |
| 09 参与节庆使我感受到现代时尚元素 | ① | ② | ① | ② | ① | ① | 保留 |
| 10 参加节庆使我有意想不到的发现 | ① | ① | ① | ① | ① | ① | 保留 |
| 11 参加节庆使我感受到惊喜 | ① | ① | ① | ① | ① | ① | 保留 |
| 12 参加节庆使我感受到愉悦 | ① | ① | ① | ① | ① | ① | 保留 |
| 13 参加节庆令我感到放松 | ① | ① | ① | ① | ① | ① | 保留 |
| 14 参与节庆令我的精神世界感到满足 | ③ | ③ | ③ | ③ | ③ | ③ | 删除 |

| 题项 | 专家1 | 专家2 | 专家3 | 专家4 | 专家5 | 专家6 | 结果 |
|---|---|---|---|---|---|---|---|
| 15 参加节庆使我感受到节日气氛 | ① | ① | ① | ① | ① | ① | 保留 |
| 16 参与节庆使我感受到生活的美好 | ① | ② | ② | ① | ① | ① | 保留 |
| 17 参加节庆给我与他人互动的机会 | ① | ① | ① | ① | ① | ① | 保留 |
| 18 参与节庆给我认识新朋友的机会 | ① | ① | ① | ① | ① | ① | 保留 |
| 19 参与节庆给我与他人共度节日的机会 | ① | ① | ① | ① | ① | ① | 保留 |
| 20 参与节庆增进我与他人的情感交流 | ① | ① | ① | ① | ① | ① | 保留 |

注：①表示题项能够清晰地反映节庆体验；②表示题项部分清晰地反映节庆体验；③表示题项不能清晰地反映节庆体验

# 附录5　第九届广府庙会主会场（城隍庙忠佑广场）文艺展演一览表

| 时间 | 上午 | 下午 | 晚上 |
|---|---|---|---|
| 2月19日（周二） | 2019广府庙会开幕展演暨中国戏剧名家新秀"送欢笑"走进越秀慰问演出（区文广新局）10：00-11：30 | "芳华十八"时尚国乐团专场演出（区文广新局）15：00-17：00 | "复兴之路"系列经典电影展播《建党伟业》（区文广新局）19：30-21：40 |
| 2月20日（周三） | "爱心直达、福泽越秀"慈善展演专场活动（区民政局）10：00-11：30 | 广府达人秀之寻找广府文化代言人（PK赛）15：00-17：00 | "复兴之路"系列经典电影展播《国歌》（区文广新局）19：30-21：30 |
| 2月21日（周四） | "风调雨顺 国泰民安"城隍祈福文化展示（广州都城隍庙）10：00-11：30 | 王璁·"南风"爵士乐专场（区文广新局）15：00-17：00 | "复兴之路"系列经典电影展播《开国大典》（区文广新局）19：30-21：10 |
| 2月22日（周五） | 广府映象广东木偶专场演出（区文广新局）10：00-11：30 | 鳟鱼歌剧团专场音乐会（区文广新局）15：00-17：00 | "复兴之路"系列经典电影展播《英雄儿女》（90分钟）（区文广新局）19：30-21：10 |

续表

| 时间 | 上午 | 下午 | 晚上 |
|---|---|---|---|
| 2月23日（周六） | 异域风情<br>外国友人文艺汇演<br>（区府办侨外办）<br>10：00-11：30 | 广府映象<br>"南国红豆"粤剧专场<br>（红豆粤剧院）<br>15：00-17：00 | "复兴之路"系列<br>经典电影展播<br>《湄公河行动》<br>（区文广新局）<br>19：30-21：40 |
| 2月24日（周日） | 广府映象<br>中华武术展演专场<br>（区文广新局）<br>10：00-11：30 | 广州交通电台专场演出<br>（广州交通电台）<br>15：00-17：00 | "复兴之路"系列<br>经典电影展播<br>《战狼2》（123分钟）<br>（区文广新局）<br>19：30-21：40 |
| 2月25日（周一） | 广府映象<br>"百味传承"——<br>广府美食专场活动<br>（庄臣美食坊、区工商联）<br>10：00-11：30 | 广府达人秀之<br>寻找广府文化代言人总决赛<br>暨广府庙会闭幕活动<br>（区文广新局）<br>15：00-17：00 | |

# 附录6 节庆吸引力感知和节庆依恋的信效度检验

### 表1 节庆吸引力感知潜在变量间的区分效度

| 因子 | 浓厚的节庆氛围 | 和谐的人际互动 | 鲜明的文化符号 | 丰富的节庆活动 |
|---|---|---|---|---|
| 浓厚的节庆氛围 | 0.824 | | | |
| 和谐的人际互动 | 0.275 | 0.816 | | |
| 鲜明的文化符号 | 0.256 | 0.310 | 0.816 | |
| 丰富的节庆活动 | 0.309 | 0.358 | 0.332 | 0.843 |

注：对角线左下方为相关系数矩阵，对角线上为各潜在变量的平均方差提取值的算术平方根（AVE开平方）。

### 表2 节庆依恋潜在变量间的区分效度

| 因子 | 节庆依赖 | 节庆文化认同 | 情感依恋 |
|---|---|---|---|
| 节庆依赖 | 0.816 | | |
| 节庆文化认同 | 0.527 | 0.841 | |
| 情感依恋 | 0.547 | 0.600 | 0.787 |

注：对角线左下方为相关系数矩阵，对角线上为各潜在变量的平均方差提取值的算术平方根（AVE开平方）。

**图书在版编目（CIP）数据**

节庆旅游吸引物的符号建构研究 / 李静著 . --北京：
社会科学文献出版社，2025.5. -- （羊城学术文库）.
ISBN 978-7-5228-5226-3

Ⅰ. F592.68

中国国家版本馆 CIP 数据核字第 2025MM6848 号

羊城学术文库
**节庆旅游吸引物的符号建构研究**

著　　者 / 李　静

出 版 人 / 冀祥德
组稿编辑 / 任文武
责任编辑 / 方　丽
文稿编辑 / 杨晓琰
责任印制 / 岳　阳

出　　版 / 社会科学文献出版社 · 生态文明分社（010）59367143
　　　　　地址：北京市北三环中路甲 29 号院华龙大厦　邮编：100029
　　　　　网址：www.ssap.com.cn
发　　行 / 社会科学文献出版社（010）59367028
印　　装 / 三河市东方印刷有限公司

规　　格 / 开　本：787mm×1092mm　1/16
　　　　　印　张：15.5　字　数：237 千字
版　　次 / 2025 年 5 月第 1 版　2025 年 5 月第 1 次印刷
书　　号 / ISBN 978-7-5228-5226-3
定　　价 / 98.00 元

读者服务电话：4008918866